西環邨：風雨不動安如山

SAI WAN ESTATE

明愛青少年及社區服務　策劃

序

陳偉良
明愛青少年及社區服務總主任

二次大戰後，天主教香港教區有見社會人口遽增，導致貧窮與匱乏等社會問題，遂於一九五三年七月成立香港天主教福利協會，是為香港明愛前身。回顧香港明愛發展歷程，在一九六四年與屋宇建設委員會屋邨有兩次交會。

該年屋建會在開發第三條屋邨——蘇屋邨這個九龍大型項目時，邀請明愛在旁設立「蘇屋邨醫療中心」，照顧三萬三千位居民的健康需要，成為今天已交由醫管局營運的明愛醫院。

同年明愛在西環蒲飛路牛房山坡上還成立了明愛堅尼地城服務中心，毗鄰屋建會第二條建成的屋邨——西環邨，為西環邨人以及所有西區居民提供圖書館、自修室、夜校、小組及社區服務。至八十年代，獲政府資助提升為明愛堅尼地城社區中心，一九九四年觀龍樓山泥傾瀉，該中心更應急開放為臨時收容所，容納受災禍影響的居民在中心禮堂留宿。時至今日，因重建而再度改名的明愛莫張瑞勤社區中心，與熱心參與社區的西環邨居民協作多年，開展一項項改善生活處境的居民服務，就如同西環邨居住單位在建築設計上達至自給自足，務求使西環邨社區生活也能自給自足，延續開邨人家的精神，成為互相扶持的鄰舍。

無論屋建會屋邨與香港明愛，都是走進地方社群當中，為平民大眾提供住屋及社會服務。這點反映明愛青少年及社區服務轄下所有服務計劃的一個共同特點，就是源於社區——團隊會走進社區，多與居民接觸，與居民一同生活，以尊重和關懷，從社區需要出發，視社區每一個人為重要資本，欣賞其所有經歷、生活技能與人生智慧，也期待營造不同的機會，好使他們能充份發揮，實踐自我之餘，完善社區環境條件，促成幸福生活。

是次出版計劃，正是希望藉著刊出一位位西環邨居民的口述歷史，以表對邨民大眾貢獻家庭及社區的欣賞及認同，也期待能令邨內外朋友從文章中體會到西環邨的理想社區生活，以理想原型指引未來開創社會的方向。篇幅所限，恕未能邀請每一位西環邨人接受訪問，惟我們相信，每一位邨民都有精彩的人生有待發掘與傾聽。

最後，感謝協助出版此書的所有伙伴與西環邨人，祝各位生活愉快，也藉此感謝大家一直以來對明愛團隊的接納與支持！

前言

謝子英

相遇

與西環邨的相遇，就是十二年前的一個夏天的中午。乘著科士街石牆樹的濃綠樹蔭，走著走著，眼前的這個小屋邨，那麼寧謐，淺淺的粉色，在烈日下顯得特別祥和安然。沿著樓梯，再轉乘電梯幾趟，忽爾就到了。

走在這裡，很容易迷路。由東苑臺走到南苑臺，又走到了中苑臺，中苑臺走著走著一轉彎又轉到了北苑臺，最終到達西苑臺。我們這些邨外來客，總在來回往返，邨民卻見怪不怪，對我們都友善非常，打過招呼就跟我們侃侃而談邨裡大小事。陽光充沛的走廊與平台，卻一點都不悶熱，反有點微風輕拂著臉。老人家在做運動，女孩乘著涼在門口做功課，婆婆陪伴在側，點起蚊香搧著扇，有的太太忙著把草藥菜乾放在竹篩上捧到日頭下曬，有的還正忙著淋花打理盆栽，小孩們在公園裡玩著跑著，走過來央求我們一起玩，後來取了我們的單張去幫忙派發。

這道風景令我們看到了小社區的自足生活。邨民自在的表情，彷彿他們各有各的天地，而我們發現這點安心，好像遙遙呼應前人建造西環邨時的期許與祝福。翻閱舊檔案，發現其中一個建邨的原則，竟就是自給自足（Self-contained）。自足化成了具體的建築設計與細緻的生活配備，除了每個單位有自己的廚房、自來水的供應、沐浴間、水廁外，設計師還特意為每個單位都設陽台（Balcony），以加強採光、通風及方便曬晾；廚房則配以水泥所造的煮食灶臺、鋅盤，也為儲藏食物設計了紗櫃以保衛生。走訪不同人家，發現這些陳設與配備到今天依舊存留在許多家戶中，自開邨以來一直沿用至今。

建造西環邨的本心是為普羅大眾提供造價相宜卻品質優良的住處，並為入住的人提供長遠而可負擔的穩定居所。我們在這裡開始看到「人均面積」的概念，看到為市民提供不同類型住處的選擇。此外，西環邨本身亦考慮到由室內延伸到室外的公共空間（Open space）與遊樂設施的質素。走在這倚山而建的曲折長廊時，走過一個轉角，風景又有所不同，置身其中，會感到與山海為鄰的樂趣。屹立於港島西區一隅，西環邨後有豬毛山，前有維多利亞港西岸景致。清晨時份第一班電車從堅尼地城總站開出，邨民也開始新一天的生活；黃昏時份太陽緩緩落下，邨民亦趕忙買餸準備回家煮飯。西環邨落成之始，伴隨著百業蓬勃發展之時，家家戶戶在清簡樸實中卻顯得生機處處。對比「七十二家房客」同住一屋簷下，西環邨的落成大大改變了「住」的想像，也為人們的生活注入了關懷與溫度。

人就是我們的路向

可惜進入廿一世紀，這十多年對西環人來說也是經歷了大幅度的環境轉變。九大欄與牛房的拆遷、焚化爐拆除、地鐵西移、舊唐樓被大規模收購重建、海濱地帶發展、堅摩規劃大綱全面重整等，使西環驟然變了臉。西環邨為香港歷史最悠久的屋建會屋邨，西環邨人眼見同期的北角邨已成了北角匯，難免為不確定的未來瞻前顧後。

「人就是我們的路向。」香港明愛前總裁力理得神父（Rev. LERDA, Francesco PIME）有一次勸勉感到前路茫茫的同事時如是說。明愛在本質上是一項了解與關懷，照料與服務的行動，相信人不應被視為必須加以支持的倚賴者，而是兄弟姊妹，只需要一個充份發揮自己的機會，成為自己的主人翁，對自己的生活和動向負責。

從事社區工作，我們希望持續發展社區成為居民應對生活最堅實的平台，並使在這裡生活的人在這片生機盎然的土地能充份發展，能繼續柔韌有餘地，無懼面對生活環境中各種的轉變與挑戰。這並非遙遠不可觸碰的理想，而是在迴廊上相遇，出現在我們眼前的一個個精彩人生。他們每一個人的經歷也值得香港人借鏡，又或者可以說，每一個香港人的經歷也值得我們大家相互借鏡。

明愛莫張瑞勤社區中心在二〇一三年曾獲中西區區議會資助，出版《飯香：思苦憶甜之味——西環邨口述歷史》一小文集，故事主人翁甚為鼓舞，有見及此，明愛團隊再接再厲，訂下這個書寫計劃。整個籌備過程歷時三年，歷經社會種種起跌與不安，期間不少耽誤，辛苦編輯們與受訪人家都久候，幸最終得以出版，毋負原初心願。

要感謝兩位建築師，林中偉先生與潘浩倫先生賜文，兩篇精彩專文能夠引領我們與大眾讀者得以從建築師的視角去觀賞西環邨的過去與未來。

書寫此書，我們以廣東話原文筆錄，希望把此時此刻此處的他們記錄下來，以展現他們由過去一路走來的力量。本書共收錄了二十多位街坊的故事，第一部份記錄了開邨人家如何胼手胝足地來到今天。他們來自五湖四海，身家顯赫的、書香世代的、務農的、開蠔的……六十年前就這樣因緣際會來到了西環落地生根，這裡把他們幾代人的掙扎細細記下；第二部有關一群生於斯長於斯的小孩，他們分享了童年時光，在山林與城市之間如何與同伴朋友遊樂、讀書、成長與工作的種種體會與經歷；第三部份記下了新近遷進西環邨的居民故事，說是「新近」，其實都已住上十多廿年，來到西環邨的他們像發現了另一天地。最後部份我們訪問幾位邨內熱心貢獻與服務的邨民，他們付出時間與關注參與經營屋邨發展，也願意多踏出一步關顧身邊鄰人。

在西環邨人的口述故事中，我們看到他們的力量來自不同個體間及不同社群間持續的互動，使他們得以發揮其潛力，使西環邨人獨特的生活文化得以發展，並在這小社區累積起來。西環邨不但成為他們相知相遇的安身之所，更安住他們一代又一代人的心靈。他們在這裡與我們重新相遇，彷彿是一個循環再開始，而我們以他們面朝的方向再迎接未來。

目錄

梁瑋鑫攝

專題 1

石硤尾木屋大火前香港已有公營房屋

「一九五三年聖誕夜石硤尾六村一場大火揭開了香港公共房屋發展的序幕。自此，一幢幢的徙置大廈紛紛落成，遍佈港九各地。七十年代公屋發展，更帶動了香港人口向新市鎮遷移。今天已有超過三百萬市民居於公共屋邨或政府資助出售的屋苑中。」這是二〇〇四年香港文化博物館《人、物、情——香港公共房屋發展五十年》展覽簡介，亦概括反映官方與大眾對香港公屋發展的一般論述。

石硤尾木屋區當時是全港最大的寮屋區之一，估計佔香港整體寮屋數字三分之一。一九五三年十二月二十五日聖誕節晚上九時半，有人家打瀉火水燈落塑膠溶液起火，火苗隨風蔓延，火場面積四十一英畝，燒燬木屋二千五百間，造成三死四十人受傷，逾五萬八千人無家可歸。港英政府隨後半年於原址興建「包寧平房」（Bowring Bungalows）安置躲居到深水埗街頭騎樓底的災民，及後更在全港大量建造七層徙置大廈，徙置寮屋區居民，造就一個時代的徙置邨回憶。

從木屋大火到包寧平房到七層大廈，由

掟飛機欖到「樓下門水喉」，從港台《獅子山下》到網上「住公屋無雞食」短片[1]，均將公屋扣連起平民大眾與艱苦生活的既定印象，彰顯公屋的出現，及時解救香港戰後的住屋問題，安置蔓山遍野的木屋區住戶，以港督麥理浩的十年建屋計劃為焦點，視為一時德政。

目前香港人口入住公營永久性房屋的比例維持百分之四十四點六[2]，此數字雖在近年逐步下跌，至今仍比不少已發展國家高，這是由殖民地時代到特區時代高地價政策底下，長久以來二分樓宇市場的公共行政策略，令低下階層平民大眾在住屋成為高價商品的當下，仍尚留有一片生存空間，正是所謂「但求有瓦遮頭」。以上令港人該當自豪的數字，一直論述的是數量，惟這中下階層生存空間的質素如何，卻乏善足陳。獅子山下印象，辛勤的勞動大眾居住的是人均二十四呎的清水水泥房間、須共用浴廁、煮食就在走廊發生、大家庭需要拆散入住、小家庭需要與陌生人夾住的徙置新區。

當年徙置事務處隨石硤尾大火之後設立，是回應木屋區大火引發的安置需要，也是將難堪入目的寮屋清拆掉，杜絕火災、疫症與罪惡，並騰空所佔用的土地，以作經濟及城市開發。個人及家庭的健康、生活質素與兒童成長發展並不是考慮，畢竟徙置並非福利政策[3]。也唯有這樣的設定，五十年代徙置屋邨才如雨後春筍，刻板倒模般，陸續在港九新界出現。設計徙置大廈的出發點是，以最低廉的成本，最短的時間，建造最簡陋卻能安置最多居民的建築。七層大廈清水水泥房、走廊煮食、公用廁所與樓下門水喉，在在都原由於此。「遷徙——政府獲取土地——安置——緩解羞愧」姑且稱為「徙置思維」。這本來是解決戰後人口暴增的權宜策略，可至今仍是營建與設計公屋，左右大局的主流思維。

位處堅尼地城，東臨加多近街的西環邨，一九五八至五九年落成，是繼現已清拆的北角邨之後，第二個也是現存歷史最悠久的屋宇建設委員會（簡稱「屋建會」）屋邨。她的存在是一個很好的提醒，昔日香港曾經出現過一個與徙置思維截然不同的公營房屋

二次大戰後香港人口暴增，港九多處山坡官地上，都給搭建起木屋石屋。（冼昭行提供）

策略，相對可稱為「屋建會思維」。

屋建會屋邨有別於徙置屋邨。首兩個屋建會屋邨，一個在港島東角以東，一個在西角以西，原初目的是改善市區私人樓宇擠迫戶的居住環境，在市區的邊陲之地建造，著重建築設計的新屋邨，予收入稍好的白領階層申請入住，鼓勵他們從擠擁的市區樓宇單位搬遷到都會邊端，也同時開拓城市彊界。屋建會屋邨的室內外空間，往往基於建築師依據地理及空間環境而構思，設計良好，使入住家庭不期然的改善起生活質素。

時至二〇二一年的今天，廿六萬個家庭正在輪候公屋，不論朝野，想像公屋政策難免會以「徙置思維」為主流，為求盡快安置今天藏身在超過十萬個「劏房」及尚存三十八萬間寮屋的居民，而以預製件等方式，高效、廉價地倒模生產。以香港的都會發展程度，六十多年後，本應有足夠條件將重視室內外空間設計，為求提高住戶生活質素的「屋建會思維」放置在主流位置，可惜一九七三年多個負責公營房屋的機構及部門重組歸一後，屋建會思維逐漸被沖淡。要重提屋建會屋邨在歷史的位置與價值，就要先認識房屋委員會出現之前的五十至七十年代，負責建造與管理其轄下屋邨及廉租屋邨的屋宇建設委員會，與她的成立背景及過程。

二戰後至石硤尾大火前的香港房屋政策

二次世界大戰後，縱使英國本土受創，國力大不如前，多個殖民地醞釀脫殖，惟在遠東，倫敦仍如期重掌香港。香港人口自一九四五年的六十萬人，急升至一九五〇年的二百多萬人，嬰兒潮世代誕生、戰後回流，以至追尋生活安定或工作機會的華人大量湧入，直至一九五〇年五月架設入境關卡為止，社會狀況急遽變化，人口暴增，寮屋湧現，住屋自然成了當時港府的首要關注。可戰後初期建築技工與材料都全球短缺，官與商都未能及時大量建屋。這日漸膨脹的社會問題，考驗港英政府治理能力，也耗蝕本地人對英廷的信服與認受。

一九四六年港督楊慕琦從夏愨將軍手上接回管治權後，為免「與民逐利」，並未依據英國軍政府所建議的，由港府購買及進口建築材料，以資助受損民居重建，而只將有關事務交由香港總商會統籌。這錯過由政府及早主控房屋供應的時機，意圖交由市場力量推動。楊慕琦選擇以一九四一年的租值，為大量戰時遭受破壞的物業續租，鼓勵業主投資重建，容許增建樓層數目，亦設不經拍賣直接賣地予私人地產商的機制，促進交投，惟新政運作兩年，杯水車薪，成效不彰。

一九四七年葛量洪接任港督，縱使他官學生時期已在港生活，早已熟悉本地環境，可巧婦難為無米炊，本港庫房未能應付可見的龐大建屋需求，更深層問題是，如何界定誰才份屬港府需要照顧的人口。與此同時，倫敦殖民地部亦對港府財務自由上加以限制，致令葛量洪到任初期以向銀行作擔保推動地產商建屋規劃，如支持希慎在利園興建八十個私人樓宇單位的創新嘗試，只能曇花一現。

此時英國聖公會根德伯里大主教（Archbishop of Canterbury）向時任殖民地部大臣鍾斯（Arthur Creech-Jones）關注港府訂下的房屋政策，惟當時港府相關做法，幾近不設政策，只交由私人市場回應需求，殖民地部備受壓力，翌年向港府下達具體房屋政策方針，要求建設公共樓宇，推出廉租屋政策[4]。

事實上，英廷對殖民地的支援在一九四六年已經安排，香港起初獲倫敦一百萬英鎊資助，成立「殖民地發展及福利基金」（Colonial Development and Welfare Fund），惟港府一直未得出具體運用方案，至一九五〇年葛量洪自倫敦述職回港後，才訂定計劃運用這筆資源，支持隨後成立的屋建會提出的西環邨及蘇屋邨兩項建屋計劃的土地平整工程，並成立基金與借貸計劃去改善住屋問題。至一九五一年七月，行政局批地予房協建造上李屋邨，目標提供三百七十個單位，一九五二年落成，成為首個公營房屋屋邨。

一九四八年，在港府尚未轉圜之際，民間社會慈善團體亦嘗試出力解決住屋問題。

憑晾衫竹的數量就可見圖中每個唐樓單位住上的戶數。當時香港整體住宅樓面不足以應付大量住屋需求，市區唐樓單位都改裝為板間房，正是「七十二家房客」的時代。（冼昭行提供）

英國倫敦市長的「空襲救災基金」，向聖公會何明華會督（Ronald Owen Hall）戰前後推動組織出來的跨機構代表——香港社會福利聯會（Hong Kong Social Welfare Council，即香港社會服務聯會前身）——捐出一萬四千英鎊，為香港勞動階層建造房屋。香港社會福利聯會隨即策劃成立香港房屋協會，開展規劃在北角建造平民屋邨，並得到政府批出地皮。

後因滙豐銀行答應支持建屋計劃，在拒絕何明華會督參與的條件下，提供特惠利率借貸，出資支付建造費用，房協故此唯有再催生獨立運作的模範屋宇會，容讓滙豐參與管理，並獲港府重批北角地皮予新機構，一九五四年遂建成模範邨，以月租約一百六十港元出租兩臥室單位，為中下階層提供可負擔的租住單位。

上李屋邨落成同年，行政局認同房協以外，港府有責任向本地低收入家庭提供充足的平租房屋，並構思在市政局組織下設立專職房屋的委員會，負責建造及管理公營房屋，統籌由市政事務署負責的行政工作，及由工務局負責的建築工程設計，惟工務局因人手短缺而未能承接此項事務，是以需另聘私人執業建築師作技術顧問。

有市政局及行政局成員憂慮，要是開展建造資助房屋，只怕搭建起的不只是供人安居的屋宇，還有一發不可收拾，以及無限延續的公眾期待，一旦日後無以為繼，會使本已受威脅的政府公信備受打擊。縱使如此，行政局最終亦決定依規劃制訂有關政策，並提交立法會審議，最終在一九五四年四月二十八日通過成立香港屋宇建設委員會。屋建會成立之初，所有市政局議員成為當然委員，另有三位成員由港督委任。首任主席為時任市政局主席利澤時勳爵（The Hon. Harold Giles Richards, O.B.E.）。

香港屋宇建設委員會能獲取政府半價批地及特惠貸款，惟財政上需自負盈虧。屋建會訂立目的，是要為白領階層提供可負擔的租住單位，使他們能從本來的市區擠迫寓所遷出，改善他們的生活。一九五七年建成北角邨、五八年西環邨、六〇年蘇屋邨、六二年彩虹邨、馬頭圍邨及和樂邨，這些早年屋

木屋密集地建起，未有預留緩衝空間，造成安全衛生危機，時有大火、山泥傾瀉、瘟疫爆發，居民歷盡艱困。（冼昭行提供）

邨都反映出屋建會早期設計如何配合成立目標。

一九五三年聖誕節石硤尾木屋大火，災後港英政府工務局獲英軍協助，成功在七個半星期內，於災場原址建起以當時工務司包寧（Theodore Louis Bowring）名字命名的「包寧平房」，安置已經流徙到深水埗等地區民居「騎樓底」與「樓梯底」露宿的五萬名災民。徙置事務處亦因而設立，第一任徙置事務專員為何禮文（David Ronald Holmes），該處再將兩層高的包寧平房重建為七層大廈，在一九五四年陸續建成首條一型徙置屋邨——石硤尾邨。

這開啟了一個豐富多元的公營房屋時代，直至整合成房委會與房屋司署為止，房協、屋建會與徙置事務處，還有一些其他機構團體，由二戰後至一九七三年期間，在港九新界陸續建成針對不同社群需要，而提供不同質素的中下平民房屋選擇，令港人各安其所。

註

(1) 起初流傳為一篇俗稱網上潮文，描繪三個居住公屋、居屋與私人樓宇的青年到女友家晚飯的遭遇，後來給製作成短片，由盧宛茵飾演勢利的女友媽媽。片段中公屋青年備受刻薄，檯面準備好的切雞也遭收起無得食。

(2) 見二〇一九年政府統計處《房屋統計數字》。

(3) 見一九四五至五五年度徙置事務處長年度報告。

(4) Ure, Gavin. (2012). “Post-war Housing Policy and the British Government”. In *Governors, Politics and the Colonial Office: Public Policy in Hong Kong, 1918-58*. Hong Kong: Hong Kong University Press.

TEMPO

專題 2

屋建會屋邨有別於廉租屋邨與徙置區

廉租屋政策及成立屋建會的醞釀自一九四七年起一波三折，延至徙置新區出現後才見北角邨落成，使後人常誤以為是石硤尾木屋大火帶來香港公共房屋政策。影響所及，或造成今天談論公屋建造時，多側重論述數量的重要性，及急於回應安置輪候上樓人口的一套「徙置思維」，容許倒模預製的一式一樣建造「鞋盒居所」手法，而較少關注到屋邨與周邊地型環境之配合，及室內外空間的可用及公共性，是否可以為居民提升生活質素。現存屋建會營建屋邨中，以西環邨落成年期最早，今人可以從她身上，看出原初「屋建會思維」如何實現出來。

一九五六年二月港府成立房屋特別委員會（Special Committee on Housing）研究香港整體房屋狀況與平民生活條件，一九五八年交出總結報告。該報告列出當時全港尚有二萬一千幢一九〇三年前建造的唐樓，衛生設施從缺，而當中有七千幢是座落在市區背靠背的排列，家居污水未可得到妥善排放。當時有二十六萬七千住戶共一百二十六萬五千人常住市區，當中百分之七十九需要與其他住戶合住，九萬五千住戶居於板間房，四萬三千住戶只得床位，八千居住閣仔，四千居住在露台，而只有二萬零四百住戶家中能負擔到擁有一個不用住人的廳房。住戶居所普遍小於一百二十呎，而家庭收入普遍低於三百元，可謂滿目瘡痍，平民正飽受城市化的惡果。該委員會建議，政府興建公營房屋要以人均三十五平方呎生活空間為標準，重提當時已為唐樓設置相同標準，但未能實踐的法定要求。

屋建會正是以此為目標，其政策為建造多層大廈屋邨，以盡可能平價租金，供給良好基本生活水準的獨立住房，務求維持每成人三十五平方呎的基本標準。每套住房有自己的廚房、廁所、沐浴間及可晾曬衣服的露台。單位的採光與通風亦是屋建會所強調的質素條件，會在單位內間隔牆頂部裝置通風玻璃百葉窗，或後期為每間房間安裝梗窗。採光通風效能提升後，屋建會相應降低了樓高要求，減至每層最少樓高八呎，較當時普遍唐樓單位為矮。屋邨規劃時亦考慮設立學校、幼稚園、社區會堂、商店、診所、郵局等，以利民便民，更在邨內範圍設大小遊樂場及花園。

眾多利民考慮，只會增加建築成本，加上屋建會本身設定要自負盈虧，相應租金定價難以惠及低下貧窮家庭申請入住。是以屋建會成立之初，定位以建造出具良好基本生活水準的公營房屋為基礎，一直保持水準，但求隨著越來越多的屋邨落成，屋建會屋邨單位的供應逐漸增加，能壓抑建造條件水準偏低的唐樓及板間房的租值，致令活在貧窮的家庭能間接得到生活質素提升。

最早期屋建會屋邨住戶申請人必須年滿二十一歲，由一九四八年七月一日起持續居住香港，月入為三百至九百元（家庭月入九百至一千四百元者可申請北角邨大單位的特殊輪候安排），並設有計分標準，會考慮申請者家庭收入水平、擠迫程度、是否居於獨立房間、家庭是否需要分散居住、居港年期、曾否從軍、是否現役輔助軍人、有否肺癆等，可見考慮以家庭生活及住屋需要為出發點。申請住戶只要持續符合基本要求，便可登記輪候。若成功入住，住戶並不能分租

幾兄弟姐妹邊拖邊孭的走過一型徙置大廈旁空地，一個時代的常見風景。（冼昭行提供）

單位，也不能加入過多成員，以免引致住戶過份擠迫。屋建會屋邨設有專責管理部門，訓練大批「房屋助理」（Housing Assistants）作住戶管理，並每月到家到戶收取租金，也藉此機會與住戶建立關係，同時監察住戶有否犯規，以作勸勉。

一九五六年十一月一日屋建會轄下屋邨接受申請，一九五八年一月接受北角邨新輪候安排申請，截至同年三月三十一日，屋建會已接收到一萬七千零七十九份申請，當時已落成的北角邨有一千九百五十六個單位及即將落成的西環邨有六百三十八個單位，超額申請達六十六倍。可見當時不單止赤貧家庭，連中等收入市民亦期待透過「上樓」來改善生活。

在龐大住屋需求下，難怪香港社會及港府也為之焦急，甚至藥石亂投，但求快速供應住宅數量，在不斷大量興建徙置大廈之際，同一時期，一九五六年港府放寬屋宇條例，減省法律程序之餘，也提升了地積比，再度鼓勵私人發展商在市場上建造私人物業樓宇。此後十年間城市中出現大量多層綜合用途「洋樓」出現，供應較唐樓面積細小的單位，以圖降低承建單位成本，以致物業市場追求利潤風氣猖狂，直到西環 Chong Hing Mansion 給揭發為鹹水樓 (1)，而遭敕令拆卸，此風在一九六六年屋宇條例收緊後才得以收斂。惟這十年建下來樓宇質素及空間設計俱遜的「怪獸大廈」，不足六十年間物業價值下跌，在市場轉手流動力弱，業權眾多且分散，收購重建門檻高，造就商人大量購置個別單位進行改裝，埋下今天劏房湧現的伏線。

相反，屋建會雖未能替當局解憂，因開展蘇屋邨等大規模建築工程已夠負擔，惟已醞釀深入推動屋邨住戶生活質素提升的思考，在建造居住環境硬件之後，設想入住家庭與社區的關連。其在一九六一／六二年年報中闡述了這個政策推進：「縱使必須要高密度發展，屋建會仍盡可能在設計轄下屋邨時，使成為緊扣座落地區社群的一個環節，成為整合的鄰里系統，供給大眾家庭日常生活所需的最好環境及設施。」

也許是屋建會遭遇第一個轉捩點觸發得出這個思考。港府自一九五九年十月訂出為月入四百元以下的家庭提供特廉租金的低下階層廉租屋，預算每年供二萬人入住，提供每人三十五平方呎單房單位，予四至五人家庭，並附設可供煮食的露台及洗碗盤，但只設平均兩家共用浴廁。首批規劃的廉租屋，居住條件雖較屋建會屋邨的建築水準低，惟已較徙置新區好得多。工務司署遂在觀塘、石硤尾、長沙灣及山谷道等位址建起廉租屋邨，計劃觀塘會率先於一九六二年六月落成。惟至一九六一年九月，港府委託屋建會接收所有廉租屋邨至轄下管理，並從財政預算中撥款支持，使屋建會規模由成立八年建造出供四萬二千五百人居住的六千七百六十個單位，一下子躍升至需要管理十二萬九千七百人居住的眾多屋邨。

屋建會對屋宇質素的要求，在接手管理廉租屋後，發揮影響並即時產生作用，提升屋邨居住環境。例如有委員知悉有大家庭申請廉租屋時，因單位原來設計是供四至五人居住，而要租下兩個單位，交出雙倍租金，屋建會隨即與工務司署磋商，要求日後設計

一型徙置屋邨，大廈間只有水泥空地，小販搭起攤檔擺賣，「非正式空間」混雜而熱鬧，卻忽視空間運用質素。（冼昭行提供）

廉租屋要提供更多大細種類的單位，使能容納不同住戶人數，供日後彈性處理大家庭申請。

一九六四年港府發表名為《管制權宜住所居民、徙置及政府廉租屋宇政策之檢討》白皮書，除公佈會加快徙置區及廉租屋的建屋速度，承諾至一九七四年可建造出足夠容納二十九萬人口的政府廉租屋，滿足住屋需求外，還參考屋建會屋邨設置，要求屋邨設計上較著重住戶的私人空間和設施，每戶除供給廚房、露台之外，還須配置自來水及私用廁所，要求公營房屋建造要重量又重質。

接收管理廉租屋後十年，屋建會一方面繼續建造轄下屋邨，另一方面繼續接收工務司署新建廉租屋邨，組織日漸龐大，但兩類租住房屋的營建分工上仍分野清晰。一九七二年十月港督麥理浩宣佈十年建屋計劃，並在一九七三年四月一日設立新香港房屋委員會（英文名稱沿用屋建會之Housing Authority），並將市政事務署轄下屋宇建設處與徙置事務處合併，設置房屋司署，作為房委會的執行部門，整合過去分散在不同機構的權力、職責和財政資源，為未來統合興建及管理香港各類公營房屋。

屋建會告別歷史舞台，由房委會承繼。新時代將過去的徙置區、政府廉租屋邨及前屋建會屋邨統稱為「公共屋邨」，亦即今日簡稱公屋。港督並要求日後興建的公屋，最低建築標準要與廉租屋看齊，意味當時存在的一、二、三型徙置大廈不再符合公屋最低標準。

房委會及房屋司署成立初期，在工作編排上仍將前屋建會屋邨及廉租屋邨劃為甲類屋邨，前徙置區為乙類，分類管理。直至一九七六／七七年度，房委會及房署重組屋邨管理人事架構，以地理環境編劃工作，東部房屋事務科管理港島、東九龍及沙田的屋邨，而西部則負責西九龍、荃灣及新界西部，新管治架構也為迎接居者有其屋計劃的出現。至此屋建會的痕跡亦遭隱沒。

一九五四至一九七三年廿年間，屋宇建設委員會前後興建北角、西環、蘇屋、馬頭圍、彩虹、和樂、福來、華富、坪石及愛民，一共十一個屋邨。截至一九七三年三月三十一日，除未入伙的愛民邨外，其餘十條屋邨總共為二十一萬六千八百零一人提供建築水準高於其他公營房屋的居所。

一如其成立過程，屋建會在謹慎理財下，細步前行，以規模計，雖完全未能承載社會上大量居住在市區板間房、貧民窟的市民，甚至徙置事務處調查亦發現在其轄下徙置區內，已有三至四成的住戶符合屋建會屋邨入住要求(2)，惟屋建會的水準建築只是杯水車薪，回應不到當時港府及香港市民的迫切需要。

可是，屋建會屋邨所設下的高標準，使其他屋邨設計時，不得不以她們為楷模，以致政府廉租屋及後期的公共房屋均須仿效，以二十年的投入，槓杆出往後第四、第五及第六型公屋設計全面改善，惠及普遍香港公屋住戶。以這角度觀照，亦甚具成效。屋建會屋邨建築的美感簡約雋永，時至今日，仍為年輕世代喜愛，彩虹、華富、愛民等屋邨，更獲視為象徵香港人美好生活的一面。

註

(1) 因當年淡水供應不足，部份承建商以鹹水（海水）拌和混凝土興建樓宇，鹹水中的鹽分加速材料鏽蝕，造成樓宇結構危機。

(2) Bishop, P. (1971). "Some aspects of the Hong Kong resettlement Programme", in D. J. Dwyer (ed.), *Asian Urbanization: A Hong Kong Casebook*, Hong Kong University Press, Hong Kong, pp.111-122.

專題 3

一九五八年 西環邨誕生

香港屋宇建設委員會的建屋計劃開展之初，獲港府注資五千萬以興建首三個屋邨，並批出二十五英畝土地，包括一九五四年八月批出的北角渣華道六點五英畝，及西環加多近街三點七英畝（約十六萬一千平方呎），同年十二月第三幅十五英畝的長沙灣蘇屋地皮亦獲批出。西環地皮雖與北角地皮同期批出，惟因北角是填海平地，而西環地皮座落陡峭山坡之上，地理環境限制下，西環的屋邨明顯需要更多時間來研究及設計。

一年後，一九五五年八月，加多近街屋邨發展計劃獲順利批出，港府從殖民地發展及福利基金中調撥，以四十年期定期還款貸款方式，以百分之三點五年利率分兩批次，向屋建會借出七百五十萬以作興建六百三十六個單位，相比北角邨為以三千三百萬興建一千九百五十六個單位，蘇屋邨為以五千萬興建五千三百一十四個單位。政府更容許屋建會向其他不同渠道貸款，以補不足。

一九五六年四月徙置辦事處清拆加多近街地盤上原來搭建的九百間寮屋，並首次將居民遷過維多利亞港對岸，安排入住李鄭屋邨。在隨後數月，工務司署受屋建會委託，從域多利道分支出闊二十呎的加惠民道及五呎闊的行人道，一直接駁至地盤頂點，是項耗資二十萬的工程在同年年底完成。

在加惠民道建造的同時，屋建會為地盤平整工程招標，惟因開挖得來的泥頭要傾倒至香港仔作填海之用，而非鄰近的中環填海地，報價較預期高昂，由七十萬增加至八十四萬港元，是以屋建會需要向港府申請追加撥款，由於土地平整的費用是由殖民地發展及福利基金撥款，處理程序需時。最後工程要延至一九五六年七月才開展，原定工程期六個月。誰知在承建商開挖後，才發現地盤土力成份差異甚大，幾個溪谷山水沖湧亦導致泥土鬆軟，工程期間已發生過數次滑坡。因此，建築規劃修訂擋土牆坡度為三十度，東苑臺與中苑臺之間的擋土牆要比原設計再加深鞏固地基，中苑臺亦要加樁，才夠承托日後大廈的重力。額外還有三幅擋土牆雖已由厚實英泥建造，卻仍須再加樁。為支撐土地結構，各苑臺的底層力牆牆身亦相應加厚至八吋，較高層的五吋為厚，提供更大的抵禦力。地盤平整工程最終延誤至一九五七年七月才完成。

一九五七年七月十五日主體建築工程開展，由德榮建築承造，工程費達六百三十萬二百三十六元，當初預計一九五八年七月十五日峻工，約二百五十個工人施工。屋邨分成五幢，每幢十至十四層不等，總共六百三十六個單位，及後盡用空間再進行改建，增至六百三十八個單位，設定供三千八百九十四人入住。

屋邨大廈建築亦考慮到日後社會環境及需求或會有所改變，是以結構上已作相應調整，只需作簡單改動，兩個相連單位的間牆便能夠簡便拆除，使兩個單位合併為一個一廳兩房的大單位。

屋建會還規劃建造了一座三層福利中心及屋邨辦事處。福利中心及屋邨辦事處門前正是加惠民道盡頭轉圜處，方便車輛駛到門口，也利便行人出入。這個屋邨辦事處有別當時其他徙置區，並不設櫃檯以作收租。受屋建會聘用及訓練的房屋助理（Housing

Assistants）會到家到戶收租，同時處理維修、監察分租及處理投訴。屋邨人員這樣能與住戶保持一定熟絡關係，因此亦曾成功勸阻從天台企圖跳樓自殺的男士，不過當然，友善的管理者仍需維持空間質素，包括當差不多每家住戶都在走廊曬上三十斤菜乾時，便不得不介入勸誡。有別於北角邨聘用所有清潔員工，屋建會試驗在加多近街屋邨外聘公司處理清倒垃圾，只聘用庶務員管理，並督導戶外及緊急工作。

屋建會邀請小童群益會，利用福利中心位址開辦兒童圖書館及舉行兒童會聚會，甚受居民歡迎，圖書館人員更曾用心飼養熱帶魚，以供孩童開眼界。福利中心地下房間曾一度空置，屋邨曾一度把這房間開放予住戶申請，借用作家庭聚會。

由於地理位置陡峭，有別於北角邨，加多近街屋邨在地面只能設計一、兩個兒童遊樂場。反而，因著未能每層開設電梯出口，便預留電梯不通達的樓層的電梯大堂，將之改作公用遊樂空間，供住戶運用。

屋建會屋邨大多設置鋪位，利便小商戶做生意，照顧住戶需要之餘又增加收入，加多近街屋邨亦有設置十個同類出租空間，惟建築師考慮到屋邨鄰近街市及商店，遂邨內空間只供作貨倉租用，惟若開邨後原來假設不成立，在現實需要下，屋邨亦可簡便地將部份貨倉改裝，轉回商舖用途出租。

屋建會還考慮到照顧邨民健康，與醫務衛生處（Medical Department）磋商，後得香港賽馬會支持，在加惠民道底建立新的門診診所。屋建會以提供水準建築空間、專業管理及連結政府部門資源，全面照顧住戶生活經驗與質素。

屋邨原來還有個永續建築設計，在建邨時已計劃在雨季期間將地下水道流水抽出，以作沖廁之用。原設計在地下安裝集水缸，再泵至較高位置的兩個儲水缸，自然流向家家戶戶。邨內還開挖有水井，抽取地下水以作輔助，是以預算在旱季期間，仍可滿足預期每日三萬加侖沖廁水的需求。要是最終水量不足，有需要時仍可轉用海水以作補充。

一九五八年加多近街屋邨正名為西環邨，所有工程於一九五九年峻工，總建造

梁瑋鑫攝

費為七百八十七萬五千元，預計每年能收取八十五萬元租金，足夠填補超資數額。

截至一九五九年三月，超過二千五百個住戶獲邀接受申請，而只有五百五十五個住戶入住，初期亦有住戶入住後因不同原因遷出。及至一九六〇年三月，六百三十八個單位已全數租出，全邨人口總數為四千一百二十二人，包括一千一百七十五名男士、一千四百一十五名女士、七百八十二名男童、六百九十二名女童，特別的是，人口裡還包括五十八名工人，可見當時住戶可負擔的不單止是房租。至一九六一年，屋邨收取五人單位每月九十九元租金、七人單位一百二十二至一百三十一元不等、十人單位一百六十九元，平均人頭月租為十八元三角五分。

專題 4

家住西環尾

地方歷史，訴說的是身份故事。從身份，又看到地方興衰，民心所向。

從堅尼地城站走上科士街，牛房遺址石牆老樹下，若問舊街坊，是「西環人」還是「堅尼地城人」，當以答「西環人」居多。可是，從樹蔭下走向加多近街，不遠處就會見到西環邨東苑臺，沿路右首馬路對面，百年前曾是一大座麻纜廠。從這裡，會更常聽到「西環邨人」的身份敘述。

一八四一年英軍在上環水坑口登陸香港，卑路乍爵士在皇家海軍艦艇硫磺號上，成為首位繪製出香港島地圖的英國人。回到從未填海前的香港島，北岸有幾個山脈，入海處形成明顯突出的海角，正是日後西環、上環、中環與下環。上環半山已有稠密的「上市場」，而在另外三個環裡，均可見到英軍所築建起的軍事設施及軍營。這四個區域逐漸形成香港開埠之初城市發展的核心，「四環」的名字也因此而先入為主，根深蒂固。

一八七五年香港第七任總督堅彌地爵士，開展將卑路乍灣填海造地的工程，及

上　畫家筆下開埠之初的西環。（冼昭行提供）
下　堅彌地城過去貨倉林立，挨晚後人跡罕至。（冼昭行提供）

至一八八六年完工，新填地給命名為堅彌地城——當時還未寫成堅尼地。一九〇三年公佈的維多利亞城界，西至堅彌地城，並以她為城中九約中的第一約，與第二約石塘咀及第三約西營盤，共組成今天的西區。

堅彌地城這嶄新的創設，卻並未使西環人感到自豪而破舊立新，改口稱自身為堅彌地城人。這裡的人多只會在填報地址或撰寫公文時才寫上這地方官名，日常仍只以西環人自居。這當中或許牽涉到華人社群保有獨特身份的動機，從中也能窺探出，當日城市發展決策者的一個個決定，如何阻礙地方不同階層社群去建立共同身份。

這片海濱的帶狀新填地也沒有為地方帶來新朝氣，相反，與傳統華人五行觀念暗合，這城西一隅，被決策者安放下許多死亡相關及厭惡的現代城市配件，歷代西環人夜深走過電車路，總可感受到那股肅殺滄茫：

一八七五年東華三院在士美菲山坡捐助興建第一代義莊，俗稱「牛房義莊」，為許多客死異鄉者寄託落葉歸根的盼望，至一八九九年遷至大口環現址；

一八九四年西環屠房、牛房與豬羊欄陸續投入運作，時時傳出宰殺牲口的陣陣悲鳴，一九六八年屠房搬遷至加多近街海傍，設動物屍體焚燒爐，西環人都會記得那股惡臭氣味，一九九九年停止運作；

同年為應對太平山鼠疫，政府將西環尾玻璃廠改裝成鼠疫醫院，近年在摩星嶺公民村舊址發現墓碑石板，引證疫症墳場也落在這山頭；

一九〇七年東華醫院西區分局成立，及後改為東華痘局，專門應對天花疫症，岩石門廊遺蹟留存至今；

一九一八年東華在加多近街口建起「一別亭」，時有街坊在此公祭送別先人，「西出陽關無故人」，隨後抬送先人靈柩上摩星嶺及薄扶林等墳場墓地；

一九三四年石塘咀人稱「火井」的煤氣鼓大爆炸，造成四十二死四十六傷，兩年後煤氣局將新火井西遷，設在士美菲山坡上，即今天嘉輝花園位置，至一九八一年拆卸；

一九六六年堅尼地城焚化爐開始運作，設四組焚化爐，每組焚化爐每日可焚燒

西環尾鼠疫醫院室內情景。（冼昭行提供）

二百五十噸垃圾，排出難聞化學毒煙，危害西環男女長幼健康，至一九九三年停用、二○○七年開始拆卸，一九九七年港島西廢物轉運站啟用，將垃圾裝箱運送堆填；

一九七二年石塘咀山道的域多利亞公眾殮房西遷至域多利道近西寧街，一直營運至今，並計劃即將再度遷進摩星嶺岩洞。

自一八四三年香港殖民地政府成立，以鴨巴甸街為界，東西分隔華洋居民，百多年來，華人、妓寨與厭惡設施，一而再從中環遷至上環，又由上環遷至西環，形成階級上下判斷，越走向西邊，越遭看輕。縱使自從屠房與牛、豬、雞、鴨、鵝、魚、蝦、果、菜九大欄陸續落成，堅尼地城擔當起城市食物樞紐，也未能扭轉既定設想。

一九五八年在「西環尾」——西環的最西端——的山丘上，西環邨五個苑臺錯錯落落的倚山建成，第一批西環邨人誕生，主要從事白領工作的開邨人家分批遷進入住。他們在堅尼地城最是污煙瘴氣的年代，從城市不同角落，走進這個普遍遭受歧視的地方。他們回憶中的風景，都是入夜後街上渺無人

近景為 1953 年士美菲上的煤氣鼓，背後一排建築物就是牛豬羊房，西環邨位置仍是山林，遠景為青洲。（冼昭行提供）

煙，剩下空空洞洞的貨倉，與電車疏落地走過，傳來鐵轆與路軌的嘶啞，襯起空氣中的一陣陣臭味。

因此，每個西環邨開邨人家均經驗過一輪自我整理，去面對這個人生決定所帶來的巨大轉變，這也是個身份建立與適應的歷程。有人會以山上山下的觀念，將西環邨從西環抽起，在山上安居俯視山下市井；有人熱心營造邨內人情關係，走上長樓梯，是返回安雅樂土；有人安於所在，與本地人打成一片。這個現存最老的廉租屋邨，帶著距離的與原生社區相對，又相容，在地方歷史裡與文化裡都是獨特地存在。

一直至到二十世紀末廿一世紀初，隨著城市西向發展，西隧的出現、市區重建收購舊樓，與西港島線的建造，才緩下百年來輕蔑西部社群的趨向，還日漸排斥掉舊有厭惡設施，形成新的地方形態，吸引中產戶從四方八面遷進。他們稱呼自己為堅尼地城人，踏上昔日西環邨開邨人家同樣走過的身份建立與適應的歷程。六十年後，堅尼地城人能否一如昔日的西環邨人，與地方原來社群相對又相容，互相適應，就要看這當中的地方智慧與文化能否好好梳理與流傳下去。

第一章 開埠人家

從屋建會的年報記載，截至一九五九年三月三十一日，超過二千五百名申請者獲得入住西環邨的邀請，然而當中只有五百五十五戶最後決定接受入住，及後至一九六〇年三月，西環邨單位才悉數租出。年報顯示，西環邨建於港島邊陲，在當年的地理上是既遠且阻，附近屠房又傳來種種腥臭，子女在新發展區難以覓得就學機會等，都教這些新申請者為之卻步。

然而，決定以西環邨作為新生活起始的選擇，他們的故事都帶點破釜沉舟的決心及希望，在惶惑中走向未知。作為首批入住者，他們帶著過去，經歷過戰爭、亂離、流浪、飢餓，捱了說不清的苦，中間有名門之後、工藝匠人、醫學世家，還有早已生活在西環的居民。

最初入住西環邨的大多是白領階層。屋建會特意安排屋邨管理團隊接受專業訓練，融會英國當時的社會工作手法，以發展不同階層社群的福祉，造就家家戶戶在邨中安頓下來，安身而後立命，以「西環邨人」這個身份開展生活。他們日常出入自然地串連鄰居，每到節日招呼親友聚會，改善的家居環境帶來緊密的邨內外鄰里關係。

然而，故事也不是一直平順，他們應對過一道道活生生的難題，包括天災、水電供應不足、家人間的張力、謀生之艱難、四周環境衛生惡劣等等。他們帶上掙扎，中間也展現出柔韌與巧思。由開荒到定居、由厭惡到愛惜、由一家十口到靜居，第一代開邨人家由黑頭住到白頭，多少年月下來，沉澱出淡雅的輪廓。

1·1

呢條廉租屋邨係唔同，大家直頭選擇留低，一齊終老。

黃稼梅

一九五〇年生，一九五八年入住西環邨至今。

在元朗農場出世，遷到亞皆老街板間房，再搬到西環邨，Maria 當時才八歲。婚後她搬出西環，後來還是回到西環邨，退休後仍然安居於此。「中間結婚嗰幾年我自己搬咗出去住，後來我個老竇怕嘛，媽媽成日都唔舒服，佢驚走咗之後整個伯爺公落嚟同佢唔啱。嗰時房署政策話，如果間屋老伴走咗，就會分一個老人嚟同住。我老竇成日都驚，問我哋搬返嚟住好唔好？當時我有間屋要納稅，於是我就賣咗佢，有錢第日再買啦。」

Maria 家來頭不小，祖父是民國年代的一個人物。「我爺爺叫黃文瀾，佢係法官嚟嘅，嗰時真係好惡㗎！以前啲人好有一種氣概，呢種氣勢，令人做錯咗就認，你認就行刑，被人捉咗就要死！真係好似電視嗰啲咁樣。我老竇話俾我聽，飛一條籤落去地下，行死刑，啲犯人話死就死。」Maria 話語間那份篤定，原來是遺傳，也是家中培養。

左　「我老竇斯斯文文，去邊都著套西裝。」（黃稼梅提供）
右　「我媽係千金小姐，但好新潮！我四歲咋，媽媽已帶我去理髮店燙髮。佢話小學就應該梳辮，中學我就自由喇。」（黃稼梅提供）

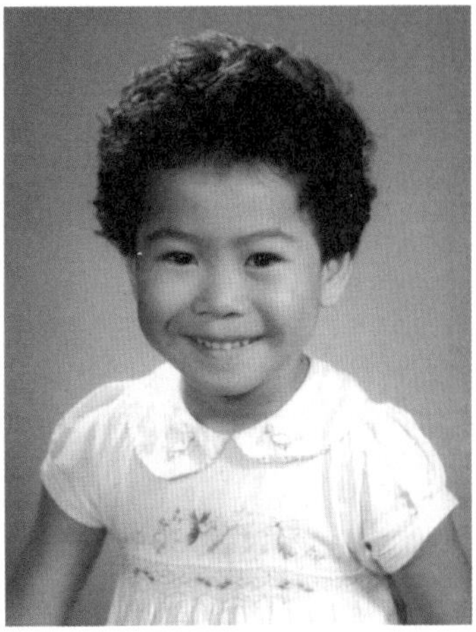

你去住得啦，我唔去住廉租屋！

因為她的爸爸也不簡單。「嚟香港後，我爸爸係教書先生。嚟西環邨住，我老竇點同我媽講呢？『你去住得啦，我唔去住廉租屋！』佢都係有啲貴族子弟咁嘅形象，因為佢本身有錢㗎嘛屋企，所以佢話，『我唔住廉租屋㗎，你同啲仔女去住啦！』因為佢係將自己擺高咗，佢係做將軍之下嗰級，佢走到邊啲士兵就去佢度。佢見啲士兵到香港都做得好好，但個個發晒佢唔發，咪越整越唔聲，越唔想見人。」遺民飄零異鄉，老民國的身份地位是接連逝去日子的一道橋，這份抱持總不能一下子放開。

連日常穿戴舉止，也崇尚嚴謹莊敬的儀容。「我老竇斯斯文文，去邊都著套西裝，我最鍾意佢。嗰時出街我成日都拖住佢，做咩成日拖住佢呀？我老竇靚仔，著住套西裝陪住我幾好呀！我老竇都係讀法律，佢耳仔好長，同埋個輪廓呢好似啲馬騮仔，永遠條眼眉黑色，頭髮就白。佢走嗰時眉毛都黑㗎！我成日都話佢好gentleman。佢成世都係咁，年初一到年三十晚都係著住套西裝，無著過孖煙囪喺屋企行嚟行去。我媽媽最憎人打大赤肋，同埋著孖煙囪係無規矩嘅人，於是我爸爸成世都唔會著條孖煙囪係屋企嘅。」

生活迫人，有時終歸都要放得下身段，當然，能夠有熟人在旁推動一下，拉攏一下，就更容易踏出第一步。「當時要教書就要讀師範，但佢一開始時點都唔讀。佢話我讀完大學出嚟，我使乜要讀你個師範？所以佢成日入唔到政府度教，一路都教私立學校。後來佢老友同佢報晒名，整好晒，無辦法唔讀，佢先去。初初讀完師範出嚟，我老竇唔鍾意拍人馬屁，於是就俾啲山旮旯（音：山卡啦）咁遠嘅學校佢。」

教書先生可曾走過幾個山頭，其一執教處是石湖塘，即現在元朗錦上路附近，由西環尾走到元朗教書。「嗰時佢哋尊敬佢，因為你喺呢度做先生。個鄉長就問，『黃先生，不如賣塊地俾您喇。您喺度買間屋，我哋第日咪可以一齊住囉。』兩毫子呎地，你話幾平呢。我嗰時好細個，我就話，『爹哋，買咗佢啦，買幅田都好喇。您可以耕田過一世。』我老竇覺得太遠，不過當時佢竟然寧願每個禮拜頭走入去，禮拜六先出返嚟，住埋喺間學校入面。我爸爸鍾意寫詩，又鍾意讀書，不停咁睇書，要靜先得，佢就自己一個人喺嗰度。鄉村啲學生好好，呢個拎番薯，嗰個拎菜，我哋去呢就乜嘢餸都有得食。我媽媽喺呢度照顧我哋幾個，佢反而鍾意嗰度。佢有自己嘅世界。」

生活穩定下來，紳士爸爸對社會還懷抱未竟之大志。「我爸爸好多老友，佢法律界嘛，佢哋成日想一齊整個議員出嚟。嗰時灣仔有個朋友教中學，我老竇一直幫佢做副手，想佢出嚟做議員，後來佢落選。收尾我爸爸嘅表妹又好鍾意做，咁我老竇話幫佢做寫手，係文膽，好似蔡瀾嗰啲倪匡嗰啲咁，寫乜都得，俾個題目佢即刻寫好多嘢出嚟。有時我阿姨話，不如你出去代表我啦？但佢永遠都唔願意。阿姨喺香港做咗好多年，咁多年都係我爸爸做寫稿，新聞稿又好演講又好，退咗休之後直情全權同佢做寫稿。」

「到後期，個個都識佢，因為知道佢就係枝筆。」（黃稼梅提供）

Maria 口中的阿姨，就是楊勵賢[1]女士，香港首位直選當選的市政局女性華人議員。

「佢不停喺度幫我姨奔走。有時稿件有緩急，佢就話急就使人過嚟拎啦。到後期，個個都識佢，因為知道佢就係枝筆，咁有啲咩事都係搵我老竇。我姨話，『你同我揸筆咁耐，不如送層樓俾你啦？』我哋話唔要喇！哈哈。佢喺呢度做到佢最鍾意做嘅事，將佢識嘅嘢用咗出嚟，轉化咗，做人就有個意義。」

我申請，我自己負責交租。

就爸爸起初對「廉租屋」的看法，Maria 為媽媽說句公道話。「要講高級，我媽仲高級！我外公係將軍，譚啟秀，國民黨十九路軍將軍。佢係千金小姐，真係將軍個女，佢嗰時真係一架車有兩個護衛企門邊跟埋你行！佢哋好後生著啲衫已經係著旗袍，訂造嘅，一造要造兩、三件，披肩又有，好巴閉㗎！嗰時啲衫有底有面，不過佢唔出

「我自細嘅感覺係，媽媽撐起頭家，就連哥哥嘅兩個囡囡都係佢照顧。」（黃稼梅提供，攝於 1980 年代西環邨遊樂場。）

聲，佢做慣小姐本來乜都有，落到嚟又重新從一個窮人捱起。」

禾稈冚不住珍珠的寶光，媽媽縱使處身困境，在婚姻關係中，也不卑不亢。「初初我阿媽自己負責交租，我媽話：『我申請，我自己負責交租。』再過幾個月我老竇先話嚟住。話就話你個名係叫做『廉租屋』，實在你無『廉租』喎，我哋呢條邨咁嚟計，我哋初初入嚟住一百二十文（音同蚊）租。當時我爸爸係政府小學教師，只不過係六百文收入。我租間房八十文，你呢度租一百二十文！當時好多人唔諗到將來點嘛，所以申請咗都唔搬嚟。我哋屬於第一批搬嚟，一九五八年。呢度結構好啲，因為佢係模範屋嘛，即係廉租屋嚟講呢度係模範㗎啦，將來起廉租就係咁㗎啦話俾你聽，所以材料係靚，做個版（樣本）囉。東苑臺係模範嘅，因為點解呢，嗰度一路一路起，呢度起好先，然之後南西北中一路慢慢起過去，好似而家新嗰啲屋邨都係咁起，你有幾幢起好先，之後嗰啲一路再起。我哋住喺度時其他都仲起緊，無咩人嚟住嘅，嗰陣時樓下係一個竹棚嚟。」

「我自細嘅感覺係，媽媽撐起頭家。我爸爸嗰時因為男人要應酬，變咗唔知佢實際拎幾多返屋企。媽媽都係教書，佢成日都話，『我份工夠俾屋租夠家用，就好滿意啦。』我哋嗰時本來係租屋住，但我媽媽眼光遠，佢認為攞咗間政府嘅屋，就算我將來買唔買屋都好，咁我成個 family 就可以穩陣啲，始終有個地方，唔使聽日你加租加到離晒譜，我交租交得辛苦咪好弊囉。」那一代人做的決定，總是帶著遠見。

提起媽媽，Maria 就是欣賞，尤其知道她經歷過的苦難後。「嗰個年代佢係中山大學畢業，我老竇都係中山大學嘅，我媽媽就讀經濟。佢好多戒指，我笑佢讀經濟都唔識用錢，一隻戒指都值成兩萬文，嗰時一間屋先一萬文到，我話佢將隻戒指賣咗佢，買到兩層樓喇。」不過，媽媽一直都沒有賣掉這些家傳之寶，「我外公佢好多珠石玉器，走難嗰時你唔可以帶咁多。我哋有個親戚係做豬油嘅，豬油最好，放晒落去就當運豬油運晒落嚟；後來寄失咗個箱，全個豬油罐嘅首飾無晒。我媽帶咗幾多就得幾多喺手，嗰的就被人謀晒。現金又係，俾啲人帶啲現金落嚟過唔到關就無晒。我公公梗係照顧啲仔女，叫佢哋帶啲錢落嚟，但中間全部截晒，總之就係無晒。」

「我媽媽咁就落咗嚟香港，但好快就慣咗。」Maria 記得媽媽很瘦。「我媽從來唔出聲，但我阿嫲就係好麻煩嘅人，始終都係未讀過書，有啲野蠻、有理講唔清嗰隻。十號風球，嗰時我好細個，我好清楚記得阿嫲話，『我食齋啊，你買嚿豆腐俾我食啦。』你知道嗰時無超級市場，街市全部閂晒，買唔到豆腐，返嚟鬧足兩日。阿嫲認為新抱要做嘢㗎嘛，佢唔理你返唔返工，總之新抱就要做嘢。嗰啲中國思想太舊喇，所以我自細喺廚房鑽出鑽入，幫媽媽手，魚骨買一碟，龍蝦頭買返嚟食，咁就開開心心，有時好似好好餸咁！我媽媽真係好唔得閒㗎，返完工之後，返嚟又要煮。」能暖肚的，也許就是女兒這份溫情。

「我將禮拜六編咗嚟做屋企嘢，抹窗、抹屋，總之乜嘢都抹㗎喇。十歲八歲咋。我又去幫手洗衫，無洗衣機㗎，好大個BB盆，一家全部衫都攞晒去洗。洗洗洗洗到死死吓，用完梘粉，要換水㗎嘛，洗到條腰骨都赤埋，咁就換到一支雪條。好滿足㗎喇嗰條雪條！不過，要等媽媽有錢時先俾你，但我亦都唔係好志在，總之見媽媽做得咁辛苦，我又去做一份咁囉！」

這一切，心思靈巧的媽媽都看在眼裡。她們做了個秘密約定，以慰平日種種辛勞。「媽媽知我生性，有日就話，『你鍾意食西餐，咁你嚟接我放工啦！』我就出去碼頭度接佢，淨係同我一個㗎咋！我哋通常喺中環龍記飯店食常餐，因為常餐有個湯、主菜、甜品、仲有個多士！嗰陣時真係食餐㗎，而家就話食粥粉咩都有。三個半銀錢，就兩仔乸食，咁就好開心㗎喇。」吃飽一起回家，才再為家人預備晚餐。偶爾一段靜好時光，就成為兩母女間的親密回憶。

我讀中文中學，咁但係教英文學校。

只想養家和照顧父母，Maria 沒有想太多就成了教師。「我嗰個年代唔係教書就護士，我都唔會諗到自己想做商家或其他。我讀到中學畢業，如果我有錢嘅話我仲會再讀，因為我鍾意讀書，但唔係嘛，無咁嘅機會，而家唯有到老嗰時讀，成日都睇書，就係咁解，哈哈。嗰時無得讀，但係我個範圍係好廣嘅，我讀完書出嚟其實英文唔係識好多，我讀中文中學，咁但係教英文學校。」

Maria 也沒有想太多，就這樣在跑馬地一間教會學校開始執教鞭。「我哋間學校啲 Sisters 將最曳嗰啲就俾我教。咁我就話，我永遠都教A班，你將最曳嘅編晒去A班啦。我唔怕教啲最曳嘅，咁喘啦，曳嘅俾你做班長，你咁叻仔管晒佢，管唔好唯你是問。佢要做叻仔嘛，於是佢一日都唔得閒，跟住就好多謝我，佢乖晒喎成個。佢哋到而家都會話，你唔笑嗰時都幾惡吓，有時候你要有咁嘅形攞咗出嚟。啲學生先頭好怕我嘅，玩熟

「中間結婚嗰幾年搬過出去，但始終都係返返嚟。」（黃稼梅提供）

咗先唔怕。」

教的都是名流仕紳的千金，又教得都乖乖巧巧，一傳十、十傳百，很多人都希望這位 Ms. Wong 幫忙引薦女兒入學。她工餘時更兼職補習老師，不顧辛勞。「我自己當時仲做多五份補習，嗰時都做得幾好嘅，我記得當時份人工係高過我姐姐幾倍。有時啲家長甚至叫個司機嚟車我。我個校長話，你所有補習學生都係富貴人家，日日嚟親啲車都唔同，我唯有講佢哋費事我遲到，所以放學就嚟車我囉。」

教得學生好，這些富有人家都很樂意答謝盡心的老師，Maria 一句話，就會有貴人襄助。「當時真係應有盡有，但我只係識得返工放工，去淺水灣飲下午茶好巴閉咁，最高級嘅地方我都會去。」人生際遇，有時靠出身，有時靠努力，能在任何環境莊敬自重，總為 Maria 帶來重重驚喜。

邊條叫爹核士街？

成長令人習慣向外看，令Maria回頭留意自己出身地西環邨的，是位陌生人。「嗰次俾人問路，問我邊條叫爹核士街？我禮貌咁話，『對唔住！我唔知喎。』點知佢話，『你喺度住都唔知？你唔識你自己環頭㗎咩？』我得閒喺架車度諗吓，又係喎，住咗咁耐我都唔知條街喺邊？有咩理由呀？我個人都好會反省，嬲起上嚟搵一個禮拜日，邊度都唔去，只係行晒呢幾條街，自己畫個map出嚟，隔籬條街係乜，然後得閒就自己去睇熟佢，咁人哋問你都可以知條街喺邊嘛。我只係識條加多近街，收尾諗吓我自己真係傻，隔籬條街就係爹核士街，我都唔知，咁真係唔怪得人哋話你㗎。」

定神去認識一個地方，除了街道還有人情。「以前我嗰層十六間都通嘅，邨頭邨尾全部都有來往！無鹽、無豉油，唔使買，去隔籬就攞到！個個都樂意俾。嗰時啲人環境唔係好好，但個個好捨得。食飯就周圍穿，去到邊都有得食，你過咗隔籬食飯，『我鍾意食呢樣嘢喎！』佢就夾啲俾你食㗎喇！當時真係無咩所謂！」

說起舊時風景，時間又回流，返到一個城市尚有人情流轉的時代。「當時科士街邊有咁靚？全部都係雞欄嚟嘅，好臭！尤其係過時過節，冬至、中秋之前就攞好多雞返嚟，呢條街係密封，好似話齋就算有黃賭毒都無人敢叉隻腳落去啦，佢好似人哋果欄咁，一間連一間，都無馬路，每一間都唔同老闆，由而家樹牆邊搭開嚟，搭到去先施大廈嗰邊；中間無得好似而家咁行過嚟，只可以加多近街出邊返嚟。佢哋有好多伙記，你個人未行入去已經好多人喝你，『喂！呢個係我範圍你做咩先。』不過，入去買雞就得，哈哈。」

「買雞呢，就要專登去撩隔籬屋喇。嗰時生活環境唔好，但啲雞好平，一文一斤，有時就計兩文一隻，一買就一籠俾你啦，成籠都係幾十文，一籠雞攞咗返嚟起碼都十隻八隻，咁你一間屋點食咁多？咁我哋就一齊人人分一份啦。『喂！你要唔要雞呀？如果你要兩隻我就俾兩隻你。』總之分到自己可以接受。我就同雞欄個人講要拔雞毛、劏晒㗎喎，佢都願意，於是咪成籠買晒，咁佢又開心，俾啲街坊你一隻佢一隻，認為OK嘅就擺晒落雪櫃。鄰居有七個仔女，七個仔女兩公婆即係九個人，正所謂餐餐都食雞個感覺係幾好㗎。」

「我呢個鄰居就最叻，係得佢屋企有電話！佢老竇係做墨水筆同打火機生意，最值錢。佢做行街，所以賺比較多錢，佢間屋留間房係專俾佢做生意用嘅。嗰時我哋咪借佢電話用囉，成層只係佢一個有電話。通常有人打電話俾我哋，就寫低邊個，我哋自己打返俾佢，所以就成日喺佢度；有時就喺第二個屋企打，因為費事阻住佢做生意。佢電話成日響㗎，佢老竇成個中環熟晒㗎啦，有齣戲叫做《推銷員之死》，我第一時間就諗起佢老竇！」

鄰居家的佈置可以一五一十記起上來，連鄰居的動動靜靜都可以一五一十記起上來，那個時代發生過的事，都特別深刻。「以前打牌男人要同男人打，唔同女人打嘅，成日都係打呢幾個腳㗎啫，打風落雨就唔得閒㗎啦，成層樓男嘅要搵男嘅腳，女嘅搵女嘅腳。我哋啲小朋友就走埋一堆玩，大風唔使返學，我哋會通山走，因為唔使錢，成班行行，喺度捉伊人，咁你可以匿埋。通常玩都有範圍嘅，譬如今次西苑臺，因為嗰度有樹，又或者南苑臺，咁嗰時五、六個就圍埋一個圈，鍾意玩扔手巾仔又好，傾偈又好，好開心㗎嗰時。」

養得您哋舒舒服服係我嘅光榮。

這片地方，原來是歸宿。「中間結婚嗰幾年搬過出去，但始終都係返返嚟。」Maria 說來又好氣又好笑。「老竇係前世情人，最好你就成日都喺度，你轉住佢就開心。到佢老時我發現，原來老人家好鍾意你啲後生群住佢，日日安個理由，例如下個禮拜太婆忌，初初我唔知，因為忌，我就要返嚟煮餸煮齋拜佢，就可以叫晒佢啲家姐、阿哥、親戚都返嚟食飯。你後來講得多，點解佢一年

「西環邨係佢哋覺得係可以終老嘅地方，佢願意喺度住咁耐。」(冼昭行攝)

有幾個忌嘅？忽然間清醒左，我話講清楚究竟今日邊個忌先，咁佢就話唔係阿爺就係太嫲，咁我話兩個都過咗喎，你係咪再有啲嘢安出嚟，不停喺度諗計。之後就識笑喇，佢話，咁唔好咩？拆穿咗佢之後就同我姐姐講，呢一個禮拜都要返嚟兩次食飯。佢鍾意打牌，所以就要我家姐返嚟陪佢。」

拆穿西洋鏡後，無非是爸爸沒有說出口的掛念，一家人又團聚起來。「我家姐返嚟陪佢，打到六點鐘，我家姐就要走啦，因為佢要返屋企煮飯俾姐夫，有時啲餸都喺度煮埋，就拎個盒返去，佢老公好準時六點半返，咁就開張檯食飯。佢等佢老公食完就話，『食完未？食完我走啦！』跟住佢就返嚟打牌，日日兩頭轉，次次兩三程的士。佢走咗嗰段短時間，我哋就開檯食飯，食到佢返嚟又打，打到半夜三更先走。」

「我照顧爸爸多咗，我初初認為衣食住行照顧到佢就OK，但發覺原來唔係。後期發覺佢不停咁喺度寫詩，佢寫好多詩，我話啱囉，你喺度諗嘢，我覺得嗰啲時間係佢自己要靜思。有一次，我無端端行去睇，佢本簿無嘢㗎，全本簿都無嘢，但係佢就日日好似好多嘢諗同好多嘢寫咁，我先發現腦退化已經侵蝕到佢想寫都寫唔出，佢唔記得咗啲字，有幾頁寫咗都唔知佢寫乜，嗰陣時我先知，哦！原來可以去到咁。再後來佢連睇報紙都唔睇喇。佢有少少憂鬱，又驚人，連我都驚，你行埋去佢就驚㗎啦，佢覺得你好似會侵犯咗佢嘅範圍。」

「『勤務兵喺前面同我開緊路呀！』有時見佢都返去以前，但我感覺佢喺呢度住得好安樂，我媽媽都係，西環邨係佢哋覺得係可以終老嘅地方，佢願意喺度住咁耐……好多老人家，喺呢條邨入邊都係好願意喺度終老。我見佢哋個個樂安天命，包括我阿嫲。我嫲最後都係喺度走嘅，無返到廣州。有趣就係，呢個廉租屋係唔同，大家住入嚟，然後生活落嚟，會定咗，然後直頭一齊終老，一齊選擇留低，留返喺呢個老地方。」

「後來我成日話俾佢哋聽，『養得您哋舒舒服服係我嘅光榮。』而我而家仲記得我爸話，『我哋好彩有你呢個女照顧住，老來先過得咁安樂。我第日死咗，你唔使怕黑。我成世都保護你，你唔會怕黑㗎喇。』咁話。而家真係，就算要做夜晚看更都唔怕。」

註

(1) 楊勵賢：一九七一至一九九五年市政局議員，並在一九八三至一九八五年及一九九一至一九九四年期間為黃大仙區議會議員。

住家風景

來路鐵器

「出露台道門、窗，同廁所道門都係生鐵造，個鎖係英國鎖，而家無得再配㗎喇。」（冼昭行攝）

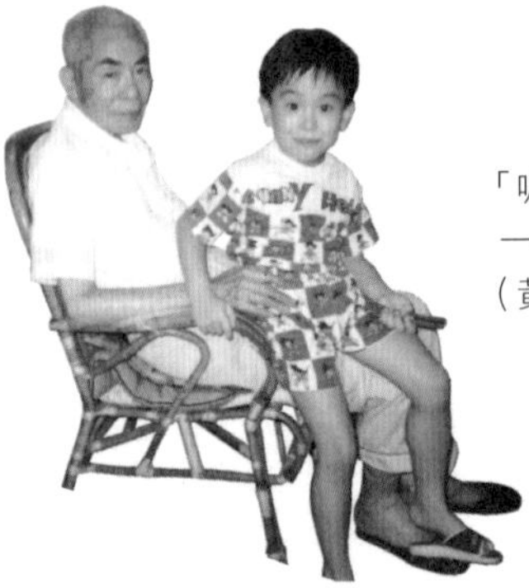

籐椅

「呢張籐椅我哋一家都好鍾意坐，一代傳一代，幾代人啲精華喺晒度㗎喇。」（黃稼梅提供）

自來斑鳩雀

「四年嚟都喺冷氣機玻璃窗上面，一隻飛嚟，之後就第二隻，然後就生咗兩隻蛋，巢一直都喺度，後來飛走晒，我幫佢哋清走啲羽毛、蛋殼咁，然後第二年又返嚟，啲人話斑鳩好懶㗎嘛，你有個地方俾佢，佢就會生㗎喇。」

茶花

「有一次我對住騎樓盆茶花講，『你咁靚，不如開晒嚟睇吓？』棵花好似係有靈性咁，一開就開咗三十二朵。我先生仲贏咗彩票呢！」

1·2 新年有張全家福喺南苑臺山邊影㗎。

馮幼貞
一九三〇年生，
一九五九年入住
西環邨至今。

幼貞腰間纏著粗粗硬硬的醫療護封來應門，原來不久前她為了抽起一桶滿滿的水，從露台返回屋內廁所倒掉，就這幾步路拉傷了筋骨，害她坐臥不得。像許多舊屋邨的設計一樣，西環邨單位建造時並未有考慮到家家戶戶會安裝冷氣機，外牆沒有設置冷氣機去水管，機身也往往給安在露台與起居室之間的窗戶上。有人會將冷氣機去水膠喉引到露台外，由得廢水滴下，反正如幼貞家一樣，窗下是無人的斜坡。可幼貞就記著當年屋邨經理的訓示，不得將家居雜物伸出露台欄外，所以獨居的她還老老實實的將冷氣機去水喉垂下用水桶盛水，寧可每天自行清倒。

如此耿直的婆婆，出生時可是大家閨秀。「我鄉下佛山，我阿爺用錢買官做，我大太公做生意搵落，廣州又有屋，香港又有屋，幾條巷都係自己嘅。我老竇就巴閉，四世祖嚟，都唔使搵食，有田有地使乜做嘢，佢有老竇剩落啲錢，廣州又有舖又可以收租，去親飲茶都成班人。我家姐巴閉啲，嗰陣佢五歲我三歲，佢就可以跟住去飲茶我無份，我淨係跟住阿嫲。我阿媽就生咗我哋兩個女，生咗我就病，咁就要搵個好女仔嚟湊我哋，成條村我哋最有錢，睇中一個就娶到佢返嚟，點知娶咗返嚟佢自己又生咗個仔，點湊我呢，我咪俾阿嫲湊，我三歲我阿媽死咗就我阿嫲湊大我。」

「我老竇敗家四世祖，到日本仔時代就乜祖都無啦，連我家姐都賣啦，唔知做妹仔定做妾侍，無錢吖嘛，無得食吖嘛，日本仔時代敗晒啦。我家姐十二歲賣咗，連我都想賣埋，收尾我姑姐話唔准賣，我姑丈搵到錢吖嘛，就湊咗我阿嫲，湊咗我去佢度囉。家姐就賣咗囉，收尾和平之後佢就返返嚟，總之我老竇唔使恨。」

「收尾我姑丈入息麻麻哋，咁佢做生意識到人，十二歲帶咗我落嚟香港，賺兩餐有得食，有食無工。佢帶埋我姑姐同阿嫲落嚟，嗰時喺灣仔莊士敦道住，有個油站嗰度，我而家都仲記得，倒痰罐掃地乜都要做，阿嫲教我做囉，乜嘢都係。」

一介紹就整定嘅，頭一個識嘅英文佬，哈哈。

「住姑姐度就跟表姐讀書，跟住佢讀識多少字，偷偷雞讀吓，偷本書嚟睇吓，喺鄉下表姐讀扑扑齋，跟住表姐返學幫佢拎書包，讀咗三個月到，我姑姐幫我俾埋學費，同表姐一齊讀。老師戴卜帽，罰就打手板。讀咗三個月就日本仔嚟。我一路跟住我姑姐，收尾姑姐死咗，我表姐又結咗婚，姑丈都死埋，阿嫲都死埋，剩低我。我咪入工廠，嗰時十八歲，無人照顧啦，咁我就入咗北角寶源做牙刷做工廠，好大間㗎牙刷廠，做剪毛，用機器剪㗎，所以啲人又叫我做『牙刷妹』，無租屋就去咗親戚度住，係阿嫲嘅細佬，我哋叫舅公，咁就有個床位住吓，咁舅婆無收我租嘅，有人幫手做嘢，抹吓地洗吓衫，咁無收我錢，我自己搵自己食，搵得好少，搵夠食㗎咋，買件衫著吓咁，都算

「佢識咗我細老母，佢又嚟搵人，『唉吔，我又有個女，十九歲，都想搵主好人家。』一介紹就整定嘅。」（馮幼貞提供）

辛苦㗎。做到同我先生拍拖。」

「我先生就係做文職工，我就貪佢識英文，我唔識英文，嗰時我先生做陸軍部，陸軍醫院(1)，軍人醫院嚟嘅，我先生就做登記嗰部份，佢唔識英文點做『冧吧溫』(2)嘅工，又點同人做登記。佢間醫院好少中國人入去，畿哩咕嚕我都唔知佢講乜，舊時我哋好傳統，唔係而家啲細路咁鍾意就唔生，舊時我哋結婚係要生兒女，諗住自己唔識教，老公識教咪得囉，我老公大我十年，如果佢唔識英文我就真係唔嫁佢。」相夫教子，本來是傳統要求女性在家庭擔當的職責，可進入現代都會生活，教子強調的已不只是待人接物的做人原則，而是外語這等社會生存技能。年輕的幼貞就是要未來的夫婿能安頓她內心這份現代人的焦慮。

「我識我先生時十八歲，拍咗三年拖，即係廿二歲結婚。介紹嗰個叫做疏堂姑奶，即係我先生嘅疏堂大姊，佢識咗我細老母，佢又嚟搵人，『唉吔，我又有個女，十九歲都想搵主好人家。』一介紹就整定嘅，頭一個識嘅英文佬，哈哈。嗰時我舅婆又有個姪好鍾意我，行船做大偈(3)，錢就搵到，但污糟邋遢，我睇見就唔鍾意。我鍾意乾淨，咁我先生做文員就梗係乾淨，一睇就知無得揀，咁樣就搞掂，佢就鍾意我細佢咁多，人又靚嘛，睇下我做叔婆奶奶張相，嗰時廿五歲已經有兩個細路啦，著長衫做咗媽媽都仲咁靚，啲人都話好似個明星，無化妝㗎，搽少少唇膏。佢啲同事話：『嘩！乜你識個咁後生女仔嘅！』佢梗係開心啦，一見到我就鍾意，無走雞啦。我話我唔識字，唔好話第日唔鍾意，我好坦白，佢話：『唏！我又唔係要去外埠，識唔識字有乜所謂。』一拍即合啦。」

「我哋喺香港結婚，幾多叔婆奶奶有嚟，係聯誼會嚟嘅，英軍嘅，到會囉，唔係咁簡單，嗰時算係咁，好巴閉，個個姊妹都為我而恭喜，成班姊妹最先係我結婚，老公又識英文，係人都鍾意。點知結咗婚生咗大仔到讀書都未教過一日，佢放工就打開張報紙完全不理，大男人到不得了。」如意算盤敲不響，理想夫婿不如期待般耐心教子，幼貞說著怪罪話時可是笑得燦爛。

「我結婚就同我先生講，我唔同家婆住嘅，費事嗌交要搬開。咁呢我先生終歸要同家婆住，住中環些利街要撐斜路，唐木樓嚟，樓下紙紮舖賣紙紮，而家起晒酒吧。舊樓嚟㗎嘛，好深好深，間開七間房，啲房好大嘅，有七伙人住緊，好唔方便都要，有乜法子。嗰時生活艱難，買米、買肉、買油、都要糧票(4)，呢啲我家婆先知啦，我就無理，唯有做嘅啫。家婆要你做咩你就要做，舊時無話而家啲新抱咁巴閉，舊時家婆話一就一、二就二，咁我驚我先話唔同家婆住，點知租唔到屋咪焗住要同家婆住囉，住咗七年。」

佢唔教，但係唔係唔惜。

「有呢度住我哋歡喜到好似中咗六合彩咁呀，我先生做軍部文員就易申請啲，都算好，申請就批咗我哋，我哋申請就申請北角，北角有一廳兩房，梗房，咁北角無晒就俾呢度我哋，咁俾呢度我哋都好歡喜呀，呢度自己一伙住吖嘛，唔使同人住。嗰時有咗小朋友，生咗三個。嗰時三個細路兌兩個大人，呢啲五個人屋嚟嘅，要五個人至住得，咁咪要加埋我家婆落去先夠人頭，嗰陣時查得好緊要㗎真係，一齊住先得，唔係唔夠人，我細嗰個仔入伙時先得八個月。」

「而家唔同啦，而家好易申請到，嗰時難在入息，入息兼夾睇你住幾多地方，我先生叫做高薪水，有四百幾文（音同蚊）人工，要納得到租，養埋嗰幾個先可以住得，你交唔起租都無法子申請到嘅。我哋入嚟住嗰時租金九十九文，都好犀利。你門埋門篤腐乳都要啦，西瓜皮批到啲青都當冬瓜滾湯，買啲瘦肉，唔係點呀，仔乸多，西瓜皮都唔捨得丟，當時買個半銀錢餸有兩味㗎啦，三毫子牛肉，毫幾子菜心，咁就有菜心炒牛肉，八個人食㗎啦，入嚟之後生多兩個，計埋家婆就八個人食。」

「我哋有五個仔女，三個仔兩個女，做到隻蟹咁，不過仲開心過而家。嗰陣辦事處叫我轉大屋，我話仔女大就拍拖、結婚，我仲同佢住咩，做阿四咩，好彩我無轉大屋，到而家咪得返我一個，如果我轉咗去大屋到而家又要轉返細仲衰，唔知轉咗我去邊度。我一路都係呢間屋無轉過，五九年就住呢間屋，仲有兩年就住夠六十年。」屋始終是房署的，本來住這單位住那單位都有程序步驟要守，可就是幼貞這份淡靜，換來一甲子的安穩。

不教子女英文的先生，原來內心都緊貼家人。「我老公又唔打又唔鬧，同仔女梗好關係㗎，好人佢做晒，醜人我做，『阿媽返嚟啦』，個個就驚，派成績表有紅字，我唔識睇㗎嘛，見到紅字就打一下手板，我就咁規矩，咁佢哋驚打手板，咪俾心機讀書，唔識問老竇，問就講嘅，叫佢教佢就唔理啦，打仔女佢驚㗎嘛，佢都肉赤㗎嘛，佢唔教，但唔係唔惜（音同錫），佢無好似人哋咁教，左右隔籬晚晚都教兒女嗰啲，係佢唔會，不過佢一個禮拜會同啲仔女飲一次茶，去兵頭花園玩、影相。好鍾意影相㗎我老公，啲細路細個影好多相。」

「有年新年有張全家福喺南苑臺山邊影㗎，就呢度對面山坡，嗰張人人都話好嘢。新年一家著晒靚衫啦，人哋話正月影相好嘛，咁我老公話，『好啦，上嗰度影相啦！』個老竇話去，咁大仔咪擔兩張凳上去影，影咗至去街囉。啲人話個景咁靚嘅，我話山邊嚟之嘛。佢好好心機影相，佢惜仔女㗎，係唔鍾意教細路，所以嗰陣好開心。」

我哋樓下係雞欄，一籠雞十零隻，五伙人分。

「舊陣時好住，而家反為無咁好，正式死剩我，冚唪呤都後生嘅，無乜傾講啦，舊時全部都咁上下年紀嘛，成日都你嚟我去，煲嘢食，一排五間細房你又拎嚟我又拎去，通街派㗎，個個都係咁，好似自己人一樣。買餸我同隔籬特別好，佢同我湊仔我去買餸，兩個一齊，人哋話我哋兩姊妹。」

「我哋老友，一入嚟住就識。幾十年我哋無嗌過交，佢先生姓王，佢細我一年零三個月，佢過咗身咯。佢好後生佢先生就過身，變成獨居老人，唯一我哋兩個好好，去

左　「有年新年有張全家福喺南苑臺山邊影㗎，就呢度對面山坡，嗰張相人人都話好嘢。」（馮幼貞提供）
右　「新年一家著晒靚衫，人哋話正月影相好嘛。」在幼貞相冊中，滿滿都是齊齊整整的全家福（冼昭行攝）

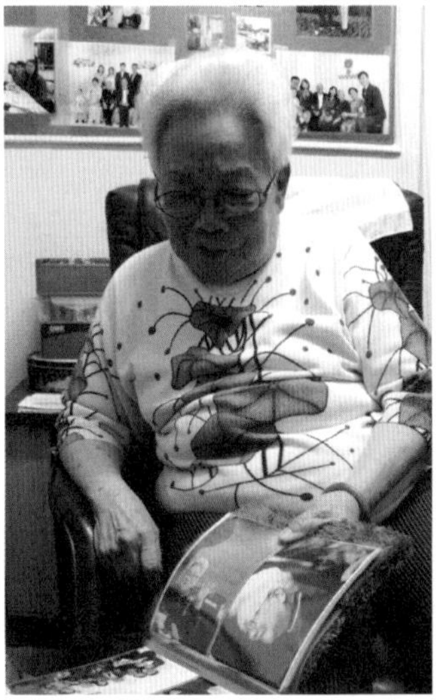

街又一對，去旅行又一對，著衫又一樣，成日都鍾意買埋同一樣，佢入伙先我一個月，佢睇住我入嚟，平時買餸佢湊仔，佢抱，我挽，朝朝都一齊買餸，嗰時無話而家啲人咁買埋幾日餸，朝朝去買，新鮮吖嘛。不過我哋又唔興飲茶，買嘢返嚟自己食，煲完啲嘢大家分，買籠雞返嚟大家分，我哋樓下係雞欄，一籠雞十零隻，五伙人分。個個都好好，佢特別同我好啲，佢係我最好朋友。我細個嗰時啲朋友都散晒，都唔知去晒邊。嗰時我帶住三個細路入嚟，入咗嚟再生咗兩個，孻仔出世湊出院，我出院唔得，話肚臍流黃水，喺贊育話要留多一個禮拜，咁我坐月又點去湊仔出院，我先生又要返工，咁咪佢湊出院囉，隔籬左右要信任，有咩事都係，調返轉佢跌親都係我幾仔乸送佢入瑪麗。」

今天鄰居日夜閂埋門無開，過去情景日漸消逝。「我哋鍾意打開門，最多閂閘，驚熱吖嘛，開晒啲窗仲涼呀，不過我呢兩隻唔開得之嘛，貼滿晒啲相喺度。我都唔使開風扇，開咗道木門好涼，有扯風，我天熱起身就開木門，我仲有道閘，行過望唔到入嚟，所以我唔拆呢道閘，有啲人政府安咗新閘就拆咗呢道閘，呢道閘係我入嚟住嗰陣自己整㗎，因為啲細路哥細，我去咗返工，賴低啲細路，大嘅湊細嘅，有咩事都無人知嘛，整道閘佢哋出唔到去，人哋望到入嚟，有咩事嗌都有人知。」

鐵閘旁矮架上放著一個老秤砣。「舊時人話『唔識釐戥唔識秤，尤如一個敗家精。』釐戥即係細細隻嗰啲藥材舖嗰啲，我初初搬入嚟住嗰時，我就秤下邊檔夠秤，我唔係喺嗰度秤，我係返嚟秤下邊檔賣嘢夠秤，咁就以後都幫襯嗰檔，買過係呃我呢，我就以後都唔幫襯，我就唔會鬧佢，我唔幫襯佢。買咗把秤，隔籬都係我同佢秤嘅，我哋一齊買餸就係咁解啦，認為邊檔夠秤就幫邊檔買，呢個秤砣幾十年㗎啦，住咗呢度幾耐就幾耐，不過而家唔興用秤啦。」有法有度，公公道道，幼貞跟這方秤砣一樣，靜好的在凝看對面山坡。

註

(1) 陸軍醫院：位於半山波老道，一九〇七至一九六七年間為駐港英軍提供醫療服務，及後遷至九龍京士柏。

(2) 冧吧溫：粵音譯英文 Number One 即一號，泛指第一或一流的意思。

(3) 大偈：偈為粵語譯英文 Gear，大偈一般意指輪機船上的機械長。

(4) 糧票：戰後港府發出的購物證，當時主要物資不足，港府為白米進行配給，每家憑證到指定商號才可購買指定數量白米及其他物資。證上列有全家名字，並設紅線空格，供店家填下購買紀錄。

丈夫獲頒勤工獎

「嗰個鬼佬頒俾佢，勤工獎。佢唔放假㗎喎，佢係假期先放，佢唔會自己攞假，除非病，病佢就會攞假，所以頒個勤工獎。睇吓個鬼佬高佢幾多，好巴閉，所以我掛返幅相喺度，我都唔知鬼佬咩人，佢有講過我聽嘹，我唔記得呀，好多年前啦，仲有張獎狀啄㗎。」相中長官制服顯示為英軍將軍，幼貞丈夫從他手上接過獎狀，昔日可算是個殊榮，留下這光彩的一頁多年後還在伴隨老伴，縱使老伴才不理會甚麼官階，她著緊的只是一份自豪。（冼昭行攝）

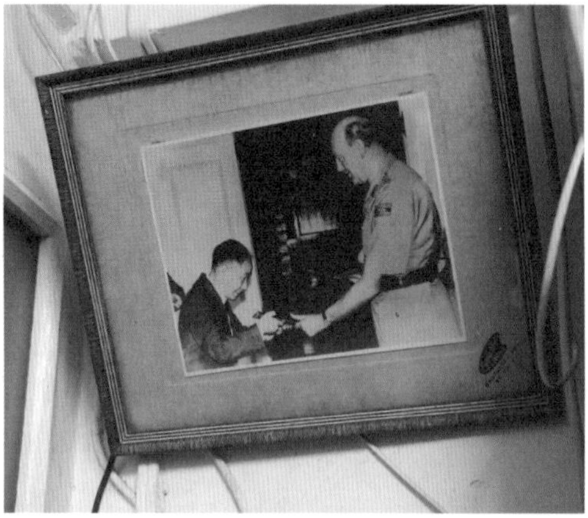

幼貞操刀全家福

「兵頭花園 (5) 同淺水灣，我老公最鍾意帶我哋去呢兩度野餐，我整晒啲嘢食去囉，鋪晒毛巾喺草地度影相囉。呢幅我揸相機，佢同五個細路坐喺度，佢教定俾我揸，我都唔係蠢㗎，只係讀得書少。呢啲相有錢都買唔返。」（冼昭行攝）

端午家宴觀龍舟

「初初入嚟住嗰陣有鐘聲游泳棚 (6)，有扒龍船 (7)，喺七樓北苑臺天棚睇到㗎，好多人㗎。我先生叫埋啲鬼佬嚟睇，佢招呼啲鬼佬朋友喺屋企坐滿間屋，嗰時無間房擺到兩圍。成條西環邨好似出會咁，家家親戚朋友都嚟晒，我老公招呼鬼佬嚟，巴閉到啲人話『隔籬好多鬼佬喎點點點』，我大仔十幾廿歲敢同人講英文，同鬼佬捉棋，佢唔怕醜㗎。好高興㗎往年睇龍船，入嚟住咗一兩年就無得扒啦，游泳棚拆啦，未拆時好高興，嗰個年代真係旺呀西環邨，天棚都企滿晒，北苑臺東苑臺就自己屋企睇，中苑臺就唔得，要上天棚，或者企晒喺樓梯處睇，但係我就無得睇，要煮飯，要煮兩圍檯，走唔甩。好叻㗎喎我煮餸，我家婆生日都係咁兩圍，請晒啲阿姑阿叔返嚟食。」（馮幼貞提供）

註

(5) 兵頭花園：即今天香港動植物公園，為開埠以來首個公共花園，一八六〇年動工興建，一八七一年全面落成。由於園址開埠時曾為總督府所在地，而香港總督兼任三軍司令，是以有兵頭之稱。

(6) 鐘聲游泳棚：一九三二年由鐘聲慈善社社員蓋搭竹棚，整理沙灘而成，逐漸擴充至佔地六萬餘呎，並附有劇院、遊樂場及籃球場。一九六二年遭颱風溫黛吹襲破壞，至一九七〇年代港府發展西環，收回泳棚土地。今天尚在的泳棚設施，乃慈善社員一九八八年向政府重新申請設立，名為泳廬。

(7) 扒龍舟：一九三九年起慈善社在泳棚對開海面舉辦龍舟競渡，日據時代停辦，重光後復辦至泳棚停辦。曾邀請過港督葛量洪、柏立基及戴麟趾等主禮。

1·3

我屋企啲工人叫我大小姐，你可以叫我B媽，或者叫林姑娘。

林淑滿

一九三五年生，一九五九年入住西環邨至今。

由大小姐到B媽

早上見到滿姐，通常是精神爽利，人如其名，笑容滿滿，恤了個髮，塗了一抹淡淡的口紅，盡是名媛淑女氣度。「我係廈門人，我好細個就去咗廣州住，後來我爸爸做生意，就搬嚟香港。我十四歲就嚟香港。初初我哋住跑馬地，然後就銅鑼灣，然後就結婚，之後就搬去灣仔住。嗰陣時你知道啲工人係白衫黑褲㗎嘛，媽姐咁樣，梳條辮。」

年輕時的滿姐，生活多彩多姿。「當時我喺立信會計讀專科。我又有讀英文夜校，因為廣州落嚟呢，英文追唔到，喺廣州我哋讀小學，落嚟香港就讀中學，咁跟住就讀專科，都唔識嘢嘅，咁之後咪做聖約翰救傷隊囉。有好多女仔同學帶我出去游水就游水，學跳舞就學跳舞，我阿媽話，唔准去夜街，關埋房門，以前係咁樣㗎。」一群閨中密友有著一點小共識，「我哋大家女同學一齊玩，我哋都話，喂今晚唔好咁夜，如果唔係阿媽鎖門無門口入呀，咁所以大家玩一陣就返嚟啦。我嘅生活就係咁簡單。」

養在深閨人未識，一個機緣，大小姐情竇初開，認識廖先生——阿廖，改變一生。「我係曳啲啦無辦法，呢啲咪唔識嘢囉，哈哈！唔識嘢先會嫁雞隨雞。我媽媽唔鍾意㗎，佢話個男仔環境唔好，你生活會好辛苦。當時佢同佢家姐一齊住，佢哋樓上，我哋樓下。佢父母喺鄉下嘛，咁佢又喺佢家姐舖頭打工。佢成日走嚟扮同我細佬打乒乓波，我以前跑馬地間屋好大地方，有餐檯拉出嚟打乒乓波，個客廳都差唔多好似呢度咁大，間屋千幾呎嘛，咁先認識佢。」為了見多滿姐幾面，有情人花盡心思：「我打吓，我細佬又打吓，打打吓咪突然間相識。不過我爸爸媽媽唔鍾意佢，話佢始終都係打工仔生活，擔憂我哋嘅生活會比較有落差，但係我十八歲識佢，我成日喺屋企又無出嚟做嘢，讀書之後我就讀專科，讀會計，成本會計、銀行會計，成日掛住讀書，同朋友玩，朋友成班女仔嘛，鬼知咁多嘢咩！點知結咗婚就要打理頭家，嗰陣時就知錯啦！『嗚嗚！早知道我唔結婚啦咁辛苦！』嗰陣真係咁諗㗎！不過無辦法啦，鬼叫你自己鍾意呀？」

滿姐和阿廖排除萬難，共諧連理，建立起他們的小家庭。「我哋初初就同人喺謝斐道，即係灣仔大三元後面租間尾房住。」九十九元的租金在五十年代，滿姐說可以租到個房，「你知道喺尾房住梗係唔好啦，我哋就睇報紙，睇到有公屋申請。當時入息有個規定，（最少要）三百幾文（音同蚊）先可以住。我嚟嗰陣，呢間屋先九十九文租，以前好嚴㗎，我先生做管店，咁個老闆就證明咗佢有咁多人工，好難申請呀，以前唔係咁簡單。」似乎當時政府的考慮，是要申請人家庭入息先達到相當水平，有意供白領階層有個安定的居所。「嗰陣打算渣華道第一、呢度第二，咁我諗住渣華道好好，去申請下，點知唔得。」渣華道，就是較西環邨稍早落成的北角邨。「北角邨好好，我唔知係咪人數唔夠，定係啲小朋友細個，佢唔批准我，咪批咗呢度囉。」

「當時佢同佢家姐一齊住，佢哋樓上我哋樓下，佢成日走嚟搵同我細佬打乒乓波，咁先認識佢。」（林淑滿提供）

阿女，你去得咁遠真係慘啊。

「初初搬嚟係無呢啲屋㗎，雞欄又臭到死，牛欄又喺而家地鐵站嗰度。一開始孤零零咁，牛欄臭嘛，啲牛又『哞哞哞』，後尾豬欄喺嗰度劏豬，夜晚又嘈，所以我真係唔鍾意西環，因為我住慣嗰邊熱鬧嘅地方。同埋，西環好少屋，以前邊有高樓大廈，啲屋好矮，三層樓唐樓。康年茶樓飲茶都係三樓咋。我哋搬嚟，好靜，後街係街市，擺街㗎，唔係好似而家咁係大廈。車又會經過，啲阿婆賣菜一個個擔挑，賣菜嗰啲人擺喺度賣，嗰陣嘅後街好差，而家全部都係酒吧喇。以前好似呢個地方係唔知咩地方嚟，好似無人過嚟咁。」

「我本來申請渣華道嘅，因為就近住我媽咪，但係就唔批准，最後批西環邨。嗰陣我廿五歲咋，好後生，嚟到呢度，見到啲地方唔熟，我都好驚！路途太遠，因為我阿媽住銅鑼灣，嚟呢度咪遠囉，我覺得好唔舒服。以前嗰度（西苑臺入口）樓梯有百幾級，咁我同我媽咪一齊嚟睇樓，佢話，『阿女，你去得咁遠真係慘啊，你又要湊細路，一個仔一個女，咁樣行都攰啦。』我當時話無辦法啦，都申請咗喇，好過同人租屋住啦，以前都無辦法租一層樓，多數同人租一間房嘛。咁搬咗嚟，嗰度（露台）又無黑色鐵枝，平日容乜易啲人走咗入我屋企！我一入嚟嚇到我嗰晚唔敢瞓覺呀。」黑色鐵枝即是露台圍欄，當時西環邨剛落成，露台只有半身欄，雖然景觀較開揚，卻令滿姐相當憂慮。「呢度騎樓好矮，出面啲人真係入到嚟㗎，寫字樓（屋邨辦字處）第三日先嚟同我整。」

「我先生喺南北行度做管店，佢好夜返嚟，有時要落貨夜晚唔返嚟，我成日要等佢返嚟先瞓覺。兩個細路就由佢瞓先，驚啊嘛，無人喺度，我哋本來嗰度有兩伙人住，雖然唔係好多人，但係都可以坐喺度傾吓偈，當自己人咁嘛，嗰個阿伯阿婆對我好好㗎，佢都有兩個仔女，佢就叫我，『林姑娘，出嚟坐吓啦傾吓偈啦，傾完偈就入去瞓覺，你呢度得一個人。』當時連隔籬都未搬嚟，無人空屋嚟，隔籬又空地喎，真係心慌慌呀！但係住住下呢，街坊熟咗，咁就無問題囉。」

我媽媽話幫我，我唔制。

大小姐要一個人適應新生活難題，是選擇自立必然的路，還是決定出嫁帶來的意料之外？「老實講，我媽咪環境好好，我初初搬嚟好慘，兩個小朋友又無人幫手湊，你知道以前啲環境唔係咁好，一個人點算好呀，我媽媽話幫我，我唔制，我自己鍾意呢度我自己事，唔要佢幫。」千金小姐咬緊牙關想要獨力堅持，但女兒終歸是女兒，滿姐媽媽始終放心不下：「我阿媽都係成日嚟探我，又買雪櫃俾我，又請補習先生俾佢哋補習。當時我哋有雪櫃、洗衣機同鋼琴，西環邨都係我第一間屋有！後來有埋電話，有電話方便啲嘛，我阿媽會打電話俾我，咁我咪點樣都申請個電話囉。」

媽媽這個最強後援，一直支持到滿姐日後事事都落手落腳，親力親為：「間屋我

「佢自己能力做到咩就做咩，能力發展到咩就發展咩。」女兒的主見，興許也是遺傳自媽媽。（林淑滿提供）

哋係第一手，我哋第一批入嚟住到而家。間屋初初唔係咁樣間，我哋左拆右拆，左間右間，淨係改都改過幾次。當時呢度無間房，成間屋空咗俾你。間屋乜嘢都無，好似空地咁樣，呢度三百八十呎，廚房洗手間原本就係喺度，有個騎樓，我無改過。嚟到就自己搞。我已經裝修過幾次，我住呢度成五十幾年，有試過間房喺裡面，個廳就黑掹掹，到細路仔大，就間兩間房，住到而家囉。」

遠親不如近鄰，滿姐開始明白到要踏實生活，就要認識鄰人。「初初隔籬係吳太，佢而家搬咗，以前係喺街市賣菜嘅；第三間初初係李太，而家係歐太；第一間嗰度初初係黃太，而家搬嚟呢度又黃太。」一走進不同社會階層，文化差異，鄰人一句稱謂也顯出這當中的距離。「初初結婚啲人叫我師奶，我成個面紅晒，我唔應人哋！都從來無聽過師奶嘅，點知嚟到呢度，個個都係師奶！個個都叫我『師奶』，唔係話『太太』，我哋以前無人叫師奶㗎，我屋企啲工人叫我大小姐，我租嗰間房，住咗兩年幾，佢哋叫我做林姑娘。我唔鍾意人叫我師奶，我話咁肉酸嘅！真係呀，因為我哋屋企係自己一層樓，大㗎嘛，隔籬左右都唔會叫你師奶咁肉酸，我阿媽都係叫『林太』、『阿太』咁樣㗎嘛，邊會叫師奶。我話俾其他鄰居聽，『你唔好叫我師奶啦，叫我姐姐好啦，好肉酸嘛！我唔應你㗎！』你可以叫我B媽，因為我仔叫阿B嘛，或者叫我林姑娘，就好好啦。」

不過，即使如此，滿姐還是找到與大家熟絡的竅門。「我以前個雪櫃好大個！我邊有咁多嘢雪，隔籬左右咪嚟雪鮮奶、牛肉。隔籬鄰舍會嚟敲門，『師奶！呢嚿牛肉擺你呢度雪得唔得呀？』梗得啦！佢買完就敲門拎嚟，朝頭早又要一早嚟敲門攞返。有時雞蛋呀、咩菜食唔晒又拎嚟，無所謂㗎。隔籬左右，好似自己人咁之嘛，遠親不如近鄰，係咪呀？佢哋又對我哋好呢，行出呢又『喂！師奶！』咁，好親切。佢哋嚟多咗，知道我哋屋企有電視，隔籬屋啲小朋友四點半會嚟睇《四三零穿梭機》，或者聽吓白光唱歌；知道有鋼琴，有時啲細路仔都閒唔中走嚟彈吓。」

「遠親不如近鄰，係咪呀？行出呢又『喂！師奶！』咁，好親切。」（冼昭行攝）

仔女第一

到女兒一代，雖出身屋邨，可也勤儉慳用，媽媽看在眼內，也不吝支持。「佢讀書唔使我理佢。以前聖士提反（女子中學）揀人，佢竟然都考到入去。我話，阿媽普通家庭，嗰啲人有私家車返學，人哋著得靚靚，有工人拎飯，咁你點呀，你阿媽無能力咁呀。佢就話，『得㗎啦，我咪買啲嘢返嚟食囉，你咪整嘢俾我拎返去食。』當時我阿媽有兩間屋，我就同我阿媽講，『阿媽，不如你俾張屋契我按住先？』佢就話好。我自己諗呢，我自己無讀咁多書，做唔到嘢嘛。我啲仔女呢，我就盡量供佢讀，無得食我都要供佢讀。」滿姐對女兒的愛惜，帶著媽媽的影子，一份心念，三代之間流傳下來。

「個鋼琴當時值十兩金，嗰陣時好難有十兩金㗎。我個女讀到中學，佢放暑假，中一我都叫佢出去做嘢，等佢見識吓，知道出面係點樣。我個女以前做暑期工，幾十文、幾十文咁儲埋，見佢哋咁乖，鍾意學嘢，咪俾佢學吓囉，我所以咪買琴俾佢，佢好乖，

「我鍾意簡單嘅生活，最鍾意打理吓盆栽，睇吓啲花草就歡樂。」（冼昭行攝）

好好學。」

媽媽盡力供給女兒與同學相若的教育環境，女兒卻有自己的主意。「我俾白牌車(1)送佢返學，又請補習先生同佢補習，我驚佢中文學校同英文唔同。點知，佢就同我炒咗個補習先生魷魚，我都唔知道呀！因為嗰陣時我啱啱返工嘛，佢話，『老師嚟到我都係自己溫書，佢都唔係教我，我炒鬼咗佢魷魚呀！』佢好有自己一套，唔會婆婆媽媽，唔會聽啲人隨便講嘢，佢自己能力做到咩就做咩，能力發展到咩就發展咩。」

女兒的主見，興許也是遺傳自媽媽，見滿姐打工搵錢的本事就知道。「初初喺南洋銀行樓上，係長江實業，你出去做嘢仔女無人睇嘛，不如拎啲返嚟做吓囉。穿膠花一籮一百四十四支，一籮幾毫子咋，兩個仔女好乖，就話：『阿媽，我幫你穿啦，快啲呀嘛！』穿嚟穿去又插親隻手，膠花好尖㗎，我又唔捨得，一陣間又坐喺地下度，隻手污糟邋遢，我又同你洗手，所以就唔使你哋！你知道我哋女人係咁㗎啦。嗰陣我做嘢好快嘛，佢哋人人對我好，人哋一日幾文，我有十幾二十文，咁咪差唔多兩三倍！出糧啊，嗰張紅底呀，嗰陣好緊要㗎嘛！可以交租呀！但係我唔係做咗好耐，因為我見到啲仔女大個喇，咁咪自己出嚟見識吓。拎膠花返嚟穿，啲仔女又會幫我穿，無心機做功課，不如我自己出去做嘢，又唔使佢幫我，我又賺多啲錢。之後我就去梳公仔頭，即係膠公仔嗰啲，七公主嗰啲。佢車好，我先嚟剪，剪完就同佢梳公仔頭。當時喺長江實業，即係美菲閣，梳公仔頭搵好多錢，因為你做得快呢，佢雙倍人工嘛。我又可以返嚟買菜煮飯，呢度好近咋。」

辛苦得來自在食，但手頭緊時，就仔女食先。「以前好平咋！買牛腰、牛肉啊，唔知係我哋後生定係人哋對我好感情呢，一大嚿俾你三個仔女食，都好好味，因為落咗雞蛋。環境唔好，買嗰啲碗呢，一人一隻膠碗嘛，一隻羹，三個人三套擺喺度，食得幾開心呀！真係三毫子、五毫子咋！雖然以前環境唔好，啲仔女我都好惜（音同錫）佢，無得食我都係俾仔女食先，因為呢我哋大人有得忍嘛，我哋求其食都得，細路仔無營養生活唔會好㗎。所以我成日話，仔女第一，老公都第二，仔女你要明白，佢細個，無營養唔得，無錢都要俾佢哋食。」

一生重視子女，老來患難更見情真。「好似我先生咁講，呢啲係有回報。我入醫院，我個仔同我搓腳，我隻腳痹，我大仔每晚同我搓幾個字先走。我話，阿仔，你唔好咁樣啦，阿媽又無嘢俾你哋，係咁養大你哋啫。佢話，媽咪你唔好講嘢，呢啲回報嚟，你後生揍大我哋。主對我恩典咁大，我應該感恩。而家我家庭都幾開心囉，仔女好孝順，真係仔同女都孝順，新抱又孝順。我真係唔係自己講，我真係好開心。我啲孫都好乖呀！」

而家我鍾意西環啦

阿廖先行一步回到天家，子女兒孫都怕滿姐一個人會寂寞無靠，想接她回家。然而此時此刻，滿姐卻只希望留在西環邨。「住慣啦，啲街坊又多，一落街，好似見到你，你又同我打招呼，咁如果我個女嗰度呢，好唔方便嘛，啲人唔認識，我個女又要返工，你同個姐姐傾到幾句？始終都係呢度好。我個孫有叫我去住，同埋我孫新抱呀，我個孫有兩個細路，佢話，『嫲嫲，你嚟我度住方便啲，我唔捨得你一個人喺度呀，有咩事你點算呀？』啲孫咁孝心，咁我就去佢住半年。不過，我覺得喺嗰度住，就好似成個人有老人癡呆症咁，點解呢？喺西環邨，大家隔籬鄰舍，出嚟打招呼，有時問下『你家庭點呀？』『啲細路點呀，讀書呀？』見到你就『早晨呀，買餸啊？』『食飯未呀？』有時一齊飲吓茶，無問題，我請你係一件事，AA制又得。」熟悉的、穩定的、與人充滿連繫的家，是令人精靈歡樂的關鍵。這裡的回憶與人情，都實實在在支持著這位新時代女性的生活日常。「我最簡單嘅生活，最鍾意打理吓盆栽，睇吓啲花草就歡樂，我有時得閒就寫吓字，寫吓毛筆字，有時就睇吓電視，睇吓聖經，睇吓詩，咁又一日。出去行吓，朝頭早就學吓嘢，中午返去食飯，瞓吓晏覺，係咁簡單，我真係生活好簡單。」

相比從前，滿姐覺得「而家西環好熱鬧，以前得電車，去北角個幾鐘頭電車，站站停。而家西環交通方便，以前無咁多巴士，得1號，跑馬地好耐先有；10號巴士又少，又無5B、5號。而家我鍾意西環啦，我都唔捨得搬去其他地方。搭車又方便，仲有地鐵，搭咩去，去邊度都得，去九龍又得，去南區又得，去北角筲箕灣邊度都得。」

好簡單咋嘛，做人。

滿姐每年都約定教會的弟兄姊妹，安排報佳音的最後一站來到西環邨，把祝福送給每一戶人家。「聖誕節早一晚，即係廿四號，以前興報佳音，周圍去老人院、大廈、馬路度唱。我哋好開心，好似大家庭咁，我哋教友啲兄弟姐妹呢，好似我唔舒服，佢哋會嚟同我祈禱，牧師又嚟探我，好好。平安夜報完佳音，教友跟住就上嚟我度玩，我請兩圍教友上嚟，特登借凳借檯，放喺嗰度囉（指著屋後的空地），又準備好糖水呀、炒粉麵，隔籬屋都一齊玩。我去寫字樓申請，話今晚我哋教友嚟我屋企報佳音，咁佢入嚟唱詩，咁我哋招呼佢囉，個個人都唔知幾鍾意，同我講『阿廖太，我不如唱後尾，最後尾唱完可以一齊玩，玩完食完就返去（教會）換衫，換走詩班袍就返屋企。』個個教友都好鍾意嚟。我成日都返教堂，有咩我都要幫吓手，我都無問題，我盡自己力量，坦白講我做得到就做。我做人就係咁開心，幫得到呢，我就幫，盡力啦，勉強就唔得啦。」

心懷著一份平安，走過漫長人生路的大小姐，行出老實生活處世之道。「我覺得人生呢最緊要喜樂常在，凡事都唔好睇得咁緊張，對人就唔好見高拜見低踩，最緊要係咁樣。我成日都係咁同仔女講，你唔好見人無錢就憎人哋，見有錢人就送禮，佢有錢無得俾你，無錢你能夠幫佢就更加好。我唔需要阿諛奉承人，我有錢有機會咪請你飲茶囉，無問題呀，或者我俾幾十文你買嘢食都無問題，啱唔啱呀。做人唔好咁固執，我同啲新抱相處咗三十幾年，我個孫都三十幾歲囉。我同佢湊大個孫，大家好來好去。我個女有隻狗仔，我得閒就去佢度瞓，幾開心。一見到隻狗仔，一見到婆婆就俾隻手我，問我拎嘢食，好簡單咋嘛，做人。」

註

(1) 白牌車：當時，商用車如的士的車牌為黑底白字，私家車則為白底黑字，故稱為白牌車。由於不用繳交牌照費，有不少白牌車會非法載客，賺取更高利潤。

信仰

「我覺得人生最緊要喜樂常在，凡事都唔好睇得咁緊張。我每日都好感恩，做人都好簡單，對嗎？」滿姐是虔誠的基督徒，每年與教友報佳音的最後一站，總是安排到西環邨來，希望把祝福及溫暖都留給西環邨。（謝子英攝）

1·4 你想愛頭家就要本事㗎喇。

盧月嬌

一九三一年生，一九五九年入住西環邨至今。

我嗰時住西環尾，永平豆腐舖對面。

月嬌初來香港最深刻的，就是永平豆腐舖附近的風景。「樓下嗰啲嗰陣時淨係摘芽菜仔嘛，係啲細豆，頭嗰度有粒芽菜，摘頭摘尾，銀芽啲酒樓用嘛，有啲愛嚟賣。住家啲家庭主婦摵，淨係可以摵一朝咋，十一點就無得摵㗎喇。」月嬌依稀記得，樓下是打鐵的，位置大概是今天北街小巴站對面。

「我嗰時住西環尾，永平豆腐舖對面，嗰度有賣芽菜。我哋住四樓，住咗幾年，啲地板行過都係郁嘅，全部都木屋木樓梯。」韶華漸遠，記憶與印象已經開始模糊，但她卻念茲在茲，歷經大半生，至今仍喜歡流連這幾條街巷。「以前呢度係一層一層，我哋租一個房住，租個尾房，五個人住，有我先生同我兩個仔一個女一共係五個人，

謝子英攝

嗰陣大嘅唔知夠唔夠十歲，第三嗰個個幾月咋。我哋租得一間板房，瞓覺時都係俾板行兩鋪床，朝行晚拆，五個人點住點瞓？收尾有啲街坊都落咗嚟，隔籬房見我哋咁情況就話，『你唔嫌棄就帶佢過嚟瞓啦！』咁我就帶啲細路過去瞓。而家想搵佢報答吓佢都搵唔到，我又蠢，落咗嚟幾廿年，又唔識得去街，我而家去中環都唔識。」回首人情往事，懷抱開，月嬌笑起來。

說笑間，又記起初來港時碰上制水。

「我哋落嚟無耐，就開始制水。四日供一次水，谷唔夠水上去用，我就話『閂水喉呀！上面無水用！』閂一閂，你都未曾裝夠水，佢就開返喇。佢情願大桶水倒，都唔放啲水你上去用。我吓吓要落樓梯拎水上去，仲要俾樓下啲人鬧。初初落嚟買唔夠嘢，買啲銻煲咁細個，裝幾多水都唔夠，拎返返去都唔夠煲滾水飲。大仔有去幫手，就話『媽，拎咗返嚟喇！』就用住先喇，攞埋個嘜仔攞水。五個人喎！我個大女仲讀緊幼稚園，放學返去，得兩個銻煲仔，乜嘢都好啦，我就煲定啲水，咁就抹吓身囉，裝嘅水都唔夠沖涼。」

在香港日子不易過，但留在家鄉似乎也難熬。「我鄉下喺番禺，嗰陣時我家婆死咗，我先生響呢度做嘢，又驚住有人蝦我哋，鄉下好複雜㗎。」一家能團聚就是安樂。於是，四處打聽查問，才發現要申請來港，最重要的是一張打針紙。「嗰時要申請好難，要證明佢幾時嚟香港。以前返大陸有打針紙，無張紙就唔申請得喇。」抱持著一絲盼望，月嬌就離鄉別井，落戶西環。

畫好邊啲位要釘，咁就逐塊縫上去。

為了養活一家，經熟人介紹，月嬌丈夫找到一份布行工作。「佢喺鄉下本來係耕種，嚟香港就要去打工。佢親自賣布，有貨嚟就落船檢查。佢要識好多種布先搞得掂，要識驗貨喎，唔係隨便派個人去驗嘛。」

丈夫養家辛勞，月嬌心裡明白，即使丈夫不說，兩夫妻也是盡在不言中：「你都做過嘢喇，辛苦法唔講俾我聽嘛，你又係佢個太太，佢講俾你聽咪成日掛住佢辛苦囉，係咪？咁返到嚟，佢通常就坐喺度。晚黑返嚟喺屋企同啲仔女玩吓，好開心。唔開心就唔生咁多啦。」

黃口無飽期，看到丈夫獨力難支，月嬌也有做打算。原來她嫁到夫家鄉下時，常與親戚鄉里一齊做戲服，釘珠片、綉花的手藝心得更是鄉里間口耳相傳。每天耳濡目染，做起來得心應手，都是可以發揮的本事。「喺鄉下，佢俾一幅布你，畫嗰個做邊度邊度，咁釘珠片上去，嗰時跟佢啲家人學。好多人做戲服㗎，有啲係同鄉，你識我，我識你，咪介紹我去做囉。我哋搬咗嚟西環邨後，同仔女一齊做釘珠片，一做就做咗五六年。」

「嗰時我哋喺中環攞返嚟做。我都唔識埞出去，都係先生攞返嚟做，啫係佢接單就攞返屋企。嗰時我喺屋企整個木架，攞實，俾啲竹撐住，跟住攤開、搖抿塊布，畫好咗邊啲位要釘，咁就逐塊縫上去，一隻手高一隻手低，釘落去。雙眼係好花，嗰啲膠片刺眼㗎，一幅都好傷神。好大㗎嘛佢嗰啲戲

「啲門窗我哋入嚟住咁耐就用咁耐，呢度打風都好應風，不過都好襟用喎！」（謝子英攝）

服，特別做皇帝嗰幅好大，嗰個尾帶好多珠片㗎，成條龍咁樣釘上去。我會問佢幾時愛啊，如果急就日夜趕嚟做俾佢囉。一件戲服要做成個幾兩個月。後來喺呢度釘珠片嘅工作越做越少，咁就無再做喇。」一雙工匠的巧手，將住家轉化為作坊。

「你係嗰行，第二行又唔識做，我又未曾出去做過嘢，係攞啲家庭嘢返嚟做吓咁囉。少少賺啲嚟仔女買啲嘢食喇，你一個人一頭家，成十人食飯，又要寄啲錢返鄉下，俾得幾多你，咁賺啲幫補買嘢食、買吓早餐食，啲細路有啲嘢食。你唔本事都要本事，你想愛頭家就要本事㗎喇。」

佢一早起身，八點返工前幫我煲定飯。

幸福就是，勞累間，身邊人尚能一同分甘共苦。「我平日淨係湊啲小朋友放學、返學，一朝唔得閒㗎喇。朝頭早湊返學，買咗餸返嚟洗衫，嗰陣無洗衣機，咪用手洗囉。

月嬌說她以前日日洗洗晾晾，有個騎樓曬晾好方便，「以前全部都手洗，好彩有個騎樓，開晒窗好好風㗎！」(謝子英攝)

呢度有天棚，以前天棚可以晾衫嘅。咁喺度洗洗洗洗洗，有時會晾騎樓，有時就成盆咁攞上天台咁樣晾，俾條繩你搖落嚟曬，曬乾佢。收尾個大女結咗婚，生咗個女，會返嚟食，又同佢湊女，佢又俾八百文（音同蚊）家用我。我先生見我做家務做得好辛苦，佢一早起身，八點返工前幫我煲定飯。以前未有電飯煲，都係買啲拾破爛嗰啲煲用火水爐去煮，好好火。最記得有一次，佢煲好煲飯拎出廳，點知佢只係單手拎住一邊耳仔。一行到出廳就拎唔穩打爛咗，肉都赤埋；不過佢好好，間中幫吓手差好遠。」

客廳每一方寸，都記下這家人累積下來的點滴回憶，每一方寸，都敷上層層厚厚的家庭歷史。「我平日要一日買成斤幾兩斤菜一餐，炒起上嚟一大鍋。我買餸都買兩次喇，嗰陣時有海皮賣餸㗎嘛，好平㗎嘛嗰度，有衫、有菜、有餸，乜嘢都有㗎。朝頭早去完運動買一次，三點鐘又落去買一次囉，唔係邊度拎得晒呢。個廳係咁大喇，都唔夠位，仔女、兩個孫女婿，夾夾埋埋十幾人食，日日都好似擺酒咁。我哋個個都返嚟食飯，我煮好就佢哋裝嚟食喇，我就無胃口食㗎喇。自己喺廚房整好晒，成身汗囉。」汗水滋養了一代又一代，孫兒今天也都三四十歲了。

月嬌與老伴相守相伴一生。老伴九十四歲下世，月嬌說仔仔女女都哭得淒涼：「個仔日日記住，要日日都俾碗飯佢，俾啲香佢。個仔話佢要食飯，驚佢返嚟無飯食，於是晚晚我哋開飯咪裝香俾佢先囉。個仔好有孝心。」月嬌還留下老伴生前愛用的銀茶杯，連門窗、傢俬陳設，也都依舊，好使思憶中的他能安樂地用一杯茶。

但係咁多年，都熟晒大家脾性囉。

老伴走了，孫也長大了，月嬌用心照顧好自己。「我平日五點七個字就起身，九點就瞓。以前我已經成日上上面山邊做運動，我哋往日成日上去，幾廿年都係咁。」月嬌指的是夾在西環邨與觀龍樓之間，西環人稱同一屋簷下，還有十多年來甘苦與共的家傭姐姐。西環邨初期入住人口也包括家傭工人，時至今日，邨內家庭依舊付託生活予她們。（冼昭行攝）

「豬毛山」的小山崗。五十多年前仍未有觀龍樓，她記得山上住過最少八伙人。「以前山上面好多嘢賣，有生果，特別係木瓜。佢啲人喺度住，咪一家大細擔嘢落嚟賣囉。好多人喎，成百人住㗎。收尾話拆，要搬喇，先起咗觀龍樓。山上以前唔使交租嘛，有燈有剩，都係啲木屋區嚟嘅，各有各起一層，起一間屋嚟住囉，自己起，自己搭。上面啲芽菜好靚，啲人響上面發芽菜，都有人擔落嚟賣。」

西環邨倚山而建，開闊而又融會自然的設計，幫月嬌在生活細節中添上快樂。「西環邨地方好見用，最好有嗰個騎樓曬衫。初初嚟住嗰陣就天棚同門口都俾曬嘢，都曬咗幾廿年。我門口好好陽光，向南，以前好多人都攞啲嘢出去，有人曬果皮，我平時就曬薯仔、八月十五就曬芋頭。」可惜屋邨管理比過去嚴謹，天然陽光要利用也不輕易。「而家就連假期都唔俾門口曬嘢囉，五斤芋仔睇住曬都唔得；而家呢，假期天台仲可以俾曬晾，俾條繩上去就得。」

與月嬌同住的，兒子以外，還有家傭。「十三年喇！好難得。大家有時都會有拗撬，一陣時我就有一兩句話吓佢，佢一唔出聲，咁我咪又唔出聲囉。大家忍囉，之後大家又和解囉。有陣時脾氣都會唔好喎，但係咁多年，都熟晒大家脾性囉。」言談間，月嬌也著意多向家傭姐姐解釋補充。「係呀，嗰時嗰度係一張床，嗱，嗰邊就晾住個花架。呢邊有張凳坐住嚟釘珠片。」笑聲中領會到人與人之間的信任，始於一份對人的理解，一份欣賞與一份內在平和。月嬌深諳清歡之味，擁有人生裡最難得的本事。

住家風景

七十二家房客

月嬌最喜歡看的電視節目，「呢個咪㚒妹囉，而家隻腳行唔好喇，最鍾意都係呢套喇！」（謝子英攝）

銀杯

「當時阿仔一買買咗幾隻，我哋一人一隻。而家我哋每日都會幫我先生斟杯茶，添碗飯。」（謝子英攝）

EXIT 出口

1·5 我喺西環就識路。

陳愛卿

一九二七年生，一九六七年入住西環邨至今。

在陳愛卿眼中，五十年代的香港百業蕭條。「一擔膠花上、一擔膠花落，拉一個孭一個，間廠喺聖安多尼堂附近，嗰陣叫做美洲塑膠廠，我嗰時做膠螞蟻，螞蟻有腳仔、有眼，日又黐，夜又黐，黐到夜晚十一、二點。嗰時搵都有兩文（音同蚊），好好㗎喇兩文，好多人返工都係賺兩文，你唔得閒黐就五毫子都無。又要湊仔，又要買餸，又要煮飯，做得到幾多嘢？又要顧住頭家，仔女又要湊返學、湊放學，有時嗌個女拖兩個仔。我老公好衰，一陣就輸麻雀無錢歸家，一陣就爭落人哋通身債，幾淒涼。個仔都仲讀緊書，大女去塑膠廠做有兩文，後來有兩個半銀錢，一個月有十文嚟賺，個女好好，一個仙都挖埋出嚟用。」

「最初嚟到住寮仔咋，下格煮飯，上格瞓覺，當時賺極都唔夠食。後尾阿公岩火燭，就搬咗去西營盤，間屋住三幾十人。九十文租，一個房仔咁大，一瞓就爬上床，行開張床嚟食飯㗎嗰處，食嗰處瞓嗰處。嗰度有個阿婆好衰，成日無停咁厲住我哋，鄰居好心幫我就話：『你快啲去沖涼，我同你

歷經 50 多年的板間房。（冼昭行攝）

煮飯，你洗落米，我同你透爐，一陣賣雞嘅又返嚟，你喺側跟煮唔到㗎。』呢個煮飯嗰個煮飯，鬧交鬧到，成日喺度又爭水，又爭廚房又爭沖涼，好淒涼呀打交多過食飯。」

昔日的間房，今天的劏房，都是為了身上銀錢少才住進去。可昔日是人口多，養護難，今天劏房人家只有三兩人，也一樣難。

「住入西環邨，而家鍾意幾時煮飯就幾時煮飯，鍾意幾時食就幾時食。住西營盤人哋地方，最初喺第一街住閣仔，後尾去到第三街先有個房仔住。得咁多呎，幾十人住，嗰啲位窄到一個人行過去就得，兩個人都唔得。住咗幾多人呀，我住最尾個房，得一張床位，個老公只可以落下面樓梯底瞓覺，嗰度街嚟，人哋個個走上走落。而家喺西環邨靜靜地，又有飯食，又有得住。我舊陣時好瘦㗎，五十斤都唔夠，一條籐咁。」

貧窮，是實實在在發生在生活每個細節裡面，老人家每一聲嘆淒涼，都是呼出一分經歷。「我仲要近住廚房，嗰時燒柴，捱得好淒涼，我通床都係煙，臭呀，成日都無得瞓。嗰時無柴，燒乜嘢柴呀，燒嗰啲板箱柴，即係裝嘢嗰啲箱頭，裝貨咁拆落嚟，後尾無得賣就燒炭囉。」今人難以想像昔日街上會有人賣柴，都是天然樹枝木塊，有本地的有進口的，都要錢買的。所謂板箱柴，都是下價木，或經工業防蟲加工，或有硫磺或沾有油污，燒出的何只黑煙。

「我哋鞋都無得著，著對屐，後來鞋都無得賣。嗰時啱啱打完仗乜嘢都初初恢復，乜嘢都無得嚟。啲人無工做，一個斗零十幾隻雞蛋，青梨一毫幾，啲人無錢點有人買嘢。嗌嚟嗌去都無人買。」經濟蕭條的影響並不只百物騰貴，人們手上銀頭緊自然買貨少，生意也難做，因而工作也難找。「我以前西營盤住都無嘢做，想擔泥都無得擔，我哋啲人咪窮，有得做至有錢。一路路放人落嚟，通處都係人，連張床都無，我哋點做人，捱到你死，搞到人偷人、人搶人。我嗰日煮緊飯，望過去對面街，個死白面(1)郎摸去偷個髮鈫，個髮鈫都好貴，喺中環買，咪係咁嗌救命去捉佢。好多人食白面，我住嗰處都有，佢仲同我講，『阿嫂，你唔使驚我，你唔好驚我呀！』我話：『唔驚你我死呀，你阻住個樓梯我行唔到。』」

「我鄉下喺寶安沙井，做女就做蠔，生曬蠔豉，『屎忽向天好勤力』，你唔勤力邊有得做呀？我以前好硬淨，擔又擔得抬又抬得，無嘢做時試過由西營盤去流浮山沙橋開蠔，一日要去兩次，朝頭早五點鐘就去開蠔，夜晚七點零八點鐘又去，擔埋啲蠔返上嚟，水大就返去，去到成十二點。喺維港有隻艇啲水浸到嗰處，啲蠔浮就擔上嚟。後尾做咗兩個月就無得去，變咗我個女無書讀，勢係假，我個女得八歲，走出嚟去阿公岩，整布鈕條，做嗰啲鈕腳鈕條，人哋花鈕屈屈屈，我哋就咁打上去，將粒鈕就咁釘上去，啲泥水佬、同埋上茶樓、啲工人著㗎啲衫。釘好一件衫有三毫子，一日都搵得到幾文，做做吓又無得做。」

「六二年開始我做織網，嗰時開始油漆又旺，泥水又旺，工廠又旺，做膠花又旺，種種都旺。我賣膠花上賣膠花落，去厚和街、電車路天星大廈膠花廠，後尾老闆娶埋老婆去美國唔做喇，我又去厚和街攞穿花、穿鉈嗰啲。穿花就牽牛花、菊花，乜嘢花都

冼昭行攝

有。一籮百二枝，做一種花，照嗰枝花張相疊，疊下就熟手。細路大咗，我去咗亞美塑膠廠做錄音帶，嗰陣六個人一組，將兩邊帶盒夾埋佢，有十七文一日，後尾間廠搬去黃竹坑我有跟埋去，做咗成十五、六年，之後搬上大陸我就無做啦。」

初頭搬嚟時以為搬錯

硬淨，不只是形容自己的體能，還有獨力持家的意志。「有人同我講去西環住有得申請，就去到馬頭圍道攞張紙，一個銀錢一張。咁填寄去政府。佢問我你鍾意邊一埞，我話我邊度都唔識路㗎先生，我老公行船，我咁大咁大，我話我最鍾意西環。」硬淨老實人原來也有巧智一面。「西環我都無去過㗎，不過知西環好靜，佢都問我華富邨要唔要，我話唔要咯，華富邨就一定有喎，去西環呢睹你彩數，有時你有彩數嘅聽日都有，或者十年八年都未定，或者第二個月都未定，都唔知道，有嘅叫你，我話我喺嗰處就

敬字惜紙，愛卿細心儲起每張日曆紙，方寸紙張也盡其所用，紙上節令圖畫也細意端詳。（冼昭行攝）

識路。佢話好啦你鍾意西環，你等等啦。好叻喎，唔使半個月就有喇喎。」

「初頭搬嚟時以為搬錯咯。行路都唔敢行，又衰啲風氣。條電梯都非禮、打劫呀，東苑臺都俾人打劫，搶人啲嘢，問你哋俾唔俾。係人都捉佢唔到，你嗌救命捉佢都無用，人哋已經捐咗去，個個都驚。西苑臺嗰時又有人非禮，我坐喺騎樓，學生女嚟，一個女仔嗌救命。個學生朝頭早返學，嚇到我死呀，個大隻仔個手箍住佢條頸，個女仔『救命呀！』咁嗌到最後聲都無得嗌呀，咁我咪咁樣望住佢囉，望住佢跑過去嗰處，咁有人望住佢佢就驚咗。呢處無時無刻都有，有飛仔打嗰啲女仔。唉吔死咯，咁鬼死多人渣，又搶又非禮，好陰公又多賊咁又點算呢，日日都閂埋道門唔敢出街。」

「後來真係多謝個梁生呀，高高大大，最威係佢喇。」愛卿記憶裡這位梁生是駐邨警察，經常巡邏，出入穿著整齊制服，有配備手槍。「佢對我哋呢啲主婦同細路仔好好，對住啲衰仔，佢話，『你好走喇喎，你唔好坐喺處，你唔俾人過我唔俾你入嚟，又唔讀書，咪白做人囉，你都唔化嘅。』」有人頂起最前線，西環邨的治安才漸漸建立起來。「而家大門成日唔閂都唔驚，我哋晚頭淨係閂埋個鐵閘咋，啲風氣無咁衰啦嘛。」

「一九六七年三月搬嚟，我正月出世，掛名就四十一歲，就咁嚟講就四十喇。嗰時兩公婆四個仔女，六個人，兩個仔兩個女。我好似五三年嚟到香港，嗰啲細路哥都係喺度出世。我細路又細，老公又唔係叻，咪自己嚟到去陳太度登記。陳太係辦事處職員，初初我見風氣唔好，飛仔又多，不過陳太好好，佢話睇著我都係姓陳，同姓三分親，又話『千金難買向南樓』，唔好唔要呀，遲吓就有電梯。佢就帶我去行吓，帶我由嗰頭行去，中苑臺又帶我行過去，東苑臺又帶我行過去。」

陳太接風介紹，使愛卿開始熟悉這個新地方，才騰得出心力去發掘和欣賞。「南苑臺呢處好涼㗎，以前淨係得警察宿舍，坐喺處，山頭啲風經一條罅咁吹入嚟，好涼爽，有時會吹到『發發』聲。我哋初初搬嚟時無風扇，又無冷氣，就都夠晒用喇。後尾至買把風扇，呢處好靜，空氣好，我最鍾意西環，有海。」住下來，經過這許多好壞後再說，是真正鍾意西環了。

人家個個都係人

「我哋樓上樓下真係好好相與，一班人一齊湊仔，識得好多人，住到個個人都識。啲細路哥都玩到熟，直情個個人都喺走廊打波、踩雪屐。佢哋嗰時都有十一、二歲，返完學放佢去玩囉，唔使理佢㗎喇。嗰陣喺呢處個個好人，無個壞人，唔使驚佢去。隔籬屋嗰個大隻仔幫我個大仔補習，佢英文唔得，都無幾多心學，嗰個大隻仔好心機教。」

「依家啲細路哥個個都搬出去住喇，我哋啲老人邨，一路啲人走又走，好多老人大多數都走咗，即係我哋個年紀無幾多個……呢處個個人都識，個個人都同我傾偈，一齊去嗰頭晨運呀朝頭早，識到去電車路都仲識，講講下又識，講講下又識囉。」住進西環邨成為一個契機，打開了愛卿內心那道

愛卿說，最高興是收到兒孫的來電，她會調好電話音量，好使她仔細聽好聽筒傳來的問候。（冼昭行攝）

門，在穩定的核心關係上，踏一步出去再認識新鄰居朋友，也不再是一件難事。

由西營盤「七十二家房客」般的艱苦，到西環邨和洽的左鄰右里，愛卿有她的心得：「人家個個都係人，大家好好相處做人，點解要鬧交啫，點解要鬧人啫，係咪？人家都係人，唔啱講到啱。做人就要上心對人哋，對人哋係咁，對自己係咁，就好喇，人又係人你又係人。所以我哋好多朋友，個個人都識我。大家玩開心嘛。大家咁就好福氣。」九十二歲的愛卿，喜歡坐在家門前的走廊，小板凳上看風景。家門向南，很長時間都有陽光暖著她，光影分明而安靜。她有時候靜靜地為門前的植物澆水，有時鋪張報紙曬食材藥材。耳力稍背，愛卿說話大聲點，牽著對方的手臂，靠得親近，眼神總是很留心。

註

(1) 白面：又稱作白粉，即毒品海洛英。

住家風景

手作

愛卿惜物，家中盡是她手作的修繕工夫及自製工具，當中有她由大婚鴛鴦刺繡床單改造而成的布簾。（冼昭行攝）

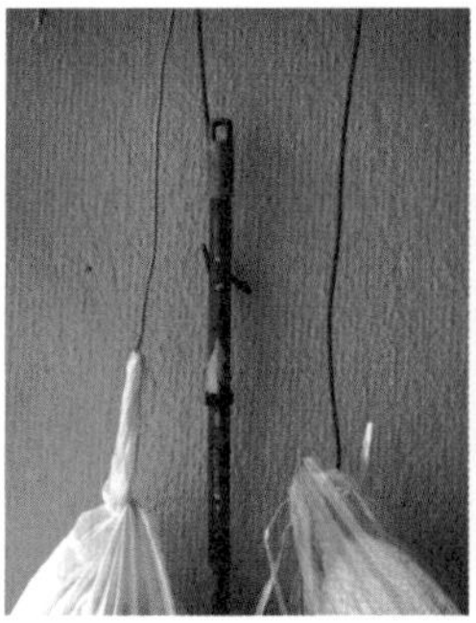

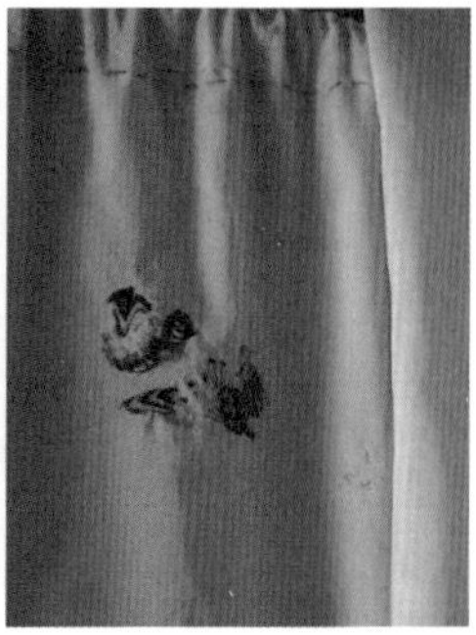

花鈕

愛卿擅長自製花鈕與繩頭，她造的花鈕結實、美觀又樸素，家中各處都有她的手工。（冼昭行攝）

公仔

「呢個公仔我見佢好得意，我放喺門口陪吓我，好好笑容。」於是愛斯梅達就成了守在她家門口的好伙伴。

1·6

我最緊要係搵食，唔好貪人啲嘢。

何奀女

一九二八年生，一九六八年入住西環邨至今。

「我阿嫲改我個名，好奀，嗌我『奀女、奀女』咁囉。我無得家吓咁好有人批命改名，你個名咪由細嗌到大囉，就嗌到家吓喇。家吓好多人嗌我『精靈』，有啲知道我個名就叫我做林太，有啲嗌我女姐喇。」

「我未讀過書，唔識字，我媽生咗一個仔一個女。我喺香港出世，唔喺醫院喎，係啲私家嗰啲咩姑、四姑嗰啲(1)。我老母唔同我攞出世紙，幾衰。佢話嗰時唔興攞出世紙。我無出世紙，又無讀過書，但係佢阿仔就有書讀。你話係咪幾偏心？佢今年都八十七，我都八十九歲喇。」昔日做女時缺失了讀書的機會，卻不減精靈。女姐用自己的人生引證，就算個子奀奀細細都可以好多計。

除了缺失，女姐對童年回憶沒有多少記掛，心情一轉，高興地介紹她家的全家福，相中一家八口，六個兒子，加上丈夫，可謂七星伴月。「嗰時我年紀好細咋，約莫三、四十歲左右。三年抱兩，九年生咗六個囉。

我四十歲都生完。我廿歲生大仔，喺贊育醫院嘅，咪就係西邊街嗰間，而家係西區社區中心。我咁多個都係喺嗰度生嘅。佢哋有齊出世紙㗎！」女姐一直看重這張出世紙，她為兒子們都辦齊，說時面上帶著一份自豪。

當時佢租兩個房俾我，九十文一個。

「搬入西環邨前，我住喺石塘咀火井(2)。嗰時同人哋住，喺廖創興(3)嗰頭租返嚟。八個人呀，仲有六個細路。當時佢租兩個房俾我，九十文（音同蚊）一個咋。九十文一間房，好多嘢㗎喎，佢租俾我，我要同佢抹廚房、抹地先平俾我。」要供起每月一百八十元房租，對月入百多二百元的普羅百姓，並不簡單，亦揭開了女姐一生苦幹的序幕。

「佢哋細個我就湊住佢哋，咁有時都會攞啲嘢返屋企做吓，有時又會攞啲鞋返嚟挑，嗰時有珠片嗰啲鞋，而家無得賣啦，車好咗個鞋面，咁鞋尾呢就入啲棉花入去啲拖鞋，一日做兩、三對，得閒又做啲。」六十年代石塘咀發展出一項項工業，訂單源源不絕，遠超廠內工人所能負擔，要外發給周邊居民承包，在家加工生產，整個社區儼如成了所大工廠。

「我仲擔膠花返嚟，喺樓梯口出面，我日日擔幾百磅膠花，揻水口囉。嗰啲廠就喺聖類斯對落嚟，而家起咗新樓嗰度攞。聖類斯對住係膠花廠。我哋三點鐘去攞膠花，排隊輪住攞，好多人㗎。我擔三百幾斤膠花呀，我話俾你聽，我搵啲錢多過阿老竇呀。好辛苦擔嚟又擔去，咁啲難揻呢就擔返嚟屋企放喺門口出面，到夜晚，個仔放學，換晒衫褲就揀袋膠花同你做，做好就包返佢，佢就做功課喇。佢做一袋，唔理你乜，起碼做完嗰袋。我自己呢就自己做，咁我就做到六點幾鐘擔返去。」

「當時搵啲帆布袋車咁高。」女姐用手比劃，也有四五呎高。「揻水口，『水口』啫係佢啤膠(4)嗰陣時啤咗啲邊位。揻咗去就紮返好一袋袋，水口還水口一袋，膠花還膠花一袋囉，又擔返去囉。拎返去俾人穿花

女姐的榮休獎牌，她每天細心拭抹，再好好安放回玻璃飾櫃。（冼昭行攝）

囉。我無穿，穿搵唔到食，有啲好細微。我摵慣水口，個個都俾我摵。家吓嗰個人仲喺公園有時見到面，日日打招呼。潮州人嚟㗎。」

「擔得多㗎陰公，一日擔兩次，朝頭早瞓醒呢又做，夜晚做到俾啲花堆住自己，做吓就坐喺入面瞓著覺，摵開個個錢都有血㗎！我哋賺辛苦錢嚟㗎，好淒涼㗎捱得我哋。個個月頭出上下兩期糧，每期都有百幾文。」生活迫人，一頭家大小開支，就算屋租最難減省。要一家大小有瓦遮頭，才迫得出日日做到體力透支的艱辛。

「嗰時有一毫、斗零（五仙）使嘛。俾斗零個仔返學，開心到死。佢仲走去買豬腸粉食呀！佢哋好恨食嘢，嗰時無生果食，恨食芒果，你估佢點呀，我唔捨得，芒果以前好貴呀嘛，嗰隻衰仔未讀中學㗎，我有五文、十文，有一毫子，點解我開櫃桶唔夠數呢，原來佢攞咗去買芒果食。但佢買返嚟又好公道喎，請大佬、細佬食，佢仲同我笑喎，我話你唔使笑喇。佢切開，話一人食一個啦咁，請埋我食。其實佢好乖，一放學返嚟就幫手搣㗎。」兒子年少童真，一點的頑皮，換來媽媽本來捨不得花費的一屋歡樂。

「我後來都拎返張身份證，張身份證一張紙咁好厚㗎，紅紅地色，摺埋，又無相㗎喎。上面就會寫明你個名，可惜我都丟咗。後尾有返身份證啦，我等啲細路哥大個，我就入政府做嘢。」那是身份的一個證明，也是求職的一張好工具。從沒有出世紙，到獲得身份證，女姐已經離開缺失的童年，站到自己家庭的戲台中心。

「我一世人只係喺兩個地方做過嘢，一個係政府，一個係呢間地產公司，地產就做咗十二年，政府就做咗好耐，我都唔記得。個牌上面有寫㗎！」她指著金光爍亮的獎牌：「呢個就係政府做到退休時攞返嚟，前面就寫住個名，同埋九四年榮休，係市政局年代。仲有一個係膠嘅，同埋有一封信，我本來想拎去丟，不過每次抹乾淨又放返入個櫃。當時我做到五十五歲退休，後來啲上司就話：『呢個阿姐啊好好㗎，唔捨得。』收尾有兩個高級上司同我上紙，然後好快就請返我喇。請返我之後就做到六十五歲。」

女姐看不懂獎牌上的字，但每天洗抹後，還是放回大廳的玻璃飾櫃當眼處。「呢張就係我退休時俾我嘅。」那封上司給她的信，她珍而重之摺好與獎牌同放一起：

何女士，

你在市政總署任職廿一年，期間盡忠職守，熱誠服務，現屆退休之時，我謹向你表示謝意。

你在一九七二年九月二十九日加入本署為工人，負責執行一般清潔工作，其後該職位在一九八〇年十月一日改稱為二級工人。

你在一九八三年九月二十五日榮休，同日獲本處以按月為聘用條件重新聘用為二級工人，服務並無中斷。你在本處的悠長服務期間，一直都表現良好，我謹代表政府，尤其市政總署仝人，向你和府上各人致意。

祝你退休後身體健康！生活愉快！

市政總署署長

林志釗

1994 年 3 月 17 日時任市政總署署長林志釗發給女姐的退休感謝信。（何奀女提供）

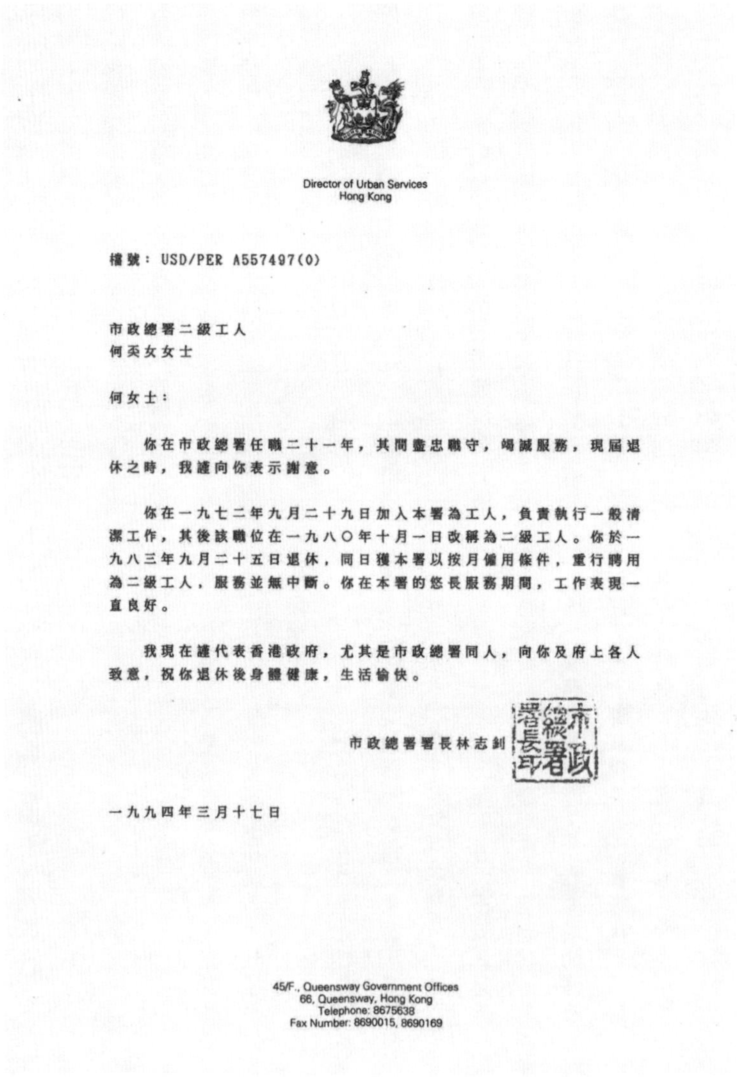

Director of Urban Services
Hong Kong

檔號：USD/PER A557497(0)

市政總署二級工人
何奀女女士

何女士：

你在市政總署任職二十一年，其間盡忠職守，竭誠服務，現屆退休之時，我謹向你表示謝意。

你在一九七二年九月二十九日加入本署為工人，負責執行一般清潔工作，其後該職位在一九八〇年十月一日改稱為二級工人。你於一九八三年九月二十五日退休，同日獲本署以按月僱用條件，重行聘用為二級工人，服務並無中斷。你在本署的悠長服務期間，工作表現一直良好。

我現在謹代表香港政府，尤其是市政總署同人，向你及府上各人致意，祝你退休後身體健康，生活愉快。

市政總署署長林志釗

市政總署署長印

一九九四年三月十七日

45/F., Queensway Government Offices
66, Queensway, Hong Kong
Telephone: 8675638
Fax Number: 8690015, 8690169

嗰時搬嚟一百三十幾文租啫，但一百三十幾文都唔係咁易搵啦！

「我搬嚟都無錢，我老公同我一樣都係打政府工，又要養咁多化骨龍，夠唔夠開銷呀？嗰時搬嚟一百三十幾文租啫，但一百三十幾文都唔係咁易搵啦！我老公都係打政府工，佢一病就病咗十三年，我十三年來要服侍佢，仲要做兩份工呀！服侍佢入醫院，煲嘢佢食，佢過身時六十幾歲咋，五十幾歲就要退休，唔做到嘢喇。當時我都未退休。夜晚做政府，朝頭早就去茶樓做清潔，洗樓梯、洗地，洗完通身都濕，跟住返嚟沖涼，沖完涼就去買餸喇，掛住煲湯佢飲吓。煲飯佢食。」本應並肩作戰，變成單打獨鬥，女姐幾乎廿四小時都在工作，以及照顧家庭。「我傻婆咁㗎，有嘢做有糧出，求咁㗎咋。我最緊要係搵食，唔好貪人哋嘢。」

這個火車頭，一旦起動，便是拚拚勁勁的一直在前行，未嘗言休。「六十五歲之後，都試過去快餐店度做嘢，咩都要做，洗廁所、洗地、入汽水、預備食材，樣樣都要做，都係得十八文一個鐘咋，做咗年幾真係太辛苦喇，之後就去咗一間地產公司度做，一路做就做到將近七十八歲。我做嘢都係介紹，都係一啲親戚，係事頭婆個妹介紹我入去。當時要著制服，著白衫黑鞋，負責招呼啲人嚟寫字樓開會，沖奶茶、磨咖啡，抹檯，煲茶煲水，有咩嘢都叫我去買。我當時講明我係退休嘅公務人員，不過我又無指明要人工幾多，你俾幾多我咪就幾多。咁後來佢哋話，『好啦，俾六千銀阿女姐啦。佢哋都唔知幾唔捨得你走，話阿嬸好好人，又幫得我哋手。』咁一做又做到七十七歲。」

「上工第一日啊，公司有好多文件，一疊一疊，疊起晒咁高，你估佢點呢？我去到事頭婆個位，咁你要抹吓張檯，咁咪要搬開啲嘢嚟抹，先抹得到。佢張檯呢就度度都一張張銀紙，左一張右一張，就夾晒喺呢度。你貪唔貪佢呀？嗱！你貪佢就死喇，你就無工做啦！一睇就知佢試緊我啦，唔係佢擠錢喺度做咩啊？嘩！嗰啲大張銀紙，一百文、五百文，另外一個桶仔，就咁一個牛奶嘜，即係壽星公嘅煉奶，咁高無嘢冚住，裝滿一文、五毫、兩文，擠喺度，你估你拎咗人哋一個唔知，人哋有數目㗎嘛，你拎，一世都唔使打人哋工囉，面子都揿爛囉，我窮得直呀！我有人工使咩要攞人呢啲嘢呢。無謂！」幾個明快的道德原則支撐著簡單的內心世界，也造就了一位可敬長者的精靈。

「要貪可以貪好多㗎喎，咖啡、奶茶、乜嘢汽水都任你飲，你飲梗係俾你食俾你飲啦，唔係你嘅就唔係你。做人要公道、坦白嘛！我都成八、九十歲，有無一個人話我衰？唔使需要貪人，有就有，無就無，窮就係窮，唔緊要窮㗎，窮要窮得硬直，窮得直，無就同你借，你借俾我，我要還返俾你。」

「有時有啲西人會嚟開會，指明要磨咖啡。咁唔通我話我唔識磨咖啡咁咩。咁個秘書就話：『教你囉。』一有人多嚟開會，老闆就叫秘書小姐，快啲派兩個小姐幫吓女姐手。邊個飲咖啡，邊個飲清茶，邊個飲汽水，你都要分開俾佢哋，都要好有記性。老闆都讚我：『我呢個姐姐真係好好，好幫得我哋手。』有一日秘書小姐同我講，老闆見我咁幫得手，佢話我嗰份強積金都幫我供埋，唔好再要用我而家份人工再供；到我真係唔做嘅時候，都送好多嘢俾我，又送血壓機、有啲又送件衫、有啲就送盒冬菇、有啲就送利是，咁你話幾好，老闆又話我鍾意請邊個嚟，就叫邊個啦，一齊歡送我走。佢哋個個都好惜（音同錫）我㗎，都唔捨得我走。」十二年的直率相處，女姐退休前還賺到公司上下的尊重。

身教總比言教強，一生耿直，女姐縱使日忙夜忙，但也掛心孩子的教養。「嗰時無咁容易幫細路仔搵嘢做，如果嗰陣時學壞，真係整定，所以我話我幾個仔都算係咁，無壞呀。」

「佢自己犧牲唔讀書，佢話：『我唔讀喇。』嗰時都無十三、四歲，咁細個做嘢啦。當時係要交租，但喺聖類斯讀學費唔使幾多錢，我哋又唔使搭車，住嗰度行上去就係斜路。我就記得佢喊，我就話：『做乜唔讀啫，阿仔，你唔讀書無人請你做嘢喎，度度都無人請細路仔。』佢就話：『我唔讀

女姐一生耿直，公司老闆陳國鉅先生表示女姐誠實可靠、熱誠工作，12 年來深得公司上下的喜愛與敬重。（何奀女提供）

喇，我寧願俾啲細佬讀呀。』咁好陰公啫，收尾我就問包租公，佢喺酒樓做廚師，佢做阿一哥嘅，我同仔講：『如果你同阿伯搵到嘢做，你就俾啲心機做，唔好嘥人心機喎。』咁真係俾包租公同佢搵到。」

「佢都肯去做，你估好似家吓啲細路咁架勢？我哋走去買豬肉屐，即係木屐。以前啲人著屐，啲老人家就知，我哋著屐㗎，有啲有花㗎。啲男人，佢喺廚房啲油漬多嘛，屐面釘住呢塊皮嚟嘅，黑色皮嚟，個個都著，好寬嘅，包住晒隻腳。買屐，著笠衫，加條牛頭短褲咁咋，無話架勢袖。笠衫即係個領白色，有啲有袖，天熱嘛。褲呢，好短嘅，就好興嗰啲橡筋，咩色隨你買。係咁就上工喇，買兩件衫，就入廚房做喇。你估佢入廚房做咩，佢俾你唔係學嘢。洗廁所、洗廚房、洗鑊頭鑊尾、砧板、刀呀，你話幾淒涼，廚房幾多嘢，十幾歲都難為佢捱。」數十年後，女姐還能一五一十講出如何打點兒子上工，恍如昨天。

「當時人工三十文，佢有十五文返嚟俾我，俾十五文我做家用。呢個仔都好乖，家

冼昭行攝

吓都乖。真係好淒涼㗎嗰啲細路仔。都好啦，做住先，佢一返嚟我話：『乖喇，你唔好駁嘴駁舌，勤力啲。唔做得死人嘅，盡自己責任做。』咁教佢，佢就喊。一路做一路做，做做下呢就由初初唔熟手，俾佢做二鑊。佢出糧，嗰時有啲公仔書，有得租有得賣，佢出糧買咗兩本公仔書返去睇，個師傅話佢：『你睇公仔書，你個死仔，佗衰我姓林呀！』一手仲潑咗杓熱湯去佢度，成個肚皮起晒水泡，仲搣爛埋本公仔書。我見到都心痛呀，佢又喊，我又喊，佢當時真係幾咁受氣，但佢仲話，『唔可以告佢，告咗佢我無嘢做喇。』佢真係幾生性。後尾佢一路做一路表現好啲喇，就有人請咗佢去加拿大，過去個契爺喺嗰邊幫手。嗰陣時佢喺香港結咗婚，生咗仔女，個女就仲捧住個奶樽，個仔拖住手咁就上飛機囉。佢都係咁乖，每一年生日就寄啲加幣俾我㗎喇。」守得雲開，也造就今天的釋懷。

我唔識游水㗎，我而家游背泳，游背泳好舒服。

待得七十七歲退休後，女姐沒有停下來，繼續活出新奇。年老為她帶來了手疾。「我戴住隻手套，我心諗，死啦，睇醫生又唔好，做好耐物理治療又唔得，我連褲都除唔到，煮飯拎隻碗都跌落地，真係一殼眼淚，『嘭！』一聲，點知個茶杯跌咗落地。咁仲死，照掃玻璃，仲要掃唔到。嗰時個孫結婚，買咗機票，我話你抬我去我都唔得呀。點去呀？痛到咁樣。」

「醫生話：『阿婆婆，不如你去游水？』我就話：『游水？我唔識喎，我點樣學呀？買游泳衣又唔識，買眼鏡買帽又唔識，都唔知喺邊度買。』」好在這個忙碌一生的老太太，這些年下來，在邨內還結識到可信又熱心的鄰人。「收尾呢有一個喺呢度鄰居個老婆，喺中苑臺住，佢話：『林太，講起游水，我放假帶你去好唔好呀？』我話：『梗係好喇，我自己都唔識。』佢放假真係帶我去永安。好喇，買齊，咁第二個禮拜佢放假帶我去游泳池。我唔點知點樣入，佢教我買飛，然後話：『我聽日唔同得你嚟，我要返工。嗱，你落去呢就喺池邊，背住跳吓嘢吓，嘢吓腳嘢吓手。落水擰轉個身落去。』」

「我嗰時嗰幾級都唔敢落，驚到震。好在貴人好，下面有幾個阿婆睇到。『嘩！呢個阿婆咁老，驚到揗揗震落唔到，企喺度。』咁下面兩個阿婆一邊一個托住我：『你落嚟喇，唔驚㗎！落嚟啦。』一落到個池，又唔敢企喎。『我俾膽你，唔使驚。係咁滑㗎，你企啦，你企啦。』咁就拖咗我落去，扶我行埋一邊。你都唔知幾淒涼，講俾你聽都笑死人呀。震呀，揗揗震，真係揗揗震㗎。我未試過，我都唔識，咁點啫。收尾就好喇，睇吓人哋，喺個池邊咪嘢吓嘢吓咁囉，聽吓人哋話囉，睇吓人哋點樣游水，睇吓人哋點樣扒。我睇多兩日就買個水泡俾自己，朝朝拎埋個水泡去，又無咁大個袋，收尾搵個大膠袋入咗落去。人哋點樣游到邊，我唔游咁遠，掂喎，唔會沉落去，咁唔使驚，自己又吣（音dam6）吓，吣到去嗰頭，又擰返轉嚟。吣吓吣吓，索性抌（音dam2）鬼咗個水

「收尾呢有一個喺呢度鄰居個老婆，喺中苑臺住，佢話：『林太，講起游水，我放假帶你去好唔好呀？』……佢放假真係帶我去永安。」（冼昭行攝）

泡喇，吙得幾日，又繼續扶住個池邊游囉。跟住又吙囉，唔愛個水泡。吙吓吙吓我就識喇、會喇，會游喇。我抌咗個水泡又買對水袖，買對水袖我放咗手四圍去喇。」

「我而家游背泳，游背泳好舒服。啲阿婆有啲嗌我做『精靈』，唔叫我個名，睇住我識游水，個個都話我真係聰明。無人教過我喎，如果搵人教，三百文一堂。大佬呀，邊度搵三百文俾你呀，攞我命咩。我而家唔知幾好，游邊度都得，你唔使理我，我鍾意就行埋一邊，我想做運動我咪行埋一邊。而家水泡抌埋，兩隻水袖我都抌埋。啲人話睇住我出嚟，游幾游就識喎，夠膽就真嘅。」

日復日，女姐的手也逐漸好起來。「我自己知道係好，唔係假喎，知道舒服啲。你上岸返嚟夜晚瞓覺，自己知㗎嘛。鬆晒。」退休後仍然奮力，仍然是踏實過日子。

註

(1) 咩姑、四姑：人稱「執媽」的接生婦人，專為孕婦上門接生。惟隨著贊育醫院一九二二年成立，帶動公共醫療體制對婦產科的重視，在家接生在戰後已式微。

(2) 火井：一八六二年煤氣公司獲港督羅便臣授權提供專利服務，並揀選石塘咀屈地街與皇后大道西交界開立第一代煤氣局，在這臨海之濱設置煤氣鼓及煙囪廠房，本地人稱之為火井。火井曾於一九三四年五月十四日早上發生煤氣洩漏爆炸，造成加倫臺一帶九十人傷亡。

(3) 廖創興：廖創興倉，即今日石塘咀屈地街創業中心。

(4) 啤膠：製作工模塑膠。將塑膠原料注入工模時，會有部份溢出，凝固後與製品相連，是為水口。

收薑

女姐家中的電話很忙，原來是樓上的鄰居來電，説儲了一些報紙，想給她拉去賣，多賺十元八塊幫補一下。話音未落，又有鄰居趕來通知，原來正下大雨了，著她趕快到天台收回那盤子薑。踏實的日子裡，還有這每天一點一滴的陪伴。（冼昭行攝）

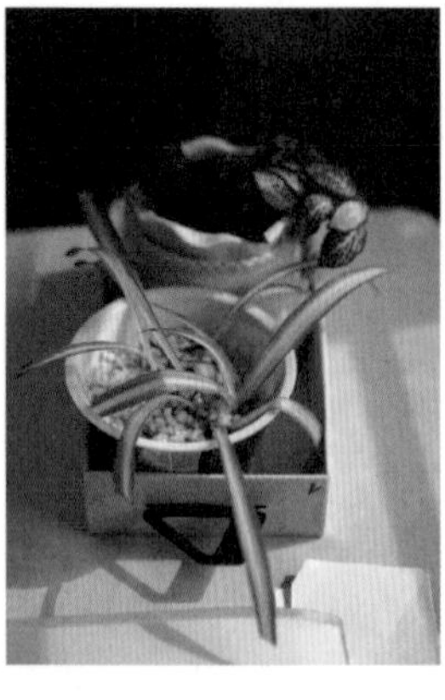

盆栽

真正退休後的女姐，更享受家中的閒趣，趁細雨霏霏時，她趕緊又把小盆栽撇點雨，好使紅綠網紋草也快高長大。（冼昭行攝）

1·7 我同你講，我做幾多十份嘢。

歐陽仲巧

一九三三年生，一九五八年入住西環邨至今。

歐陽仲巧廿五歲入住西環邨，已為人母，六十年來住過同邨兩個單位。「東苑臺起好先，一起好我哋就入嚟住三樓，跟住就中苑臺。呢間就第二手，人哋走咗我哋搬上嚟，三樓先係第一手。之前三樓住三十幾年，呢度又住廿幾年，住咗六十幾年一共。嗰時細路仔多，後尾啲人結婚就走，剩返我哋兩個。個女話，橫掂人少，你搬上去啦，即係叫房屋署調囉，調上嚟好啲，好好太陽呢邊，又涼呢，好好通風。」

屋邨倚山而建，再好的設計也難免使部份單位與自然地形夾角，形成的生活經驗對居民來說也頗困擾。「三樓兩邊無太陽，罨罨耷耷，查實係中苑臺最低嗰層。無陽光不特已，老鼠入屋嚇死人，啲老鼠又衰，又毛茸茸周圍走，嗰時有雞欄，好惹老鼠，講起嗰啲經歷就恐怖，好得人驚，啲老鼠好似貓咁大隻，入屋㗎，一係喺廚房入，一係喺騎樓入，俾老鼠膠黐都黐唔到咁多，要用個鉗捉，整住佢先丟落垃圾桶，好得人驚。」還是歷歷在目的回憶，側寫了昔日環境如何難為了決心要照顧好家庭的媽媽。

誰知住上三年更遇上世紀颱風。「又水浸呢，溫黛(1)嗰年，樓下嗰度有（泊）車㗎嘛，嗰時無欄，空㗎，嗰啲私家車咪跌晒落樓下，即係我哋嗰度，後尾打完風先至話整。好犀利呀溫黛，住南苑臺嗰啲仲慘，啲山泥瀉落嚟呀，東苑臺呢就瀉到啲泥甕住，開唔到軚，南苑臺我哋有朋友住，又係瀉到個門口開唔到門，山泥冧呀，嗰時可能啲山無打滑佢，所以瀉落嚟，好恐怖。」

「溫黛打得好犀利，三樓又水浸，都浸到咁上下。」仲巧邊說邊在小腿比劃：「啲水喺騎樓撳入嚟，幾吋高水，好猛㗎『唪唪』聲，又大雨又行雷。我哋住三樓真係唔好，做到索晒氣。水浸要掃水出門口坑渠，細路邊度會做嘢，都係我哋做，嗰時佢哋唔係好大，好天就出門口玩，都幾大地方。」入住堅固的居所，仲巧雖辛勞，幸好還可安然應對風暴，等待雨過天青。

我都話餓到喺張床度唔識郁，再唔和平就係咁大㗎啦。

「我好細個喺鄉下捐出嚟，因為我老竇就喺香港做嘢，出咗嚟好耐世界。我結婚住灣仔，做女嗰陣就住鵝頸橋，打小人對返過嚟嗰間叫大三元酒樓(2)四樓。嗰時大三元酒樓好巴閉。」第一代的西環邨居民，許多都是從中環、灣仔等市區唐樓西遷而來，契合這海島城市早期一直向西發展的路向。

「駱克道英京酒樓(3)，我阿爸最鍾意帶埋我哋去飲茶。佢打份工，喺駱克道做校酒師傅，自己有隻大埕嚟浸，都係雙蒸、糯米酒嗰啲。浸酒埕大到好得人驚，真係成個人都走得落去，喺舖頭出面賣就細細個埕。檔口側邊就賣檔燒臘仔，唔知佢自己燒定還是交嚟，咁耐世界。佢最鍾意去英京酒樓飲茶就帶埋我去，好細個一路跟住佢飲茶，好歎世界，嗰啲大嘅無份，嗰個細就惜（音同錫）嗰個，得鬼意㗎個老竇。」仲巧臉上的笑意，是重拾起作為爸爸的寶貝女兒那段甜美回憶。

可惜，好景不常。「間鋪喺駱克道，日本仔一嚟就封咗間鋪，好陰功，咁鵝頸橋有間鋪賣雜貨，日本仔一嚟就乜鬼都無得做，封晒你嘅，啲鋪頭封晒去邊度攞錢啫，咁衰，幾乎食都無得食呀我，真係經歷好慘呀。又無飯食，食咩呀？木薯粉搓湯丸泡熟佢嚟食，油都無一滴呀。好彩唔死得喎又。有好多人話食樹根，陰功。我都話餓到喺張床度唔識嘟，再唔和平就係咁大喋啦。吖，好彩呯呯嘭嘭燒爆仗話和平啦。」

「死人日本仔嚟咗三年零八個月吖嘛，真係餓死好多人呀，又俾佢打死好多人，一打仗嗰輪呀，通街都係死屍，真係好慘。仲有人講呢，割咗啲死人大髀俾人當豬肉咁賣俾人食呀，嗰啲大排檔賣飯，食人肉呀真係。肚餓有飯賣咪求其買嚟食囉。和平囉，咁先即刻有米落肚。嗰時我好細，啱啱七歲開學讀書就嚟話打仗，三年零八個月就十歲鬆啲。」一個十歲不到的小孩歷經了生死，目睹恐怖世界，塑造了她個性裡的一份韌力。

「跟住和平就死自己媽媽啦，跟爸爸賣嘢，整豉油嚟賣。你估搵咩整呀？啲豬油係好結嘅，黑色啲豬油，開水，俾啲鹽，咁就叫做豉油啦，賣俾人啦。靠呃，咁你無辦法，個環境係咁。賣菜又賣過，後尾無賣，我爸爸就踩單車賣雪糕，周圍去，佢好叻㗎，爸爸踩住架單車，後面有個箱裝住啲雪糕雪條，都係捱得好淒涼，嗰時無話開間士多仔賣啲嘢喎，真係蠢。後尾賣完雪糕喺鵝頸橋整架車推得啷嘅賣生果。」那份韌力背後，原來還有爸爸但求安頓生活、靈活多變的身影。做過多行多業不代表行行也熟悉操作，仲巧從爸爸身上學會主動求教：「你問到人，就實有門路搵食。」

「賣生果唔使我幫，我有個細老母，我幫佢湊仔湊女，煮飯我都得，唔得都要得，嗰時好叻，著對屐噼噼啪啪咁就落四樓出街，好著㗎，著慣咗唔怕跣，好爽。我湊到十零歲，我結婚好早，十八歲我結婚。新時代都係蠢，怕羞呀唔知點解，都係等人介紹，大家見吓面飲吓茶行吓街，好簡單呀嗰陣唔識得話揀，人哋話好就得，好蠢㗎。應該話唔使咁巴閉吖自己又唔係好大年紀，十八歲講結婚，二十歲做阿媽。」一句「唔得都要得」可會陪仲巧走過許多難關。

我咪自己一個人去碌

「一結婚就喺大道中住，灣仔大馬路有間洪聖廟，行過啲咁多，木屋住三樓間房仔，生第一個、第二個喺舊贊育紅磚屋。後尾一搬搬咗去筲箕灣，住嗰間房又無窗又無剩，煱到啲細路生瘡仔，好陰功。間房床上床，張床四呎闊，叫人哋整多張三塊板床㖭囉，兩層，佢阿嫲就住開面，行兩塊板，無辦法嗰時興係咁。嘩，申請到上黎發達啦，好開心。西環開揚，啲細路有得走動吖嘛。住人哋一間房，好臭檔㗎死人包租婆把口，冷巷都唔俾出。」

當時居住在擠迫居所的人，口耳相傳可以申請入住西環邨。「我先生同事介紹，佢同事以前租摩星嶺木屋仔，搬嚟住就講大家知道，好在一申請就申請西環邨。嗰陣時有俾北角邨，叫渣華街，好易申請，後期先至惡申請。我先生唔要北角邨，因為佢有兩個

同事，一個住東苑臺，一個住南苑臺，佢諗住有傾有講，就埋啲同事一齊返工。愛西環邨又蠢，又愛樓下，愛高一層都好吖，應該可以同房屋署講，又唔帶我哋嚟睇樓，自己嚟，佢話就啲細路玩嗝，空地嗝，愛高一層就唔使受苦。」爸爸就是惦念子女成長所需空間，這樣下了決定。

「佢爸爸喺金舖做，中環大信金舖，無咗好耐，做後生(4)咋，不過頭一道暴動就無嘢做，佢有啲咁多唔妥，唔肯去睇醫生，之後就一直失業。啲細路仔食飯、交學費都要錢，我咪自己一個人去碌（打滾）囉無辦法。我呢個命運都好凄涼。」舊時代也好，到今天也好，女性獨力工作持家，要承受的不只是經濟壓力。

「做悅興盛酒樓(5)，酒樓好早開門，一早就要返去，朝頭早人哋食咗嘢就收碗碟推入廚房洗，又要拖地，好氣好力。夜晚就去捧菜，嗰時好興擺酒。後生啲力都唔知邊度嚟，又得㗎嗝，喺酒樓夜晚捧翅一次過捧兩鍋㗎嗝。夜晚擺酒啲炸子雞客食唔晒，咪拎返嚟，倒埋啲雞頭雞尾俾佢哋做餸。水坑口賣嗰啲雜架我都係咁買嚟食，好興㗎以前，鴨尾雞尾都有人食。捱過啲鹹苦。」

「酒樓做完做鐘點，幫人抹嘢，睇住細路，嗰個師奶一個女，煮好就走得。乜都做過，清潔又做過。後尾幫一個置富住嘅男仔，一個禮拜煮三餐夜晚飯，煮完食埋洗埋碗就走。」

「後來又喺屋邨寫字樓做過，北苑臺嗰度寫字樓。嗰時興煲水沖茶，唔興話而家一樽樽。倒下字紙簍，好簡單，做完就走得，嗰的管理員好好，成日叫我『走啦！』我咪走囉。嗰個阿頭就好衰，蝦我哋。嗰陣時喺樓下有間房仔俾佢住嘅，即係𨋢口個房仔(6)，而家冚唪唥俾人擠晒嘢。我阿頭好老，有個老婆會做埋寫字樓嗰份，後尾搵人，咁我話不如我做，又近，賺多少都好，下晝跟住又去幫人煮餐飯，總之乜都做鬼過晒，又幫街口，加多近街惠康斜對面嗰檔，嗰個人做入口蓮藕，洗洗就入箱，運出第二度，就幫佢煮幾個人飯，朝晚煮兩餐，我就喺度食埋，總之做咗好多嘢。」

要維持收入，仲巧做得多，也做得長時間，難以兼顧照顧家庭。「屋企有阿嫲看住佢哋，細路好乖，無而家細路咁矜貴。阿爸無嘢做有咩辦法，一級一級，讀幼稚園都要交學費。我七名，四個女三個仔，大仔四仔尾仔，自己蠢係咁生，笑死，一家十個。中苑臺三樓兩房一廳，冷巷阿嫲要瞓上下床，大仔瞓上面，另間兩間房，又係上下床，有咁多細路係咁上下。」

「等細路仔出得嚟幫手啦，兩個仔都出嚟做嘢，第三第四女都出嚟做嘢，兩個女做工廠，兩個仔做揸車，幫輕吓就差好遠，舒服啲啦。我始終有做嘢，我同你講，我做幾多十份嘢。」一句「苦盡甘來」未必形容得了這數十年光景。

我哋嗰列有五家人，個個走出嚟坐喺度就傾偈。

大眾勞苦，日常飲食起居卻總可帶來一點安慰，一份平安，與十分尊嚴。「出去工廠兩文（音同蚊）一日，啲錢好使，無疑

今天花鳥、高樓、清風與朗日，都是仲巧的一道安寧。（冼昭行攝）

係平。海皮蜑家婆車魚過嚟生生猛猛，紅衫仔、鱲仔、八爪魚滾湯一流，跳跳紮好靚，生跳跳。好平呀，幾毫子斤菜，邊有而家咁十幾文斤嚇死人，又唔好食。以前啲菜好食，以前啲菜你估淋咩，淋肥，嗰啲菜先至又脆又好食，而家唔得啦，啲菜韌㗎唔好食，除非買嗰隻有機菜，咁貴點食，除非自己種啦。」

「以前好好㗎，一列打開晒門傾偈，同啲師奶。我哋以前叫師奶，唔係乜太乜太㗎。打開道門好太平，我哋嗰列有五家人，個個走出嚟坐喺度就傾偈，煲嘢食你又俾我我又俾你，好好，有糖水煲到又俾，煲到湯你又俾我我又俾你，整到咩糕又係你俾我我俾你，好正。傾偈最開心。」

「家家細路差唔多年紀，大家玩囉，一係喺門口，一係喺南苑臺有個斜坡，成日喺嗰度跣落嚟嘅，好百厭㗎佢阿哥，跣到啲褲冚唪唥穿晒窿，激死。個斜坡嗰時無咁滑，泥嚟嘅，後尾先整到咁鬼靚。冚唪唥跣到啲褲穿晒窿，冤鬼你，韌皮啲細路，無辦法。」

「呢度都幾太平，唔錯，又好住，有錢

買樓都買唔到。座向唔錯，太陽又好。有啲人話最好北苑臺，向海喎。我住慣中苑臺覺得幾好，又舒服，上落又方便，譬如你喺三樓住，上一級行過東苑臺，轉個彎搭𨋢就落到街。出騎樓望下，好涼，望到觀龍樓，有時都聽到雀仔聲。」今天花鳥、高樓、清風與朗日，都是仲巧的一道道安寧。

註

(1) 颱風溫黛：天文台文獻形容，溫黛是歷來襲港最兇猛的颱風之一，一九六二年八月三十日進入香港八百米範圍，至九月一日上午九時五十分最接近本港，在天文台以南二十公里掠過。溫黛至今保持最高陣風每小時二五九公里、最低海平面氣壓九五三點二百帕斯卡，及維多利亞港內一小時平均風速一三三公里等紀錄。颱風與連帶的風暴潮，造成全港一百三十人死亡，五十三人失蹤，七萬二千人無家可歸。

(2) 大三元酒家：位於軒尼詩道近鵝頸橋，上世紀二十年代開業，五十年代結業。

(3) 英京大酒家：地址該為灣仔莊士敦道一七九號，即今天大有大廈。創業於一九三〇年，為當時灣仔地標，樓高五層的高尚食肆，曾招待孫中山先生及溫莎公爵等貴賓。此處仲巧提及在駱克道的酒樓，很大機會另有所指，應是位於軒尼詩道四二六號的英男酒樓，英男就近鵝頸橋，就在仲巧童年的家對面。

(4) 寫字樓後生：本地人稱呼信差或低級文員的職稱，源自英文 Office Boy。主要負責簡單文書及送遞等工作，一九六七年人工約九十元，相對普通文員為二百元。

(5) 悦興盛大酒家：成立於一九七〇年，舊址位處上環德輔道西八十至九十二號，舊三角碼頭附近。

(6) 𨋢口房仔：西環邨建造時設有多個士多房，可供邨民租用置放雜物，卻非供居住用途。

住家風景

教堂舊木十字架

仲巧家客廳正中牆上，掛著個樸實溫潤的柚木十字架。女兒綺瑩說：「灣仔循道衛理 (7) 嗰時要拆，係教堂長木凳腳整出嚟，好耐㗎啦，廿幾年前買嘅。」這時候旁邊的仲巧才恍然：「掛咗好耐㗎啦，佢唔講，咁耐我都唔知，我從來都無問點得返嚟，好靚啊，舊時啲木係柚木，呢啲靚木好油潤。」（冼昭行攝）

滿滿家庭照的牆

仲巧客廳有幅牆密鋪了一家大小的相片。「我鍾意貼晒喺度有得睇，日日對住，而家老咗要開心，捱就捱夠。我張相大生日影，八十一，唔經唔覺又幾年。」（冼昭行攝）

中苑臺天台曬衫

中苑臺天台，逢周末晾起西環邨民七色衣物。「以前禮拜六、禮拜、假期門口任你曬，後期唔知做乜鬼，唔准喺門口曬，假期都唔俾，一係去天棚。咁我哋唔使去，我哋呢度好好太陽，嗰啲住得矮無熱頭㗎嘛，咪過去曬囉。好犀利㗎啲人，佢哋自己一早禮拜六就縛定晒啲繩，霸定位先，禮拜就上去曬嘢㗎啦，禮拜收咗衫咪拆返佢，唔准縛定喺度。曬衫有熱頭，啲嘢就靚啲，舒服啲，衫都香啲。」

註

(7) 灣仔循道衛理：香港循道衛理聯合教會香港堂，位於灣仔軒尼詩道三十六號，一九九二年原址拆卸，改建為現在的多層大廈建築，一九九八年竣工。

1·8 俾我一路住落去就好啦。

芳姊

現年八十多歲，一九五八年入住西環邨至今。

開邨人家裡，從九龍過來的不多，畢竟那是還未有海底隧道的時代。「我以前住九龍旺角，近亞皆老街，舊時百鳴學校，行到將近火車橋嗰度。我先生返工返中環，由旺角山東街坐船囉。」芳姊的碗櫃，最亮眼的是整齊掛起的一套五隻白色骨瓷杯，連同大大小小的茶碟、糖盅、茶壺、奶壺等，都印著淡雅橘色的茶花彩繪。這套茶具歷史足六十年，芳姊說是老朋友送的，賀他們一家過海入伙。遺憾的是，她未能補買得到給摔破的第六隻茶杯。

「搬嚟呢度，個女、個仔仲係好細。本來初初係俾北角我哋。嗰陣時初申請，細路未出世，連同一個外甥，加一個屬同村嘅阿叔，佢係我先生堂細佬，咁登記埋佢落去。突然間個姑奶秤咗個仔落嚟，喺度住咗一輪，又登記埋佢啦。於是本來係俾北角，係大啲，但租又貴啲。後來發覺姑奶又要走啦，取消埋阿叔啦，減咁啲人口，我哋無八個，兩個細路先為之一個大人，加個外甥，好啦，咁呢度四個人就得啦，不如就要呢度啦。」那時代，南來華人在香港落腳後，住家往往都成了同鄉人的橋頭堡，出出入入都是同舟共濟，出奇是，廉租屋的申請人戶籍倒來得寬鬆，疏堂家人也能數算在內。

芳姊一家就選擇到西環邨，雖然對芳姊來說，像是隔山買牛，但難得滿意。「搬到嚟，我覺得，好舒服呀。嗰陣啲細路仲細，係佢（丈夫）揸主意嚟揀樓。後尾搬屋嘞，先同佢再過嚟睇㗎咋。嗰時嘅西環，好似而家皇后大道西一轉彎就卑路乍街，全部都係貨倉嚟，好涼爽嘅，都無高樓大廈，你話貨倉有幾高啫？一層咋嘛。而家西寶城嗰度，只係一個山咋。我先生成日頭痛，身體都係渣嗰類。呢度近山，空氣好，嗰陣時好清靜嘅。晚間即使熱得滯，嗰陣時無冷咩氣，呢度都好夠涼，但而家夏天打死咁曬，出咗門想抖氣都無得抖。」城市固然熱了，加上年紀大，呼吸起來，對溫度變化也會敏感。

對比身體的變化，就體察到六十年時間的長度，那時候西環邨東苑臺才剛率先落成。「我哋五八年十月搬嚟，左右隔籬、對面好多都未曾起好，我哋五八，佢哋五九，中苑臺、南苑臺都係，我哋初初搬嚟得一兩間，然後陸續咁搬嚟。初初搬嚟好驚，嗰度就係豬毛山，未有觀龍樓㗎喎，成個山有啲木屋，我哋呢度無鐵枝，如果淨係開窗門，分分鐘夜晚會俾人爬入嚟㗎，嚇死。唯有開燈開通宵啦。」

「後尾搬咗入嚟呢，漸漸都個幾月，我諗鋼筋都實淨，一二三加整呢啲鐵枝，就梗嘅，唔開得嘅，後來我哋住住吓，再自己整啲膠板。整吓整吓，而家又就嚟塌啦。」由開始自己動手調整生活空間，就是內心落地生根的時刻。同時，左右鄰里日漸落戶，也令芳姊心安下來。「嗰陣時嘅年代，多數申請嘅都係白領階級，藍領未有。一搬嚟個個都真係好斯文、好齊整。以前喺度住嗰啲街坊，大家就好好囉，互相關照啦！」

「好似隔籬嗰間屋，而家我哋都仲有來往，不過而家就要靠啲仔約飲茶。嗰時佢湊返學，我湊放學，咁就方便啦！大家攞啲手工返嚟做，一齊車衫，車時裝，攞份嘢返嚟，限住要幾時交，咁就同隔籬講，兩家啦，你去攞貨，咁返嚟我就去分，包好咗就交貨，我就同佢看屋，或者煮佢飯，我看住

「就喺春天，要落雨喇，咁樣塞住會有好多蚊患，好天時，啲樹葉又俾風吹咗落去。」（冼昭行攝）

啲小朋友咁樣。車完個地下污糟，我又同佢清潔，佢去繼續攞貨。兩家真係好拍檔，互相關照。有陣時啲仔女細唔方便帶埋去，又例如睇醫生唔方便，就分啲仔女俾左右隔籬：『你就同我睇住先，我落街去邊度呀。』有時去得耐佢哋都會喊吓，咁我會同佢哋講：『唔使喊呀，媽咪就返啦。』你煲啲嘢，我又煲咗，就會問：『你食唔食呀？你又煲咗咩？』互相遞囉。」默契與信任就在生活每天的實踐中累積，實踐每天的約定，更勝千言萬語。

唔出聲唔得

遷徙的壓力源於不安與失控帶來的萬般感受，新環境人生路不熟，然後漸漸掌握地理路徑，掌握如何動用身邊資源，當懂得鑽窿鑽罅去尋找資源時，總算是安頓下來。「嗰陣時制水，幾日先一次水。我哋呢度就裝埋啲水，搵啲大嘅膠袋，沖涼房又裝啲水、大瓦缸、細瓦缸、皮蛋缸、江西缸，又裝啲水。嗰個外甥，嗰陣都仲同我哋住，之後搬返去同佢爸爸住，佢就去以前防空洞裝水，近住寶翠園，初初寶翠園係公務員住㗎嘛，我哋搬入去佢先起，制水時都未拆。我哋食嗰啲山裡面滴落嚟啲水。」

說時望著露台欄外，昔日的豬毛山木屋已清拆，土坡也成了水泥擋土牆，是西環邨與觀龍樓之間的一幅三角形坡地，芳姊若有所思。「唔出聲唔得，而家無人出聲，早排有人投訴，要搵人清吓啲樹葉，塞咗嗰啲坑渠，就嚟春天，要落雨喇，咁樣塞住會有好多蚊患，好天時，啲樹葉又俾風吹咗落去。」

眼前這位年長互委會工作員，多年上心肩負參與管理苑臺，一時感懷。「嗰時房屋署話加雙倍租，開會喎，民政署就想西環邨申請一個互助委員會。初初就係東苑臺，後尾就五個臺，每個臺都有。我去到都冇簽名，入去坐埋一面，點知好多人識我，被人點咗我出嚟。咁大家都退咗休，可以成日開會，有陣時要出啲報告，啲海報要攞去辦事處蓋印，蓋完就去邨口度貼呀。我八十五歲，早幾日我仲去做，我仲喺度幫手。九樓十樓係最多單位，廿一間，幢樓一路就斜落去，就少啲㗎啦(1)，一樓同二樓只得十一個單位，九樓而家變咗條街，唔出聲唔得。好似舊年定前年呀，我話我唔想做喎，我想推薦人做，不過諗吓又唔好，因為我哋呢一帶，一個二個都係新搬嚟呀，隔籬嗰啲後生要返工，上咗年紀嗰個都新嚟，除咗一間，其他都搬走咗。」

西環邨有幾次都好驚險呀

由一家一舍，到一個苑臺一條邨，芳姊逐步調適，都應對得定當得宜，惟天有不測，生活環境總隨時會出現不可抵擋的衝擊。「打風呢就好犀利㗎，好似嗰年『天鴿』，呢度啲風好犀利㗎，冚唪唥嗰啲樹斷晒。好彩我個仔喺度，搵啲橫木同埋頂實騎樓啲膠板。如果吹西北就無問題，對面嗰啲樓高過我哋，百年大樓可以擋一擋。往時門口好涼，起咗百年大樓，啲風就俾佢擋咁啲。打大風時真係冧咗好多樹，拗斷嗰啲樹

「以前係好靚㗎！東苑臺至到南苑臺，到咗春天呢，你知啦，開花嘛，我數過總共有十盤八盤，但而家就冚唪唥變咗大樹。」（冼昭行攝）

枝，真係冧落嚟會壓到人呀！」

意識要守住家園，那份內心力量原來正是源自曾經目睹的劫難。「九樓行到篤，以前唔係護土牆。嗰陣時落雨落得犀利，成個山滑捋捋咁嘅樣。個山咪爆囉，爆出嚟冚冚聲㗎。嗰個單位都要走呀。嘩死啦，嗰個單位堵住個門口呀！跟住有人話唔使驚呀，東苑臺向山的牆係雙層嘅，唔會撞得冧嘅，因為個山吖嘛，幅牆要特別厚，同呢啲普通嘅牆唔同。後尾嗰個單位佢哋都走咗成個星期，南苑臺都係咁冧山呀，冧到連啲車都衝落去三樓。嘩，啲大石係咁撞，好大雨，啲水好犀利，呢幅護土牆都新整咗好幾次。」

「以前係好靚㗎！東苑臺至到南苑臺，以前種嘅係簕杜鵑，到咗春天呢，你知啦，開花嘛，我數過總共有十盆八盆，但而家就冚唪唥變咗大樹。」芳姊關心植物品種，也是要配合防備西環邨環境危機，也許就是劫難令人學會居安思危。「先前整過山，佢唔知種咩，又唔係種草，出得好快、好高。如果打風呢，實會斷。斷呢，會冧落屋度。冧咗嘅樹就已經有一百棵啦！鋸咗嗰幾棵，佢啲枝生得好高，一打風都係危險，你唔修剪呢，佢就係咁伸展開去，呢條係路嚟㗎嘛！打理得好，棵樹又可以喺嗰邊伸展，人又有空間。有啲樹木，夏天係涼好多㗎！扯風呢，就涼爽。」

始終都係唔捨得離開

由始至終，芳姊還是默默守護著，家家戶戶一花一木都是她心之所繫。「曾經我哋阿仔都話想嗰時買奇力灣，嗰度係居屋，我同啲朋友去攞咗紙返嚟，但我先生唔肯填、唔肯搬。佢話自己無錢，要靠仔女又唔好啦。而家我先生都走咗喇，走得快，好世界。好似剩返我自己，行動又唔係咁方便，咁體力又衰退，但都係始終唔捨得離開。」

「我九二年開始已經患咗類風濕，都足足有咗廿八年喇。眼見左鄰右里嘅街坊，都開始漸漸變老。」原來到頭來，能夠掌握的，是一份內心對人對地方的珍惜。「有時睇見佢哋，都可以好慘。佢就無類風濕嗰類，但我諗佢骨質疏鬆嗰類。佢仲慘，篤住拐杖，個面係向住個地下咁樣行，個背脊好似擠咗個咕叵喺度咁。大家見到面，會互相傾吓偈，互相關照。朝頭早我出去做運動，見到一個二個都要有工人拖住行。呢幾年都有幾個，無端端又唔行得，好多個都係咁，有時呢個又要坐輪椅，有時有個早兩年行得，而家又行唔到。近排都見到佢，有少少矇查查，又要搵個工人輪流睇住，但我睇見佢都精精神神，好健康，我都好開心呀。」

「隔籬好多都搬走咗，都唔知第幾批搬嚟囉。後尾嗰間，而家都到第四代，有啲移咗民走，我始終都係住呢區，俾我一路住落去就好喇。」芳姊一輩子也在塑造這個地方，或者又可以說，這個地方也在默默塑造她的生活。

註

(1) 因依山而建，其他樓層逐層遞減單位數目。

專題 5

西環邨：限制下的高水平建築設計

林中偉

筆者早已認識西環邨，小時候住在摩星嶺公民村，往東走經過堅尼地城警察宿舍及加惠民道，便可到達西環邨。當年因有同學住在西環邨，時常到同學家中玩耍及在邨內打羽毛球，感覺上是十分開揚及通爽，居住環境不錯。現在警察宿舍及公民村經已拆卸，西環邨仍然屹立不倒。位於港島西區堅尼地城達六十年的西環邨，建在山坡之上，東面緊貼加多近街及科士街交接處，科士街最為人知悉的，是擁有全港最大規模的榕樹石牆，很多電影及電視劇也在此取景。屋邨選址於摩星嶺山腳，南面是摩星嶺，西面是硫磺海峽，北面是維多利亞港和果菜批發市場，東面是工廠區。西環邨剛落成的時候，四周還沒有高樓大廈，是西環盡頭的地標。

一九五五年，香港屋宇建設委員會（屋建會）宣佈興建新屋邨，初時稱為「加多近街房屋計劃」，一九五八年入伙並正式命名為西環邨，是屋建會繼北角邨之後第二個屋邨，也是佔地最小的屋邨。它同時也是第三個在香港島興建的公共屋邨，第一個是模範邨，第二個是北角邨。現時西環邨由香港房屋委員會管理，是房委會唯一於中西區的公共屋邨。設計這個別具特色的屋邨的是建築師 T. S. C. Feltham。生於一八九六年的 Feltham，於一九二三年從英國到來香港任職工務局，一九五〇年退休前是工務局總建築師。一九五二年落成的香港首個公共屋邨——上李屋邨，也是 Feltham 所設計。

今天西環邨四週的環境不錯，旁邊是住宅區，有市政設施，包括圖書館、運動場、街市等的政府綜合大樓、兒童遊樂場及球場。沿街有各式各樣的商舖，地鐵開通之後，鄰近地鐵站的西環邨，交通更為方便。生在科士街石牆上的榕樹群，更提供了美麗的綠化環境。但是當年西環邨剛剛入伙時，四週充滿了厭惡性行業。海旁是貨倉區，東面是屠房及牛棚，後來屠房於六十年代遷往北面的新填海地，原地改作雞欄，即現時的科士街球場。新屠房於九十年代遷往上水中央屠場。牛棚一部份在一九七四年建成游泳池，其後於二〇一四年再建成港鐵站。其餘的牛棚曾作為臨時公園，於一九九六年建成市政大廈。

西環邨北面曾有「一別亭」，於一九一八年由東華三院修建，作為出殯之用。親友先在一別亭舉行送別儀式，然後隨棺木經薄扶林道到墳場下葬，因路途遙遠，在薄扶林道有「永別亭」作為中途休息的地方。可幸一別亭於西環邨剛入伙時便拆卸，重建為現今的百年大樓。西環邨旁邊有八達中學，即現時加惠民道公園。再往前近海邊是魚市場和菜市場。其後西面的新填海地更興建了新屠場及垃圾焚化爐，空氣質素更差。剛入伙時大量市民拒絕租往西環邨，其中的主要原因是附近屠房傳來異味及缺少學校等。

西環邨選址於這個周邊環境惡劣的地方，主要基於缺少土地及金錢兩種原因。由於戰後香港經濟還未起飛及政府財政緊絀，西環邨作為廉租屋，租客是收入不高的打工人士，因此建築造價不能過高，以確保租金能夠維持在租客負擔能力範圍之內。除了建築造價之外，土地價值也是考慮因素。正因摩星嶺山腳周邊的環境差及在山坡之上，沒有車路到達，土地價值較低，故此政府批了這個地段給屋建會。為了解決在山坡上建屋西環邨整體平面圖（*Hong Kong & Far East Builder* Vol. 11, No. 5 (1955)）

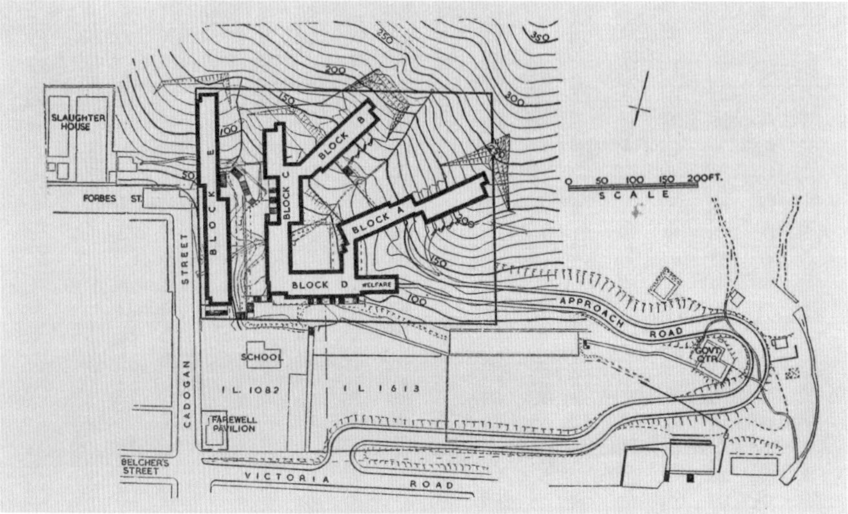

的高昂造價，建築師運用了他的設計創意，減低平整地盤所需的建築費。五十年代，只有貴價樓宇可以負擔建築於斜坡上的造價，花大量資金作為地盤平整及建造擋土牆之用。廉價公共房屋不能夠負擔這些支出，只能夠等待政府批出市區平坦地盤興建，例如屋建會第一個屋邨北角邨，便是興建於平地之上。

總體規劃及建築設計

然而，佔地三點七英畝的西環邨地盤，卻在摩星嶺山腳的陡峭斜坡，由西南至東北往下伸延，更被數條引水道分開。屋邨最高點距離加多近街有二百八十五呎高，最低點也比加多近街高三十呎。如果以傳統的平整地盤方式開發，費用會十分昂貴。為了減省建築成本，建築師採用了嶄新的跨等高線（Cross-contour）設計，是香港第一個大比例採用這設計方法的屋邨。它的原理是把不同的座數，以接近九十度直角貼近山坡，隨山北苑臺西北及西南立面（*Hong Kong & Far East Builder* Vol. 11, No. 5 (1955)）

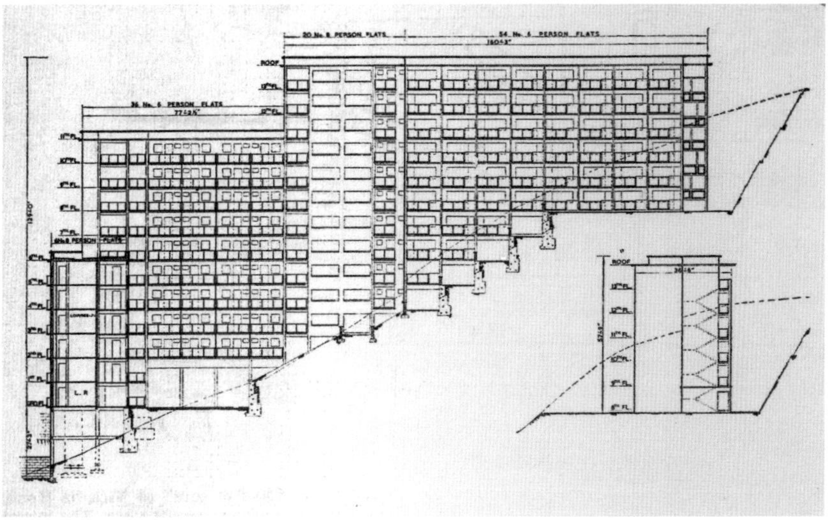

勢橫跨在多條等高線向上伸延建造，這樣便可減少費用高昂的擋土牆長度及大型發掘，大大減少地盤平整費用。此外更興建了一條連接域多利道的車路加惠民道，在不同高度連貫各座，以方便車輛及垃圾車進出，令到各座可依照車路的高度設置入口。由於電梯在當年是昂貴的設施，建造成本及保養費用會反映於租金之上，故此廉租屋的高度便成為設計考慮之一。西環邨有多個設在不同高度的出入口，避免了因增加電梯而帶來的租金上漲。

西環邨共有五座大廈，分別於一九五八至五九年間陸續入伙。每座由十至十四層不等，依山而建，呈梯級狀的大樓，分別稱為東、南、西、北及中苑臺，分佈於不同高度。東苑臺位於最低位置，獨立一座建在加多近街旁邊。北苑臺及中苑臺位於稍低位置，西苑臺及南苑臺在山坡之上，四座都有走廊相連。在東苑臺、中苑臺及北苑臺之間的平台上，設有兒童遊樂場。西宛臺因應山勢拾級而上的建築，在巧妙設計下，造成一級級的戶外平台，每一層的住戶都可直接享北苑臺平面圖（*Hong Kong & Far East Builder* Vol. 11, No. 5 (1955)）

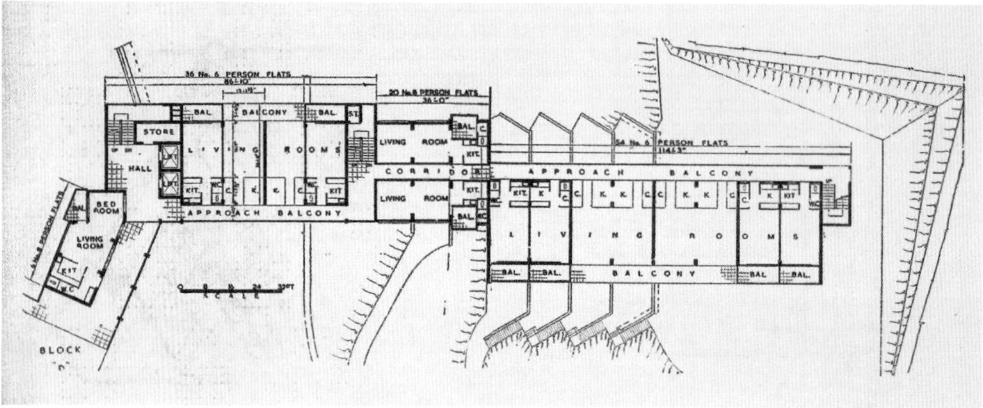

有。連接上下各層的戶外梯級，形成美麗的幾何圖形。五座大樓在山坡上錯落有致，好像一組雕塑，為西環提供了別緻的景觀。其他配套還有位於北苑臺旁一座三層高的福利中心，由小童群益會營運的兒童圖書館及小童會。隨著人口老化，後來改用作屋邨辦事處、老人中心及社會服務中心。在東苑臺有幼稚園及商舖，由於東苑臺貼近擋土牆而建，最低兩層不宜居住，只用作出租貨倉。

西環邨的主要人行入口設於加多近街，以升降機、台階及走廊，貫通座落於不同高度平台之上的各座。每座大廈的出入口、電梯及樓梯，都設置在每座的相交點上，方便座與座之間的連通。每座都裝有電梯，但為了節省電梯門的造價，每隔三層才停站，再於電梯大堂旁設置樓梯，各層住戶只需上落一層便可到家。電梯大堂比較寬敞，尤其是不停電梯那些層數，可以用作多用途空間，例如小孩用來遊戲、成人用來打牌等。露台式走廊把各個住宅單位連接起來，由於走廊是開放式，大樓的進深，一般只有一個單位的深度，大大提高了住宅單位的採光及通風一個典型單位的等角視圖（*Hong Kong & Far East Builder* Vol. 11, No. 5 (1955)）

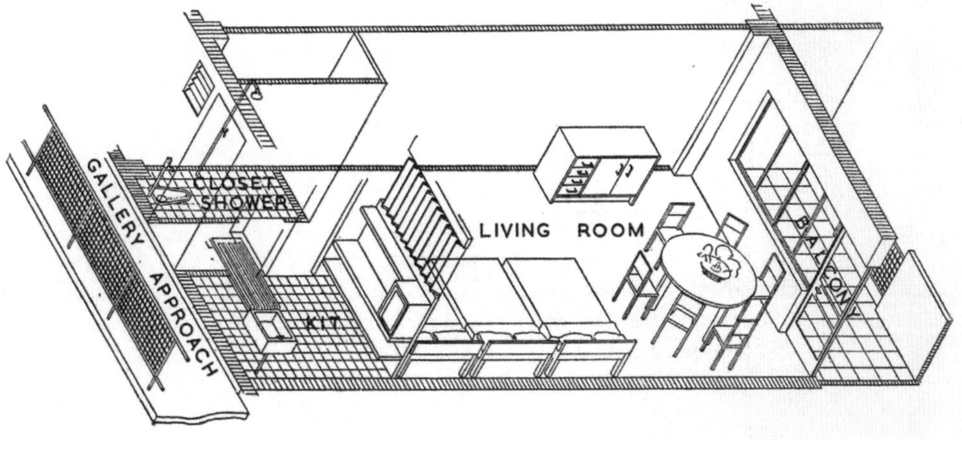

效果。這種設計最為簡單直接，可以減低建築造價。

單位設計

全邨共有六百三十八個單位，主要分三款不同大小，分別是五人、七人及十人房，共可入住超過四千五百人，人均面積三十五平方呎。單位內設有私家露台、廚房及廁所浴室。除了少數特殊單位之外，其他單位不論大小，佈局及設計也是差不多一樣。因為要省卻信箱造價，每個單位的大門都開了一個用來入信的門洞。進門之後的左右兩邊，一邊是廚房，一邊是廁所浴室。廚房設有混凝土工作檯、瓷盤及水喉，實木廚架及玻璃食物貯存櫃。廁所浴室只有一個蹲廁、一個沖涼用的花灑，沒有洗手盤。需要洗手的話，便要用廚房裡的水喉。經過走廊之後是一個沒有間隔、合客飯廳及睡房於一身的房間。房間與廚房之間的牆壁上方有百葉窗，幫助通風及採光。房間之後是露台，可作晾衫之用。單位沒有房間間隔，一方面是為減少建築費用，另一方面是租客可因應各自的需要及經濟能力做間隔，免卻拆卸不合用的間隔而造成浪費。房間的地台只以造價最平的士敏土（水泥）批盪為材料，牆身及天花油灰水。

結論

西環邨的設計，由總體規劃、建築直至室內裝修，都是以最便宜為原則。但在惡劣的地勢和成本限制下，建築師發揮了他的創意，為居民提供了一個良好的居住環境及戶外活動空間。但是在單位設計方面，也有不足之處。首先廚房在公共走廊旁邊，煮食的油煙會排出走廊，對行人造成滋擾。其次是單位沒有房間間隔，缺乏私隱，造成生活不便。就算住戶自行間隔房間，房間的牆也不能直接建至天花板，否則房內便沒有自然通風及採光，影響身體健康。所以後來的廉租屋設計，都需要有窗戶向外牆的廚房及獨立梗房。為了增加效率，露台式走廊也被兩邊有單位的室內走廊取代。住戶在室內走廊有更佳的防風雨功能，但沒有露台式走廊那麼光猛及通風。總括來說，一九五八年落成的西環邨，在當年的造價限制下，已經是一個高水平的建築設計。

第二章 成長歲月

梁瑋鑫攝

香港的六十年代，是孩童比例佔總人口最多的時代。根據一九六一年人口統計，十五歲以下孩童共一百二十八萬三千九百名，佔當時整體人口的百分之四十點五。當年街上總會碰見小孩三五成群，有的孩子趕忙去上學，有的早就要打工，有的正分擔照顧家庭的責任。豐子愷先生有幅《十二歲與五歲》，描畫姐姐在哄弟弟睡，弟弟顯然對姐姐來說有點太高，但姐姐很專注，擁得很緊，弟弟就很安心地熟睡。這種孩子間互愛，常見於在西環邨出生成長的一代。

那時的西環邨人家，往往因著子女眾多，說不上寬裕。孩子玩樂，會穿梭周邊山林，也會跑跳於迴廊樓梯間。他們善用身邊一切空間資源，倚仗西環邨錯落有致的格局，自創各類遊戲與活動，塑造出孩子的喜樂天地。他們接通左鄰右里，自在的進出鄰居家門，看「公仔箱」，借電話，加雙筷吃飯。他們一起實踐想像，訓練自我，認真的實驗。

實驗場所可以是遊樂場、圖書館、九大欄、屠房、沙倉、豬毛山、摩星嶺公民村、海邊泳棚等等，這些都是探險流連的好地方。回家街角遇上的商販攤檔，總是一堆堆奇趣玩意，旁邊士多也放滿零食涼果，難得買下一支汽水或「孖條」便可樂透半天。近欄得食，附近總有林林總總的可口美食，排檔總是熙來攘往。孩子結伴同行，整個西環都是自由的、活生生的。時至今日，孩子都長大成人，可細心觀看他們的眉宇間，仍察覺出可親的天真與自在。

2·1 我感覺好自由，當時覺得地方好大。

余為康

一九五六年生，一九五九年入住西環邨至一九八五年遷出。

余為康醫生的診所就在士美菲路上，西環人都會稱呼他為余醫生，唯有西環邨老街坊還叫他做「為仔」：「最近嗰次係半年前，嗰位老人家入診症室時仲叫我『為仔』，不過而家已經好少，好多老人家都唔喺度。」

今時今日走進診所的西環邨居民，有不少是近年才遷進，還有些是外國裔的，跟余醫生一家入住的年代很大分別。「邨一起好，我哋一家已搬入當時個單位。幼稚園開始我已經喺西環八達書院[1]返學，就喺百年大樓個位置。我六二年係小學一年班，所以大約係六〇年或五九年時候搬入西環邨。」

長於西環，余醫生先澄清西環的地界：「我呢輩人，會覺得西環係由德記，即皐路乍街開始，一路向西邊就係西環。」余醫生的概念，是沒有把石塘咀及西營盤劃進西環地域之內，有別於當今公眾與傳媒的理解。

醫生在這地方活過半個世紀，累積下

來不少快樂記憶。「當時落加多近街，一街都係車房、雜貨店，夜晚仲有賣雲吞麵，細蓉一碗三毫，五毫嘅叫中蓉，仲有大蓉。再過街口有一間好細嘅銀行仔，即係好高嘅幢加多近山，銀行仔旁邊又一堆攤檔賣『濕星嘢』，有一檔賣叮叮糖，亦有賣糖蔥餅。我自己最喜歡食橙餅或者叫『橙糖』，外形好似橙一樣，其實係軟糖，用膠紙包嘅糖粒。每當考完試，尤其是派成績表後，好開心嘅時候就會去，呢啲都係好特別好開心嘅回憶。」昔日孩童心中惦記的都是美食地圖。

還有一些變化，幾分傳奇。「當年環頭環尾，有好多唔同嘅欄，西環邨旁有雞欄，電車站外邊有菜欄、蝦欄。凌晨四五點鐘已經有好多人活動。所以，其中一個最大變遷，係舊時會經常去茶樓飲茶，而家就只剩低一間新中華，以前係有好多間。而家舖租貴，樓價貴，做欄、做生意嘅大部份都搬走，只剩低老人家仍留喺西環。我聽講，舊時真係打功夫嘅，一個打七個，嗰個年代係有黑社會，欄中會有，但佢哋唔會到屋邨鬧事。住屋邨嘅，尤其係我哋呢啲小朋友，幸好係未曾見到黑黑白白。」

我記得嗰陣時有個停車場，好多邨民都有自己嘅車、電單車。

邨裡邨外，顯然有一點區別。「我記得嗰陣時有個停車場，好多邨民都有自己嘅車、電單車，正常嚟講，唔係好『七十二家房客』。我哋邨似乎係較中層，例如我同一層樓嘅鄰居，有啲喺郵政局返工、有做教師、有做藥房，各有唔同。」

不少老人家講開西環都叫「環頭環尾」，總有股草根江湖的意味，與西環邨開邨人家的風格有點出入。「嗰個年代西環邨係偏遠地方，但係總算交通方便，有電車有巴士，我細個就係坐電車返聖類斯(2)。我記得後來華富邨落成，大家都唔想搬入去，因為當時嗰度似係一個好遠好遠嘅地方，無交通。我有家人住喺華富邨，去返工係要坐貨車出城。所以，相對華富邨，西環邨係好快住滿人。嗰個年代香港島市內，雖然話係環

「到西環邨之後，穿過西苑臺，就係摩星嶺村。當時有 adventure（冒險）玩，捉毛蟲、捉『金絲貓』，自製豆槍，活動空間好大，父母唔得閒帶我哋去玩，全部時間都係自由活動，最重要係識得返屋企食飯。」（冼昭行攝）

頭環尾，但至少可稱得上『有間屋』。」

余醫生家族背景原來都甚有來頭。「搬到西環邨前，我係喺灣仔住，有個大家庭。我祖父、伯父、爸爸全部都一齊住，到長大後就想自己住，就搬出去。我爸爸以前喺金陵戲院(3)返工，大磡村堅成片場嘅老闆就係佢表哥(4)。佢哋有戲院，我爸爸就負責打理呢啲戲院。以前印象最深刻就係可以睇到林家聲、陳寶珠、蕭芳芳，我真係稱呼陳寶珠做寶珠姐，有偈傾嘅。金陵以前播粵語片我全部都有睇，但唔係全套完整睇完。因為我當時喺聖類斯讀書，下晝就去金陵戲院食午飯，佢哋會留一份午餐俾我。食完飯之後就會睇電影嘆冷氣，睇十五至二十分鐘後先返去上堂。」

「可能方便我爸爸返工，因為初時佢喺灣仔國民戲院做，之後轉到金陵戲院，由於工作時間好長，所以搬到西環會較為方便。我記得當時爸爸夜晚都要返，每晚十點先返屋企，嗰時有九點半場，佢要等觀眾入座後先離開。我而家返工都到晚上十點，所以都選擇住喺診所附近。」也許當年余爸爸是為方便上下班，又或是為換個較寬敞的生活空間，才帶同一家大小搬進環頭環尾。

來自西環尾的為仔與昔日同窗，五十多年來還時有聚會，友誼不只在校內，還建立於每天放學回家途中。「聖類斯好特別，係一間街坊學校，好少人會喺西營盤以外嘅地方住，同學仔每個都係幾個一齊走返屋企。例如有位住寶翠園，就鍾意一齊行薄扶林道，由聖類斯一直走上去，經過寶翠園佢就自己行返入去，其餘就會繼續行，行落蒲飛路。有人會行過觀龍樓，有人就繼續行。當時觀龍樓有一條山路去西環邨，到西環邨之後，穿過西苑臺，就係摩星嶺村。當時有adventure（冒險）玩，捉毛蟲、捉『金絲貓』、自製豆槍，活動空間好大，父母唔得閒帶我哋去玩，全部時間都係自由活動，最重要係識得返屋企食飯。」

係粵語片可以睇到嘅情節，我哋個年代就係咁。

天大地大，自由活動一直伸延進邨。

「我感覺好自由，當時覺得地方好大，走廊好長，樓底比較高，好多地方俾小朋友玩。西環邨走廊燈火通明，大家都好開心，例如踩雪屐、踩單車，全部都係喺走廊學識，唔怕跌親。好多差唔多年紀嘅小朋友一齊玩，印象最深刻係玩紅綠燈、放紙鳶。苑臺之間，每一層都有個大空間俾小朋友踢波，有好多地方俾我哋聯繫。」

「屋企我排行最細，仲有兩個哥哥，佢哋走到外面，其他人見到佢哋好犀利咁，我跟住佢哋，其他人都會『侵埋』我玩。直到佢哋出嚟做嘢，我亦升上中學。嗰個年代有啲飛仔係比較頑皮，西環邨算係比較平靜，搶劫都無。佢哋成日話：『點曳都唔喺自己地頭曳』。」

屋邨成長，每一日都活像在鍛煉自己。

「我哋喺屋邨大會覺得開心，雖然中間有捱嘅時候，譬如電梯速度好慢，自己就成日跳

冼昭行攝

樓梯跳返學。放學後就趕返屋企睇麗的劇集《柔道小金剛》，有繆志豪無敵風火輪，就會急住跑上去，係一個好好嘅運動。西環邨有一百零六級，由加多近街到中苑臺電梯處，我當時住八樓，一口氣衝上去，辛苦但當趕得切睇開場或結尾就好開心。」

那時電視還是主要大眾娛樂媒介的年代。「當時條邨得好少戶有電視，一九六七年之前我哋只有一兩家人有麗的電視，就會過去做功課，順便去睇電視，到下晝六點，媽媽就會過嚟話：『食飯啦！』係粵語片可以睇到嘅情節，我哋個年代就係咁。」鄰里間的相處，本來就可以這樣自然發生。

「不過第一件事係要做功課，做完先可以玩。」媽媽的要求，不只是要回家食飯。「我哋初時係住南苑臺，近山嗰邊。我有兄弟姊妹，我排第四，嗰陣時一間屋就二百幾呎，後來我讀中學，個個大個晒啦，就俾間大啲嘅地方我哋，就去咗中苑臺，有三四百呎。科士街以前仲有個雞欄，真係好嘈，朝早聽到『喔、喔、喔』就要起身。中苑臺個露台向東，寶翠園仲未起咁高，當年可以睇

冼昭行攝

到朝霞。晨早起身出露台讀書，係好健康嘅一件事。」

屋邨仔讀書讀到進大學當醫生，原來自小掌握著一個不二法門。「我哋個年代讀書可以好專心，心無旁騖，我淨係鍾意做醫生，一路學咁多武功（醫學知識），喺實習嘅時候就可以耍返出嚟。之後發現自己越耍越順，一路淨係諗住點樣繼續鑽研，我哋個年代就係咁，一班同學仔都係金庸迷，都會話『學啲武功點樣可以用返出嚟』，到揮灑自如至會諗第二啲嘢。」

「後來有機會去外國讀書，亦好特別，去之前嗰晚，左鄰右里、朋友仔個個都嚟傾偈食飯，同你送行。仲會去機場送機，當年出國讀書真係一件大事，光宗耀祖。當然嗰陣時離鄉別井，感覺係淒慘嘅，加上寫封信寄返屋企起碼都要成個星期，佢哋再回信嘅時候又要等一星期我先收到，邊有而家咁方便。」非洲有諺語，要栽培一個孩子要動用整村的人，屋邨仔出國留學，已經不只是個人的事，而是一家的事，也是一邨的事。

我成日讚賞西環邨個設計，第一安全，第二串連好方便。

長大了的余醫生離開了西環邨：「我自己八三年讀完醫，就唔喺西環邨住啦，之後就好少再返去，因為我父母都搬咗去柴灣；嗰陣時房委會想將住得好耐啲人，轉去居屋。」但他卻離不開西環：「我除咗有幾年喺外國讀書，其他時間都住喺西環，做嘢就喺瑪麗醫院，一直都離唔開西環。曾經有兩個月我去咗沙田威爾斯，嗰陣啱啱結婚，太太喺瑪麗返工，我嗰個時候無車，如果喺威爾斯返瑪麗坐交通工具要兩三個鐘，所以到最後不如返嚟西環，返嚟之後大部份時間都喺度住。」

西環邨本來只是一個建築空間，但好幾個設計特點，造就西環邨人之間留下一份感情，及人情味。「我婆婆年紀大，嗰時一出門口就有好多人打招呼，佢好開心嘅，到晏晝開檯打麻雀。但當我父母搬咗去柴灣，佢年紀大，住老人院，就無以前咁開心，因為無之前坐喺屋邨咁融洽，有咁多街坊互相幫忙。我而家喺診所，成日見到好多老人家，有工人但成日坐喺間屋度，工人有帶佢出去行吓，但係唔開心嘅，因為佢地嘅老伴已經唔喺度，仔女又個個都搬開，剩返個老人家同工人。我知道政府福利上有搞好多節目俾長者，但長者肯唔肯主動去參與呢？因為要行去某個地方先至可以參與呢啲活動，我就覺得無以前我婆婆行去隔籬屋打麻雀咁方便，所以我成日讚賞西環邨個設計，佢個走廊設計，第一安全，第二串連好方便，淨係新年去拜年都好開心，好有氣氛，以前一出去個個都『恭喜發財』，係好開心嘅回憶。」

「我而家住私樓。我都還可以，因為鍾意講嘢，同好幾層樓嘅鄰居都有傾有講。亦有留意有一啲人搭䡾，即使大家住同一層，出䡾之後一個行左一個行右，完全無溝通。我哋以前嘅娛樂就係行出去，行出去就有好多嘢玩。我讀書嗰時好多同學都喺屋邨大，大家都提過細個住屋邨嘅，溝通方面會做得較好，係個潛移默化嘅學習機會，以後對人容易好多。而家啲人可能都淨係睇住部手機，雖然手機好處就係資訊好方便，但個人就會活喺自己嘅世界，唔知出面仲有個江湖喺度。」

現今生活，一方面要能自如游走於虛擬資訊空間，另一方面要裝備自己將來闖蕩江湖。當中平衡，確有難度。但西環邨的童年、聖類斯的少年生活，紮實了一段成長的路。

註

(1) 八達書院位處域多利道及加多近街交界，即今天東華三院百年大樓的位置，毗鄰西環邨，同為倚山而建，內設幼稚園、小學部及中學部。

(2) 聖類斯中學前身為西環養正院（West Point Reformatory）及聖類斯工藝院。一九六三年港督羅便臣撥出石塘咀一幅土地予羅馬天主教會，建立養正院，收容少年犯、孤兒及街童，一八七五年交喇沙修士會營辦至一八九三年，逐步轉型為工藝院，一九二一至二六年瑪利諾男修會接管五年，至一九二七年交由慈幼會接辦，一九三六年新教學大樓落成，擴充為今天的聖類斯中學。

(3) 第一代金陵戲院位於今天石塘咀和合街住宅大廈金陵閣的位置，一九五一年一月二十三日開幕，一九七三年五月十四日結業，正門面向南里，造就南里成為平民美食排檔集中地。第二代金陵戲院遷至皇后大道西四九一號，今華明中心位置，毗鄰聖類斯中學，一九九四年二月九日開幕，二〇〇四年十一月一日結業。

(4) 關家柏、關家餘兄弟從三十年代開始經營戲院，創建金陵、金華及金國等戲院，一九五一年成立大成影片公司製片，兩房堂兄弟分別成立電影公司。關家柏的兒子關志剛、志信、志強等成立志聯影業公司、金國影業公司；關家餘的兒子關志堅、志誠等則成立堅成影片公司、大志影片公司。關氏兄弟購下位於鑽石山的大觀片場，改名為堅成片場，自行製片。一九七六年十二月十三日堅成片場曾發生大火。

2·2 我會上去睇我老竇做嘢，貪過癮趕豬去劏。

梁維孔
一九二二年生，一九六二年入住西環邨至今。

黃錫全
一九四八年生，一九六二年入住西環邨至今。

十三號綠色專線小巴是唯一由西環邨來往西環、石塘咀及西營盤各處的循環線，早在一九七八年已投入服務，二〇〇二年起以西環邨為總站。其中一位小巴司機黃錫全師傅，正正也住在西環邨。「搬入嚟十四歲，嗰陣係一九六二年，張屋證寫住㗎。據聞對上個屋主升咗天，好早就搬走咗。我而家都七十歲喇！」

黃媽媽梁維孔本是順德杏壇人，奉父母之命嫁到番禺蓮花山，輾轉間又隨丈夫搬到西環來。「嗰時鄉里都喺西環住，我老公同大伯都喺豬欄工作，所以一家落腳西環。初時嚟香港，得個大女，佢哋未出世，政府嗰時發咗張米證，有我哋三仔乸個名，去糴（音 dek6）米用，好似係規定你一個月買幾多。（指著黃生）佢第二大嘅，佢都係喺西環生出嚟！舊時卑路乍街、山市街近太白臺、李寶龍臺附近有間留產所，有兩個

葉三姑葉蕙芳所發的「執媽證」。（謝子英攝）

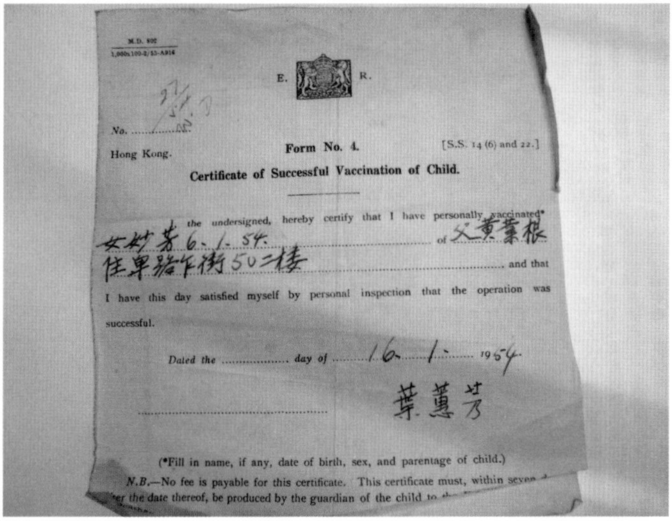
M.D. 802
E. R.
No. ....
Hong Kong.
Form No. 4.
[S.S. 14 (6) and 22.]
Certificate of Successful Vaccination of Child.
I, the undersigned, hereby certify that I have personally vaccinated* 女妙芳 6. 1. 54. of 父黃業根 住卑路乍街50二楼 and that I have this day satisfied myself by personal inspection that the operation was successful.
Dated the .... day of 16. 1. 1954.
葉蕙芳
(*Fill in name, if any, date of birth, sex, and parentage of child.)
N.B.—No fee is payable for this certificate. This certificate must, within seven ... after the date thereof, be produced by the guardian of the child to the ...

執媽，盧四姑、葉三姑。我啲細路又無人睇住，本來我哋喺恆生銀行對面卑路乍街五十號二樓度住嘅，住唐樓，生佢嗰時急住生，趕唔切去留產所，叫個執媽喺二樓呢度嚟執咗佢出嚟，幾個我都喺度生。」妹妹出生時葉三姑給他們的「執媽證」，他們還好好保存著：「你睇上面寫住『葉蕙芳』，嗰陣就跟住呢張嘢，攞住去拎出世紙㗎，登記就俾出世紙你。以前啲執媽有牌，會幫你登記好。四十文（音同蚊）執一個仔，俾個執媽，以前一個人大概都係六七十文人工咋！不過咁，人家又唔係成日都有仔執嘅。」

「以前一間房八個人住，床位廿文，一間房四十文，加埋六十文一個月。一家就老公、我同六個小朋友，一家八口，佢唔理你㗎，你成家就住晒入間板間房，一間屋四間房就有四家人住。我哋整張碌架床，啲細路爬嚟爬去都得，個頂空心㗎，玩玩吓就走咗過嚟，我哋啲細路又走咗去隔籬。佢同個老竇瞓上格，我同個細瞓下格，啲女就瞓個床位。要知道，同人哋住，隔籬房又有幾個細路，再隔籬又幾個細路，有時會打交，就各自拉返自己的細路入房做功課，好受氣㗎！所以嗰時係我老公話申請西環邨嘅，佢識得有人申請西環邨，咁佢咪攞張紙填晒啲資料，報晒我哋的名，拎去中環舊郵政局(1)樓上嗰度申請。」

嗰陣申請西環邨，話西環滿咗座喎。

「我一遞咗紙，三個月就有人訪問我：『係邊個包租？係咪真係租緊地方住？』嗰陣申請西環邨，話西環滿咗座喎，無位。第二年叫我去北角渣華街。我就同個姑娘講，話我想住西環，我幾個細路喺西環聖嘉祿讀書，間學校舊時喺而家北街海怡花園個位置，三四層樓咁高；大女又喺西環實業車嘢，即係而家美菲閣嗰度。先生又喺西環做嘢，去北角渣華街住，我的細路又要搵學校，我覺得好唔方便。之後十月又話再俾北角渣華街我，我又唔去。大人無所謂，有車搭，但係幾個細路搵學校就比較麻煩，喺西環佢哋可以自己去返學嘛。嗰時屋企無電話㗎嘛，問人借電話，就叫人有消息通知我哋。後尾第二年正月，佢通知我呢度有單位，上一手住過一年，叫我哋去寫字樓拎鎖匙喇。」

「我哋住西環咁耐，實在一路睇住西環邨起。我哋搬上嚟無幾耐，本來住嗰度都好快拆咗，好舊喇。」眼看熟悉的舊居轉眼間消失了，黃氏一家更感到此時此刻得來不易。「西環邨入伙住要百二文租，係貴過間房六十文，但住板房真係唔夠位，得條巷仔，而家俾多六十文間屋咁大間喎！啲細路當時一搬嚟就好歡喜，歡喜到死！跳嚟跳去玩呀！」

能夠上樓，入住西環邨，對黃家上下恍似是如獲至寶，連當時所有文件和資料，都一一珍而重之的用雞皮紙袋包好。「呢張係租金按金張收條，嗰時都要五十文；電燈公司按金，二十文，第時有咩事攞得返嘛；水費按金，十五文，日期係一九六二年三月十二號……呢啲早期交租嗰啲單，而家無㗎啦，好經典！每個月拎去交租，九十年代㗎喇！

左上　屋建會所發的租務按金收條（謝子英攝）
左下　水費按金（謝子英攝）
右上　電費按金（謝子英攝）
右下　黃錫全喜歡收集電車票，他認為號碼特別的話更值得珍藏。（謝子英攝）

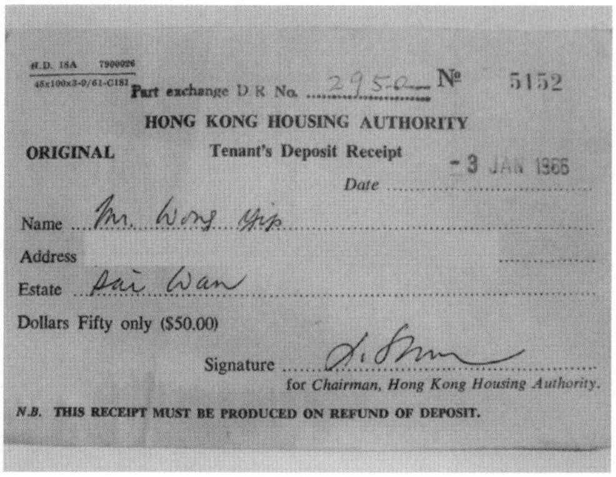

H.D. 18A 7900026
48x100x3-9/61-C181
Part exchange D R No. 295.0 № 5152
HONG KONG HOUSING AUTHORITY
ORIGINAL Tenant's Deposit Receipt
Date -3 JAN 1966
Name Mr. Wong Yip
Address
Estate Sai Wan
Dollars Fifty only ($50.00)
Signature
for Chairman, Hong Kong Housing Authority.
N.B. THIS RECEIPT MUST BE PRODUCED ON REFUND OF DEPOSIT.

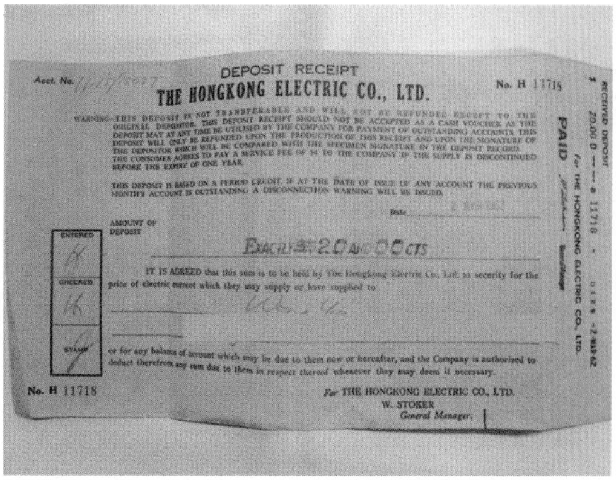

DEPOSIT RECEIPT
Acct. No.
THE HONGKONG ELECTRIC CO., LTD.
No. H 11718
WARNING—THIS DEPOSIT IS NOT TRANSFERABLE AND WILL NOT BE REFUNDED EXCEPT TO THE ORIGINAL DEPOSITOR. THIS DEPOSIT RECEIPT SHOULD NOT BE ACCEPTED AS A CASH VOUCHER AS THE DEPOSIT MAY AT ANY TIME BE UTILISED BY THE COMPANY FOR PAYMENT OF OUTSTANDING ACCOUNTS. THIS DEPOSIT WILL ONLY BE REFUNDED UPON THE PRODUCTION OF THIS RECEIPT AND UPON THE SIGNATURE OF THE DEPOSITOR WHICH WILL BE COMPARED WITH THE SPECIMEN SIGNATURE IN THE DEPOSIT RECORD. THE CONSUMER AGREES TO PAY A SERVICE FEE OF $4 TO THE COMPANY IF THE SUPPLY IS DISCONTINUED BEFORE THE EXPIRY OF ONE YEAR.
THIS DEPOSIT IS BASED ON A PERIOD CREDIT. IF AT THE DATE OF ISSUE OF ANY ACCOUNT THE PREVIOUS MONTH'S ACCOUNT IS OUTSTANDING A DISCONNECTION WARNING WILL BE ISSUED.
Date
AMOUNT OF DEPOSIT
EXACTLY $20 AND 00 CTS
ENTERED
CHECKED
STAMP
IT IS AGREED that this sum is to be held by The Hongkong Electric Co., Ltd. as security for the price of electric current which they may supply or have supplied to
or for any balance of account which may be due to them now or hereafter, and the Company is authorised to deduct therefrom any sum due to them in respect thereof whenever they may deem it necessary.
No. H 11718
For THE HONGKONG ELECTRIC CO., LTD.
W. STOKER
General Manager.
PAID
RECEIVED DEPOSIT
for THE HONGKONG ELECTRIC CO., LTD.

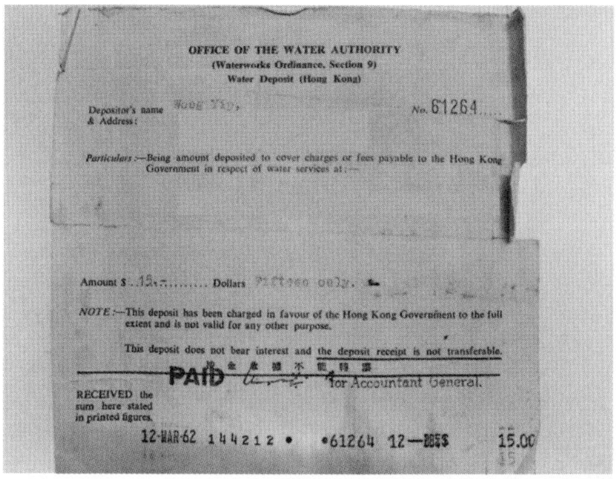

OFFICE OF THE WATER AUTHORITY
(Waterworks Ordinance, Section 9)
Water Deposit (Hong Kong)
Depositor's name & Address: Wong Yip,
No. 61264
Particulars:—Being amount deposited to cover charges or fees payable to the Hong Kong Government in respect of water services at:—
Amount $ 15 Dollars Fifteen only.
NOTE:—This deposit has been charged in favour of the Hong Kong Government to the full extent and is not valid for any other purpose.
This deposit does not bear interest and the deposit receipt is not transferable.
PAID
for Accountant General.
RECEIVED the sum here stated in printed figures.
12-MAR-62 144212 • •61264 12— 15.00

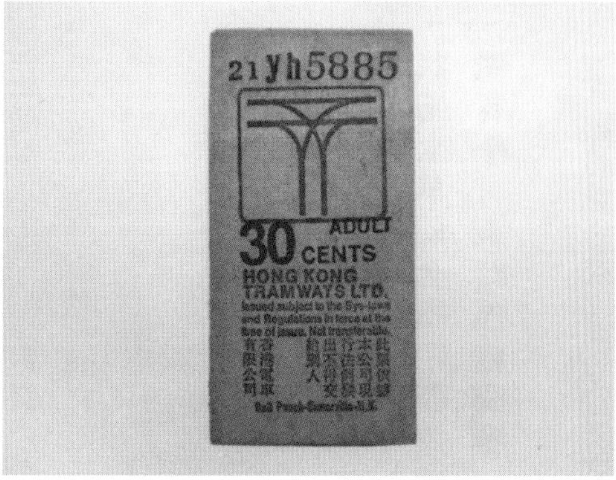

而家係一張張印出嚟，叫你自動轉帳嘛。」

黃生說他媽媽把這些一直都妥善收藏，黃媽媽卻說是兒子幫忙整理好，兩母子如數家珍，娓娓道出儲存半世紀的生活痕跡憑據。「嗰時聽收音機要攞牌㗎！一年要十五文，同而家唔同，而家一開就可以聽到。以前啲警察會入嚟查，賣收音機嘅都會話你聽，你要聽都要攞無線電牌照先得呀。大氣電波要錢㗎！後尾先唔使咋。我電車飛都有儲，個號碼靚啲都有保留，四個零，四個六……係攞得耐啲紙都霉咋。」

舊物能夠一下子將人心帶返過去，回顧學生時代的西環生活，黃生興高采烈：「以前同而家都好唔同喇，科士街係雞欄，市政大廈同街市係牛房，石山街係唔通嘅，北街有一排排檔，卓記、誠記嗰啲，特別誠記，由後生十幾廿歲開排檔，賣到而家做阿爺喇，兒孫滿堂。誠記以前幾個細路一到禮拜、放暑假就要返去『舞』，仔女要幫手洗碗碟。而家上晒街市喇，我十幾歲都已經喺度飲佢啲茶，飲咗幾十年喇。」

「我家姐嗰陣車嘢嘅，早期落咗嚟，後期返去鄉下同我姑婆住，到十幾歲再申請返落嚟。嗰時十六七歲，喺大陸又讀唔到書，咪落嚟車嘢。我就讀書唔成喇，細佬讀完中學都無啦，後期自己去讀整飛機；另外一個細妹，妹夫以前住我哋呢層零三室，正式青梅竹馬！以前成日同隔籬屋一齊玩㗎！讀書嗰陣一齊去泳棚(2)游水，一毫子一次，鐘聲、金銀都係一樣收費，但鐘聲就比較近同大啲。我好多時都會由鐘聲一路游，游到去金銀，上一上水，去金銀歇一歇；歇到咁上下又由金銀游返去鐘聲拎返啲嘢；後期又去吓深水灣游水，飲返支百寶汽水；嗰時放學無乜嘢做，咪喺天棚（西苑臺天台）、門口斜路口嗰度放紙鳶、偷雞打吓波；大咗之後一齊去做嘢，禮拜就有時喺佢哋屋企打吓麻雀、打天九。」

我先生早期喺而家觀龍樓嗰度做買手，嗰時係豬欄嚟。

稚童心無掛慮，是父母都把辛勞放在

謝子英攝

自己肩膊上。黃媽媽的同期回憶，是搵食日子：「大家都咁多細路先派過嚟呢度嘛，後生時要照顧佢哋，有時幫補吓會串膠花，都好多人做膠花嘅，一街都係。啲細路做完功課幫吓手，手痕玩吓嘛。認真講，搵鬼到咩，只係搵到俾細路哥食早餐。我咁多年都係一樣，煮飯俾佢哋食，做家頭細務，咁多個細路，一生都係服侍兒女。我先生早期喺而家觀龍樓嗰度做買手，嗰時係豬欄嚟。喺豬欄做好辛苦㗎喎，要六點幾起身，好似而家街市賣豬肉，請人去劏隻豬落嚟咁。」

黃生家中排第二，又身為兒子，看在眼內，也不會無動於衷，自己選擇及早出身去養家：「我聽我阿叔講，啲人鄉下落嚟，多數去做茶樓，嗰時茶樓包食住嘛，落到嚟就簡單，起碼有得食有得住，咁又唔洗另外俾錢去食飯、搵屋住嘛。」男童要長大成人，家中長輩都是學習與模仿對象，映照與指引自己的路向。「我嗰時都好大喇，十七八歲，我會上去睇我老竇做嘢，貪過癮，幫佢幾個鐘，趕豬去劏。」

入欄有如入大觀園，開眼界得來也要守

左　40 多年前的梁維孔，當時的她剛入住西環邨。（謝子英攝）
右　黃錫全談到年輕時的點滴，如數家珍，眉飛色舞。（謝子英攝）

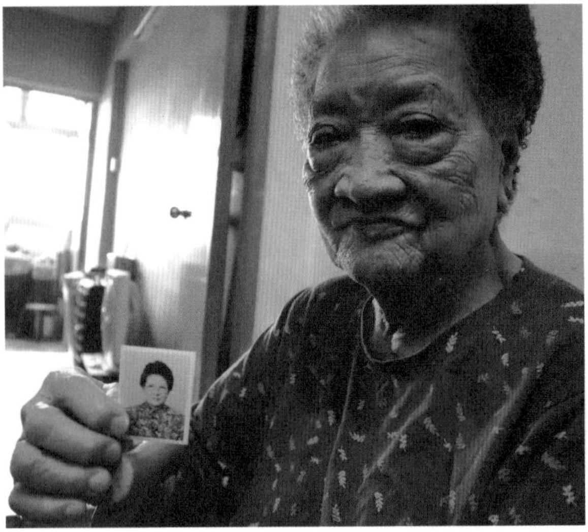

點規矩。「嗰時勞動要『積極』，朝朝一早要聽住《毛語錄》先賣豬，七點就開始，好似等於而家啲人早禱咁。啲欄個買手攞住本《毛主席語錄》，大家坐喺度聽囉，聽完之後唱歌，『大海航行靠舵手』、『東方紅，太陽升……』唱完一輪之後先開始賣貨。嗰陣我無去，原來有人睇住，俾人問點解唔去？結果第二朝咪一早走過去，叫聲『早晨！』就坐喺角落聽。」

豬欄的日常，是存亡之地。「首先要趕啲豬入去劏槽嗰度，政府有個人受過專業訓練，負責電暈啲豬。攞住個電鉗，濕啲水，夾住佢兩隻耳仔，擘開個鉗，咁就暈，啲豬唔會喊，但牛就會！我睇過㗎！嗰陣趕牛入去，佢企喺度唔郁，喺度喊，佢可能知道自己要死，唔想入㗎，要人喺後面推佢入去，個屠場幫辦用條鐵鏈綁住佢四隻腳，驚佢走嘛，用支長槍，對正牛頭，然後一槍打死佢，等一跌低，就攞住把大柴刀，對住牛頭，劈落去！我嗰時貪得意，望住啲人推隻牛入去，咪睇吓佢點樣劏，啲職員知我哋喺嗰度行出行入，佢哋都唔理㗎，最多開槍打牛嗰陣叫我哋行開，驚流彈走火打親我哋。一做就做咗兩三年，後尾有朋友話蒲飛路頂油站請人，『嚟唔嚟做啊？』我又貪同個朋友有得行上去蒲飛路返工，咁咪走咗去油站做入油囉。」

後來黃生考了車牌，由開校巴到小巴，西區一隅，峰迴路轉，恍如人生。「我哋六兄弟姊妹，家姐結婚後住警察宿舍，細佬就住珍珠閣，所以一放假佢哋都會帶晒仔女返嚟食飯。而家大家都喺唔同地方住喇！隔籬屋啲細佬妹都搬開晒，搬剩最細一個，正式住嗰啲已經轉咗好多次，有留電話咪傾吓偈，間中又會喺街頭偶遇，有啲都搬咗去好遠，而家隔籬得返一兩戶舊街坊，有啲都換咗幾代人，老人家好多過咗身。不過西環邨都係一樣，我同我媽而家都仲留喺度住，空氣清新，天冷都係好大風，食正西北風！」

大半生在西環邨生活，黃媽媽依舊眼大大、微微笑，天天還有照顧一下家頭細務，只是主力都交在兒媳身上：「我虛齡都九十九囉，過去啲事唔記得喇，一世人就咁過。正所謂『英雄莫問出處，落泊莫問根由』，而家我隻腳都唔係好行到，都係多得個仔幫手買餸，同我去飲茶、覆診。兒女要搵食，又要照顧我，而家都好辛苦佢哋囉。」

註

(1) 舊郵政總局大樓，黃生口中的G.P.O.（General Post Office）。一九一一年六月十九日正式啟用，壯麗堂皇的維多利亞式花崗岩大樓建於畢打街與德輔道交界，即今天環球大廈位址，鄰近舊卜公碼頭。昔時港英政府策劃興建這座地標建築，已設計把郵局及多個政府辦事處集中於同一大樓內，以利便市民使用公共服務，也方便統整政府部門運作。

(2) 泳棚早於六七十年代興建，由竹搭建，為泳客提供更衣室、浴室及儲物櫃。西環街坊鍾愛鐘聲泳棚、金銀泳棚，至今仍有很多老街坊每天早上到泳棚游泳；假日仍有大量遊客及攝影愛好者到西環泳棚遊覽及欣賞日落美景。

2·3

啲大人可能住咗幾廿年都未上過嗰啲地方我哋就會去過晒囉。

楊維邦

一九五四年生，一九五八年入住西環邨至一九八〇年遷出。

五七年嗰陣時落嚟嗰啲樓都應該所剩無幾

「早幾年都仲見到我哋幼稚園嗰座大廈都仲喺度，喺均益街，但而家都拆咗喇。我仲特登上過去影過一次相，由地下影到上天台咁。嗰陣時啲幼稚園租兩層，唐樓嗰個天台就好似用嚟做運動場呀。呂明才當時先啱啱起好，我哋就入去讀，條路都仲係泥路，唔係石屎路，嗰度仲有個摩星嶺村村口，但有幾耐摩星嶺村就拆咗，啲人搬咗去芽菜坑，然後就將原本嗰度起咗警察宿舍。」

「當時喺彎彎嗰度（即現時加惠民道附近）搭滿晒木屋，而家就剩返第二區嗰度嗰啲石屋，警察宿舍嗰邊本來係木屋。我記得五幾年嗰陣，突然間有好多大陸難民落咗嚟，成條加多近街瞓滿晒人，一家家就瞓晒喺街。就咁跟住冇幾耐，嗰啲人就有啲遷咗

一眾兄弟於西環邨留影，右一為楊維邦。（楊維邦提供）

喺舊屋啲樓梯口，成家人瞓咗入去，我記得嗰度仲有個火水爐喺度煮嘢食。」每個年代，安好居所也是最基本的需要，小時候的邦哥見證著當年一戶戶人的流轉。「跟住有啲人就搬咗上山。山嗰度咁就漸漸起咗好多木屋，豬毛山、牛房上面一路起晒木屋，木屋區播啲音樂，好多都係潮州音樂嚟，見佢哋都住咗十幾年先再徙置走。」

成條街都唔同咗！

邦哥一家本來住在西營盤。「位置即係東邊街四十三號二樓，花園仔（即香港佐治紀念五世公園）對面，將近到高街。入屋有一道門向上推，要推起一塊板；牆上有個鈎，推起塊板之後就鈎住佢；平時冚返埋，嗰個位可以擺多張床瞓覺。間屋係木造，但係同木屋唔同，佢係三角形金字瓦頂，係傳統中國舊樓，但當時已經個騎樓係斜斜地，覺得有少少變形，係呢十幾廿年先拆晒呢種木屋仔。我嗰陣時都會走過對面花園仔玩，但當時就好多牛黃仔，所謂牛黃仔就係啲街童三五成群，通常就會大蝦細、人多蝦人少，會搶人哋啲嘢，我試過俾人搶咗個一兩毫子嘅玩具，因為嗰陣時啲細路仔冇乜錢，咁咪會搶其他人啲（玩具）嚟自己玩。」

對在西營盤度過孩提時代的邦仔來說，西營盤是可親可愛，可以串門子的小巷里；而西環尾卻是個全然陌生的異域，「第一次嚟係五幾年，呢間屋（西環邨）嗰時未起好，走嚟呢個街口望上去，當時係一個山林咁樣，因為呢啲屋都未入伙，望望吓個心好寒，叫屋企人快啲走！驚有老虎跑出嚟。」

於是，爸爸媽媽唯有再待一些時間才帶這個小孩前來看看。「到我六七歲左右，爸爸媽媽再帶我嚟睇屋。今次覺得，啲𨋢好新奇！因為之前住唐樓兩層高的木樓嘛，嚟到呢度有電梯！同埋個沖水個掣一撳，啲水『靴』一聲出嚟，好驚！驚住會沖咗出海！好猛水呀！唐樓都係無水廁嘅，嗰陣時都仲係用一個木桶咁，細路仔用個痰罐，用完痰罐之後倒落去木桶度，之後有人嚟收㗎。」這次到來西環邨彷彿是奇幻新世界。「以前住喺木樓，木板就要去紙紮舖買花紙嚟裱咗佢，做牆紙咁樣。見到啲牆紙起個泡，就會攞隻手指咪穿佢、整爛佢！當時多數得紅綠兩個色；呢度係石屎樓喎！以前舊屋，細路仔個個都生瘡，因為啲衛生條件唔好，金字瓦頂曬落嚟好熱，所以細路仔個個頭都有幾粒大瘡，腳又唔知點解好容易生瘡，所以嗰時啲膏藥好流行，一帖黑色咁樣，但入嚟住就衛生唔同咗，呢度個空間好多！」

目不暇給的風景，大大滋養了孩子的好奇心，「我記得一轉彎嗰度有間冰室，見到啲麵包就覺得好新奇！佢啲菠蘿包可以食晒下面嗰啲肉，但面頭個殼唔會爛！同埋佢係一格格，即係可以好似朱古力咁擘開，唔係而家咁咬一咬就碎晒，我印象中就有分開兩種，一種就係而家好興嗰啲酥皮，但另外菠蘿包嗰隻就硬啲個殼，厚實啲，好明顯有一個一個格，咁而家呢佢就好似兩樣混埋一齊。」

好奇心使憶記街道的細節都來得深刻，「呢邊都係雞欄，都係幾年前先搬；另一邊以前就喺度劏豬劏牛，我記得喺呢個坑渠，有啲人喺度撈豬紅，佢可能劏咗嗰啲血喺度流出嚟，喺嗰堆垃圾度流出嚟，個坑渠口好多人嚟㨂嗰啲豬紅，㨂返去可能佢過濾過啩（笑），一般成日見到啲男人，除晒衫就喺度劏豬劏牛，去到巴士總站嗰邊，就好似有養豬同埋養羊，泳池嗰度就養牛，我哋成日喺出面碼頭，啲牛到喇，牽夫拖住啲牛，三幾隻咁去牛欄，上岸一路行去，呢度附近好多都係貨倉，好多三角形頂嗰啲貨倉，大概一層到嘅，好似早排呢啲海皮前面有好多呢啲三角形貨倉，基本上西環呢度好多都係貨倉。當中有屬於先施公司嘅。嗰陣時試過一次大火，燒完之後變咗一個廢墟，好多細路仔擒上去，入去執啲玩具，係先施公司賣嗰啲玩具。燒完之後有好多燶晒，例如好似嗰啲美軍嗰啲鋼盔，塑膠做嘅，不過當時我都好細，無跟埋入去。」

啲青苔都熟晒㗎喇

「嗰陣時啲細路仔單純啲，我記得隔籬屋有一朝同埋個女仔去返學，佢個屋企俾咗個蘋果我，一人一個蘋果咁揸住。於是我之後朝朝返學前去佢屋企拍門，同佢一齊返學，希望有個蘋果食；因為嗰陣時候喺西營盤，都係成條街嗰啲人識晒㗎嘛，因為嗰陣時候啲舊屋都係樓下唔閂門，成條街啲伯爺婆都可以入去同佢傾偈，咁去慣咗咁變咗就冇咁怕醜。西環邨同西營盤有少少唔同，熟啲先拍，因為普遍都係閂埋道門，不過就有時候住多幾年，就知道佢喺邊度住，見口見面嘛。你西環邨搵人係要拍門喎，不過有時都好多人打開個門，尤其是夏天，因為通風。」

「做小朋友，個活動嘅範圍一係就山邊，一係就小童群益會。」小朋友最知埞的就是玩。「借圖書、打康樂棋，總之就睇書呀，或者有啲溫習功課都係小童群益會。嗰陣時有三層，中間嗰層係小童群益會，上面係租務處，地下嗰層嗰度就有段時間可以俾人到會，你要擺幾圍酒，可以喺度包辦筵席，就會即刻喺度煮，我記得我阿妹滿月都係嗰度擺酒嘅，都擺到三四圍。」

1960 年代的私立小學，以住宅天台作為運動場。（楊維邦提供）

山邊教曉孩子們組成了探險團。「咁一路由呢度去，成班跟住，有時會到摩星嶺上高捉蝌蚪呀，一個同學仔識路，就成班跟住去喇。」小伙團成群結隊向前行，「細個嗰陣就爬山坡，嗰時好多都好危險，我哋都成日走嚟走去，邊度啲青苔係滑嘅，邊度要除咗隻腳（鞋），邊度可以著拖鞋瀡落嚟。呢一邊就生滿草嘅，嗰邊就係咁樣光脫脫嘅。通常我哋都係踩住條渠爬上去。我記得我帶住晒成隊人，連BB嗰個都帶埋上去，因為你唔帶埋佢出去唔得嘛。一個推一個咁，推到上頂呀！就係呢啲坑渠，撐開兩隻腳，撐住兩邊就行上去。」

歷險的故事可豐富了。「東苑臺中間嗰度係大水坑，一遇到打風落雨啲水就『靴』一聲咁落嚟，有時候上邊有啲山泥呀、大石冧咗落嚟。制水時就喺嗰邊沖涼，有一個方井喺度，啲人要擔水就用桶擔落嚟。嗰陣時唔係咁樣封咗㗎，山水喺度湧出嚟，啲人搵條乳膠喉，個口啜一啜佢，啲水就入咗個桶度，唔係井口嚟，佢就係一個咁樣水口。男仔就好多企喺度沖涼，費事搬返屋企再沖。

山坑水嚟，好安全，個個當食水用㗎啦。」

「西環邨呢度個山坡係草地，好似置富花園嗰個山坡，佢哋就俾啲牛食草，我哋就有啲印度佬喺度放羊，餵啲羊仔喺度食草，之前呢度一路有條路可以過去觀龍樓，通常喺呢度擒咗上去，喺上高嗰度過嘅，呢度下低都有個窿，鐵絲網剪咗個窿，不過佢而家整咗啲鎖，自己剪爛佢，好似擒鋼架咁樣，剪少少就可以穿到過去。以前觀龍樓係墳場嚟㗎，呢一帶都係墳場，睇住佢嗰陣時爆石起樓，爆石時係爆唔到嘅，後來要搵啲喃嘸佬喃過先至爆得到，呢度一路行可以行到去而家地鐵站度。」

「行到明愛個底係個義莊，我哋有段時間喺聖嘉祿讀夜校，成日喺嗰度玩，見佢廢棄咗，但係就住滿咗嗰啲可能先前喺大陸走落嚟啲難民喺入面。嗰度地下寫住『東華義莊』，係唔通嘅，義莊攔住個路口，後來打通咗條路先可以轉上去蒲飛路；以前蒲飛路係掘頭路，去到冇路就行嗰條路仔（蒲飛徑）屈落去，要行落去嗰條牛房邊嗰條路仔兜落去。去到聖嘉祿就有埲牆，一路圍住個義莊，上高有好多喺度吸毒嘅人住，所以成日見到有啲差人走嚟，啲道友就四圍走，試過有一次佢哋撼到頭破血流咁俾啲警員捉住，雖然係咁，我細個都係會四圍去玩，通山走，去草皮地捉金絲貓、草蜢，因為啲人通常只會喺西環邨山邊出面搭屋，西環邨係有條界線嘅。」

井然有序使玩也玩得心安，「所以我都成日會爬落去山邊附近，有時候係因為跌咗嘢出去，好似係乒乓波、拖鞋咁，踢咗落嚟我就落去執返，有次老母打麻雀時我哋又走咗去玩，就攞咗條匙，結果成抽鎖匙跌咗喺啲草皮地度，佢哋打完麻雀呢就冇門口入，我記得成班麻雀友走晒喺嗰山坡度搵，不過後尾都係要拆咗啲窗口入去先至開返。」

然而，在山沒遇上虎，卻終遇上西環邨管理員，「嗰啲管理員充公晒細路仔打嗰啲紅白波（西瓜波），十個八個俾佢充公咗，就由上面個遊樂場順手掉落去，然後啲波就會轆落去坑渠個去水位度，等你睇到拎唔到！唔俾踢㗎嘛！驚嗰啲波省落牆度『嘭嘭』聲，喺度住嗰家人就會好騷擾，可能會

左　母雞生蛋鐵皮玩具。（楊維邦提供）
右　當年屋邨流行的紅白膠波，俗稱「西瓜波」。（楊維邦提供）

投訴。而家如果仲有呢啲舊波，可能都賣到幾千銀！」

有陣時規矩真係會通過遊戲認識返嚟

「有時群住個曳啲嘅，會互相影響，佢都夠膽咁你咪自己都做埋一份。例如有陣時喺搭棚啲地方，就跟住佢啲棚擒上去，今晚通常你擒得兩層，驚嘛，到你發覺好容易擒，擒到五樓都有呀！一樣咁擒法咋嘛，不過好危險呀，但個個都係咁喋，我細路仔嗰陣時候都會有個好強嘅心理，即係人哋得冇理由自己唔得。」孩子的小社會，中間有相互競爭，也有其權威與江湖規矩。「如果你要去一啲路，係要俾錢人哋帶嘅，因為有啲曳啲嘅細路，會識得多啲窿路，咁佢要收你一毫子先，咁就成班細路仔就俾一毫子佢。做雪條棍嗰啲都要俾錢學做，唔係免費教你。佢個雪條棍可以做到成把機關槍，好似《財叔》[1] 嗰把咁！你唔俾錢學就得個恨字㗎喇。隔籬左右有好多識畫吓公仔嘅，都會畫嚟叫人攞一兩毫子同佢買。」

可在邦哥眼中，西環邨的牛黃仔相對卻較少，「有陣時中秋節玩燈籠，有啲人冇錢，冇錢買燈籠嘅可能會妒忌，佢就會喺黑暗嗰度見你揸住，就出嚟一拉，將你個燈籠一拉拉到長晒，然後就走咗去，可能係有啲冇得玩，佢心入面會有妒忌。好多時，有啲唔識嘅，都會一齊玩，咁如果大家都一齊守規矩，跟住個遊戲規則，就會好快熟；若果你有啲唔識規矩嘅呢，就會排擠你，唔俾你去玩咁樣囉；若果一唔受你玩，嗰啲小朋友就會好落寞，可能會吐口水呀，有啲可能甚至乎會撲埋嚟咬你！試過有一次㗎，佢直情揸住你隻手大啖咬落去！因為佢自己孤零零一個就好冇癮㗎嘛，但其他人覺得你唔合群，就會排擠你，有陣時規矩真係會通過遊戲認識返嚟，吐口水通常俾人覺得係特別曳啲咁嘅。」

慳返嗰一毫子車費，又可以喺雪糕車嗰度食返嗰一兩毫子。

「我哋小學階段通常係冇零用錢，過年會有利是收，平時基本上冇嘅，有陣時大人打麻雀，咁你睇到佢個檯面好滿，咁你咪可以問攞一兩毫子咁樣，個機會就大啲。我記得有一次想買雪條，咁個麻雀腳就話『哎呀！唔使買雪條啦，我呢度有啲冰呀，你溝啲糖落去食啦！』食完之後就病咗喇！所以而家對冰加砂糖呢就好防備！不過，嗰時冰都仲係好新奇嘅，唔係家家有雪櫃㗎，為食嘛，所以都係照食。」

「打麻雀喺條邨都普遍嘅，因為你容易搵腳嘛，啲男人五六點先收工，佢哋就成日兩點打到五點鐘，咁啲男人返到嚟，就唔知曾經開過檯，佢哋都少少收埋埋，因為你嗰陣時輸好少都可能會影響個家庭，一餐餸都係幾毫子。我老竇自己鍾意整嘢食，佢喺屋企都起碼要有三五碟餸，因為佢經歷過打仗無餸食，試過餓到發冷，所以佢對啲餸菜好重視，因為太少餸會令佢諗返起打仗，所以佢規定一定要最少有幾多碟餸，成日要諗啲餸都幾頭痛，因為又要諗慳錢又要諗花款。所以，我哋成日要幫老母寫低，諗返食過咩餸，記錄返喺個數簿度，菜都係一兩毫子，啲肉都係買幾毫子，所以九毫子都可以有一餐餸。」

一兩毫子不但能讓人大快朵頤，「嗰陣時街口有間驅記雲吞麵，我哋一搬落嚟嗰陣時已經有，有電視睇嘅。我個同學係老闆個仔，喺嗰度食雲吞麵兩到三毫子一碗，魚蛋麵都係兩毫子一碗，白粥一毫子，都仲會用到啲斗零；落去咪可以睇麗的、睇黑白電視囉；仲有段時間，鐘聲曾經整咗個遊樂場，搭個棚喺度有電影、有大戲，又有騎馬仔，睇電影好似兩毫子啫。佢個棚有啲鋅鐵片，可以喺個罅位嗰度𩩍入去；要真係睇戲呢，就會行到落去太平、金陵、真光，行落去會覺得好近；嗰陣時啲人慳得就慳，慳返嗰一毫子車費，又可以喺雪糕車嗰度食返嗰一兩毫子。」

慳埋好多餐早餐先至儲到

「我最記得而家惠康門口，返學路過有潛籌，逢細路仔返學先開檔，地檔嚟嘅。每次潛佢哋有個牌仔，個牌仔由一到十分，咁你要換一隻『雞生蛋』(2)，就要儲啲分，例如九十分咁樣，要儲一個學期先至儲到；儲到嗰隻嘢攞咗返屋企門口玩，一玩就一堆細路仔，咁跟住老母見到就問：『喺邊度搵到隻咁嘅嘢？』咁情急就即刻話係同學借返嚟嘅！跟著老母話，『玩咗成半個鐘仲唔還返俾人？』咁就抱住嗰隻嘢，去到嚟呢座搵個朋友求佢收留。一擺低，嗰度就即刻圍住一堆細路仔，跟住就永別喇。」說來仍是傷心萬分，「慳埋好多餐早餐先至儲到，嗰陣兩毫子食豬腸粉，喺騎樓見唔到老母望落嚟，就噔噔聲走去前頭嗰度，儲咗成個學期先至儲到啲積分，斗零一次，一分唔儲埋你就可以換粒果汁糖，或者換一個細型氣球，一到朝頭早好多小販，全部做細路仔生意都喺度開晒檔，早餐，或者賣公仔書，全部朝頭早六七點就開檔，大概八點就收檔。幾間學校

冼昭行攝

嘛，有八達，又有鐘聲，又有呂明才，係好多細路仔必經之路。」

當中有些藥水塗到錢幣上就閃閃發光，有些是夜光的玩具，在芸芸中最喜歡的，是「喺屋邨度可以玩嗰的啫喱」，「好似一個一個氣球仔咁樣，泵啲啫喱落去，一個圓波咁；食咗啲啫喱後，跟住就泵返啲水入去，入水就可以大個啲嘅，走上樓上掟落嚟，見到啲女人行過就掟佢哋，跟住就走！」當個小頑童始終還是很吸引，「同埋啲玩具玩到厭咗，就會上去樓上七樓嗰邊，大家鬥撞，睇吓邊個會俾人撞咗落街，睇住佢跌落去，粉身碎骨，玩到厭咗就識咁樣玩。跟住喺七樓嗰度行落去執返，因為有啲唔爛㗎嘛。」

由於愛玩，收集玩具也成了楊生一大愛好，「最主要自己玩過嗰的囉，不過嗰陣時候都唔知，覺得好簡單，收集之後先開始知道都其實好多，好麻煩，個倉成千幾呎嘅，擺到滿，收集咗三十年。大約八五、八六年嗰陣時諗起要做，收玩具當係資料搜集，因為你要講返個時段，冇實物又好難空口講，你睇到件實物，人哋比較容易明白，搵吓搵吓唔覺就三十年。我哋呢個年紀見過，由五十年代睇住個發展過程，邊啲曾經流行過，我記得㗎嘛，咁變咗你有留意又記得就做啦，其他人無經歷過，就唔會做或者做唔到，我自己做漫畫同埋玩具，因為係我自己比較熟。」

在西環邨的生活裡，玩的一切都有很大的珍惜。「嗰個年代，可以見到嘅大致上都係嗰類嘢嚟，唔係好複雜，可以有能力玩嘅、能選擇嘅都好有限，所以話搵返一件出嚟，同時代嘅人好容易有共鳴，大家見到嘅都係嗰啲嘢，無論你擁有過或者無擁有過。」

註

(1) 《財叔》漫畫：作者為許冠文，其他作品有《笑話笑畫》、《一千零一個笑話》等以生活點滴作為題材，內容以滑稽、清新及乾淨利落的方式表達，令人會心微笑，於五十至七十年代風靡全港青少年。《財叔》則由最先的滑稽小人物，慢慢演變成抗日游擊隊。作者二〇〇七年十二月於溫哥華病逝，享年七十七歲。

(2) 雞生蛋：為國產鐵皮玩具常見造型之一，其他如「雞吃米」、「游鴨」等，都深受當時孩童所喜愛。本文受訪者為《香港玩具圖鑑》作者，他亦於其書內為各種玩具進行了詳盡的介紹。

西苑臺放電影

「呢個位除咗係遊樂場，都有時候會放電影，好似有啲政府宣傳片，或者宗教嗰啲宣傳耶穌，嗰啲人冇娛樂呀嘛，咁一宣傳就有家家戶戶好多人會走出嚟。佢就喺西苑臺幅牆拉塊布，大家圍住企喺度睇。」

黃色鴨仔水泡

「細個睇教科書，見要帶隻黃色鴨仔水泡去游水，我為咗貪個水泡，就成日都話要去游水；結果真係去游水時，個水泡成個黑色車呔咁，喺泳棚個板度，下低啲水湧下湧下，隻腳都軟埋，卒之都唔敢落水，不過，最主要係見唔到自己想要嗰個水泡，黑色呢個係車呔嚟㗎嘛。」

士多

「以前西環邨地下有間士多，就喺樓梯一上嗰度，都幾大間，有麵包、罐頭、汽水、香煙、簡單嘅玩具都有；街口即係而家惠康嗰個位都有一間大型士多，叫做亞洲，因為呢度有啲近住鐘聲，嗰度有得買釣魚用具、游水嗰啲用品都多嘅。」

2·4

我鍾意畫嘢，所以我當佢係藝術品咁整出嚟。

楊家輝

一九五八年生，一九五八年入住西環邨至今。

「我哋細個就通山走，就係呢座豬毛山(1)，以前係好多木屋，啲新移民落嚟，就咁住喺山邊。屋企一望落去望到晒嗰啲人。呢邊唔係挨山，以前住嗰邊就係挨山，都係呢層。」除卻曾經遷到清水灣村屋養拿破崙大狗，楊家輝大部份人生都在東苑臺這層樓度過。「因為後尾人多要換間大啲，老竇就諗住都搵返呢層，個個街坊都有感情。」

時日變遷，留下的老面孔沒有太多，可都是熟悉的人家。「隔籬阿伯都住咗三十年。佢嗰啲仔，好細個睇住佢哋大，而家都出晒嚟。佢老婆又好勤力嘅，佢啲仔女都無乜脾氣，都好乖，屋企無咩錢就嗱嗱聲出嚟搵嘢做，個女都喺麥當勞做，都做咗經理，結埋婚㖭！佢個大仔都好孝順，以前放學返嚟，就幫手執吓啲電線頭電線尾，拎去俾阿媽攞去賣。」三十年前住進西環邨的，已經是七十年代新公共房屋政策下受惠的基層家庭。

相熟，並不一定來自友善的相處，正是不打不相識。「細個我哋唔可以行過對面臺，我爛笪笪，實俾人打，同徙置區一樣。不過因為細個成日俾人恰，十幾歲時我喺屋企有舉吓啞鈴，嗰時我成身肌肉，食飽飯唔著衫行過對面，就無人夠膽鬥我。到大個就同佢哋好好傾，無咗啲戾氣，變咗好多話題，好奇怪，搵錢嗰啲人就唔啱傾，係我呢啲得過且過就可以飲吓啤酒，傾吓偈。最緊要大家都尊重。有個仲傻，已經搬喺大埔住，逢星期五、六、日都走返落嚟西環食飯，你俾我都做唔到。」不管是廉租屋還是徙置區，年輕人要群起劃地稱雄，也是平常事，難得幾十年後還留住一份相互珍重。

我俾晒三文佢買一個波

楊家輝是最初在西環邨住下來的嬰孩一代。「我一出世就入嚟住囉。之前喺第三街住，出咗世之後，老竇就申請咗呢度，就搬入嚟。五八年七月，係啱啱起好。老竇講初初好似係俾北角邨，不過北角邨有啲貴，都係貴幾文（音同蚊），不過以前啲人啲人工平嘛！平幾文就平幾文㗎啦，係啊，所以就嚟咗呢度。」

家中人口多的開邨人家，要省下使用來應對生活，孩子還得在生活中自尋無窮樂趣。「細個邊有錢玩，一毫子都無，咪捉簷蛇，我放學嗰時捉一隻喺手度甂嚟甂去，細個係玩呢啲。執啲蟻，搵個火柴盒裝住佢，塞粒飯落去俾佢食，養蟻囉。仲有養雀仔，搵個鞋盒紙皮整好晒啲床，整好間屋，之後捉佢入去，搵條橡筋紮住個門口，等佢飛唔到出嚟，偷睇佢見佢好無奈咁伏咗喺度，第二日見到佢瓜咗，應該係餓死，嗰時七八歲囉。」彷彿每個百厭仔都會塗炭生靈，「糟質」昆蟲和小動物，女同學也總是整蠱對象。「養白老鼠，其實係同學嘅，佢有錢買吖嘛，我就側側膊咁攞返嚟。日日袋喺校褸袋，袋住返學，玩熟咗啲老鼠唔咬人，見到啲女仔就：『哇！睇吓咩嚟嘅！』袋到佢鬆晒毛，鬆晒毛就知佢有病，就死。」

「我好曳嘅，讀書唔叻，考第尾嗰隻，

不過啲老師就好鍾意我，得閒就話『畫個薯仔出嚟俾我睇！』喺個黑板，畫隻老鼠、畫隻雞出嚟。後期先知，原來啲老師係無牌，以前政府無規管，而家就話一定要讀師範先可以教書。成日就俾啲畫紙我，話幫我練隻手啊，梗係啦，咁我就成日喺度畫，唔使聽書，而家先知點解對我咁好。」當日的老師，雖然無牌施教，可還是實行「課堂管理」，哄到曳仔靜靜的在畫畫。

由樂趣變成興趣，往往還多得一次次的肯定與認同。「後期就搵啲同學家姐賣畫，開頭五毫子一張，之後就加價，一文一張。啲同學話畫咩就畫咩，攞嚟交功課，其實啲老師梗係知唔係佢哋畫㗎啦。好好㗎，嗰時五毫子一隻雞髀，有錢仔嚟㗎，但係啲錢唔敢攞返屋企，使晒先返，唔可以俾老母知道。十一二歲嗰時試過有次個身有三文，過年利是都無三文，見到個阿伯賣波，好似兩毫子一個，見佢咁慘，我俾晒三文佢買一個波。」

裝修係藝術嚟，不過你係用隻手造出嚟。

再由興趣轉化為引以自豪的畢生事業，就是一個圓滿的成長歷程。「我細個唔鍾意讀書，又唔叻，中一二就唔想讀，我大佬中學畢業之後去進修。老竇就問我：『你點都要搵嘢學，如果唔係，第時出嚟點搵食啊？』我第一時間就話畫畫，我老竇就話：『唔得喎，呢樣唔可以當飯食，除非你畫到好出名，不過通常死咗先出名。』咁我就話裝修，我都鍾意裝修，細個隔籬屋裝修就喺度偷睇，之後就模仿。」

這個轉化，往往有跡可尋，亦是耳濡目染所教化出來。「我細個試過整架吉普車出嚟俾細佬。搵木板，整埋轆，好好心機，油到成架墨綠色，濕濕碎啦。呢個櫃我姨丈做嘅，我哋啲嘢全部都係裝修執返嚟。以前啲嘢好襟用，真係幾十年。佢又入晒榫，不過係老土咋，以前啲嘢真係用你幾十年。而家街賣嘅淨係搵兩塊薄板夾住，唔係成件，你個櫃擺多兩件嘢就彎到門都開唔到㗎啦。」

左　楊家輝收藏的黃楊木刻鳥籠飾件。（冼昭行攝）
右　楊家輝作品，圖為他與太太 Mandy，還有心愛的寵物。（冼昭行攝）

家用要節省，卻沒省去將兒子鍛煉成材的使費。「我哋嗰時搵學師好難，我老竇幫我搵，又話要我老竇俾返錢佢哋，兩文一日。不過我成日虧空公款嘅。我成日唔夠使就交唔到數俾個老細吖嘛，使大咗，成日糊裡糊塗。又同啲師傅借錢，我又唔夠錢還啦，之後師傅又同老細講喎，咁又係穿煲。梗係鬧啦，好大件事㗎嘛。不過以前呢都好過而家，如果唔讀書都可以諗吓點搵食。」

有路行並不代表會走得愜意，不過精準的手藝與旁人的欣賞，給了楊家輝一股力量。「初初做咗幾年，十五六歲，個心都仲係唔忿。但我做又叻過人，我即席可以白手畫出嚟，學完師都未打過工，都係自己接生意。試過接到一單，人哋讀過書，浸過鹹水[2]，佢話『你都幾好心機』，我就話『我鍾意畫嘢，唔鍾意做呢啲嘢』，佢就話『梗係唔係，裝修係藝術嚟，不過你係用隻手造出嚟』。一點，點醒咗我，之後就做到而家。」

楊家輝到今日已經是個自得其樂的大師傅。「好彩呢啲工就無限年紀，如果唔係就俾人淘汰，因為要同啲後生仔鬥快。我鍾意畫嘢，所以我當佢係藝術品咁整出嚟，人哋做二十日，我就做成個月都唔滿意，但自己就做得好舒服，坐喺度就睇成日，『哇，好靚喎』。咁啲客就梗係讚，因為咁嘅價錢，我都做啲咁好嘅嘢俾人。」

細個淨係知道雞毛掃係用嚟打嘅，唔知係用嚟掃塵。

反斗百厭，可內心有方正的自我要求支撐著，楊家輝說了許多爸爸的故事。「我老竇做出口，佢嗰個年代識英文好巴閉，佢搬入嚟住三十零歲咋。我老竇帶好多人出身，佢唔收錢，暑假幫公司中五嗰啲開班教學，教自己嘅經驗，佢哋出去就唔使做『馬辰蔴』(3)，即係 Messenger，以前俾人踩係咁叫，即係『後生』，所以佢積福積得好多。」

「我老竇最鍾意教人，放咗工又教。佢教親啲人，個個都嗌我老竇做大佬，係兄弟嗰種大佬。以前個個咩都唔識，我老竇帶佢哋出嚟。過時過節，佢哋都會嚟。我老竇嗰啲搵錢太容易，佢脾氣好大，佢講一句，個個唔敢出聲。我哋由細到大已經習慣。好驚啊，但係又唔會嬲佢，就只係驚佢，因為鬧完轉頭佢又走埋嚟惜返你。」楊父工作內外都是個大當家，大家長，自然有份威嚴。

可父親卻也未必受得了家中的一群百厭仔。「細個無嘢玩，我老竇好多洋酒喺度，幾兄弟無嘢玩就攞支白蘭地過嚟，話『阿妹飲酒好叻，攞去飲啦』，即係玩阿妹。之後俾佢飲，佢嗰陣時四五歲咋，阿媽又去咗搵石仔，阿妹以前好叻，飲到兩杯㗎，點知啲細路仔讚佢呢，佢就嚟料。睇住佢次次飲到塊面七彩，根本係好難飲。有次佢暈咗，見住佢成塊面紅晒咁樣，『嘩，阿妹死咗啊！』點拍佢都唔醒，『大佬，呢獲玩大咗啦』，老竇一返嚟，全部匿晒喺床下底，無人敢出嚟開門，嗰次死啦，唔知點算，最後又係吊起嚟打囉，嗰時細佬未出世，呢個阿妹金叵羅嚟，四個仔先有個女喎，最惜個妹㗎嘛！」

幼童飲白蘭地，沒有中酒毒阿妹可算大

楊家貓 Kitty。（冼昭行攝）

命。「無嘢，醉咗咋。嘩，老母緊張到呀。阿妹未出世之前係惜我㗎嘛，我最細吖嘛，妹一出世呢就打落十八層地獄，之後我就開始反叛，就無心機讀書。總之呢個妹一喊，你就死硬，一定係你衰。老竇老母都惜到佢燶，就係恨有個囡。我媽好鍾意女，但生四個都係仔，跟住呢，又大肚啦喎，又係仔！所以佢哋唔生啦。」童年許多古怪想法與脾氣，父母如何察覺得到孩子內心的一個個漣漪與風暴。

那個年代，供給一家生活，該已佔據父母九成心思。「諗返轉頭嗰陣時好吃力，讀啲中文學校，出嚟搵食競爭力又差，跟住又話唔好讀政府學校，自己自費讀私校，個個都要讀私校都幾係嘢。我記得老竇以前八百幾文人工，都叫高㗎啦，我哋細個時佢都叫做經理。但係咁多人，我老竇又做開大佬，招呼屋企嗰班，外邊嗰班，又大又細，食一餐飯都唔係嘢少。我哋後期又開始大，我阿媽就靜靜雞走咗去工廠做嘢，但我老竇唔鍾意，阿媽嗱嗱聲五點鐘就返屋企煮飯。」

有時，靠自己也幾暢快，可是，做到

楊家輝與到訪的林中偉建築師對談。（冼昭行攝）

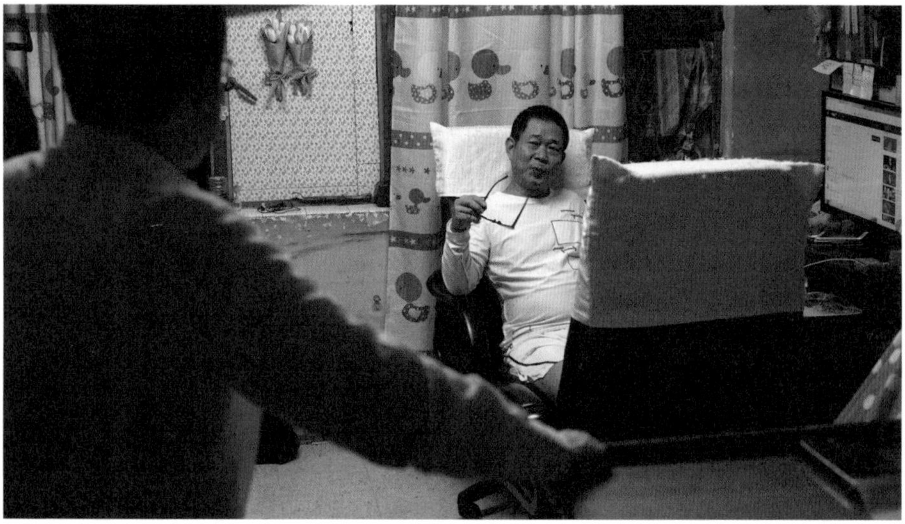

靠自己的決心是經訓練出來的。「嗰陣時我返全日，放三點，我係晏晝無飯食，都係搭電車，七毫子去，七毫子返。有五毫子係買個麵包。但係呢我又好嘢，學校有個女工負責抹嘢，晏晝就煮飯俾啲老師食，見我好陰功，就話『你跟住我嚟，我俾飯你食』，食到我飽。不過，我嗰陣時一啲都唔陰功，因為已經開始賣畫㗎啦。」

好境不常，但人間有情。「我老竇嗰陣時四十幾歲，佢間公司話結束，四十幾歲好難搵嘢做，真係搵唔到，年幾兩年啦。但係老竇積福，佢啲學生每個月搵信封入住啲錢俾佢，佢搵返嘢做之後就慢慢還返。如果唔係，淨係靠積蓄，一兩個月都玩完。」

成長後回顧生命，用年長的目光再經歷童年生活，會多一番發現，一番體會。「諗返轉頭，唔怪得阿媽打得我咁勁，我都覺得我係好激氣。細個淨係知道雞毛掃係用嚟打嘅，唔知係用嚟掃塵，大個先知道。我哋幾兄弟真係多嘢搞。我老竇啲學生過時過節一定送酒嚟，我老竇唔捨得飲，過年佢哋嚟拜年就開嚟一人一杯。但係之前我大佬開嚟飲晒喎，之後入返啲茶落去填返滿，激到我老竇扎扎跳！」

「我老竇好惡但係好講道理，打完你之後，『知唔知點解錯啊』，知之後過嚟惜返，即刻無事。我老母就唔係，會鬥氣，起碼嬲一個禮拜。都打得好狠，以前係咁樣，打得最堅係我。我老竇嗌我做無聲狗，話我唔聲唔聲嚇你一驚。我老母話『出去做嘢，小心啲唔好俾人呃』，我老竇就話『小咩心，佢唔呃人都偷笑啦！』真係挫我鋭氣，好傷我自尊心，所以到我老竇死嗰日，我都仲係好驚佢。」嚴父是擊中要害，也是知子莫若父。

還是知父莫若子？字裡行間，可見心存欣賞。「我老竇生意人，好識做人，佢又好多嘢講，天南地北，如果你係潮州人，佢聽兩聽就會同你用潮州話傾偈，嗰啲潮州佬聽到佢用潮州話嗌餸，就以為佢係自己人。佢有啲語言天份，係好出色，把口又好，記性又好，睇完啲英文佢都記得，以前有啲人讀大學，唔識嗰陣就走嚟問佢，但係佢係無讀過大學，只係好好記性。佢帶啲人出嚟個個都唔差，都叻過佢，我成日同我啲舅父講：『唉，我老竇就叻啦，帶啲人出嚟個個都有好多捷徑，唔使慢慢去摸，我老竇教晒佢哋，但我老竇都仲只係打份工。』我舅父話：『你就錯啦，要養你哋六個人，佢仲邊夠膽喺出邊搏呀？』」

註

(1) 豬毛山：位處今天西環邨與觀龍樓之間的小山崗。五十年代內地難民湧入香港，有報導指貧民及苦力多於豬毛山至蒲飛路一帶山坡搭建寮屋。

(2) 浸過鹹水：意指曾放洋留學。

(3) 馬辰蓆：馬辰（Banjarmasin）為印尼加里曼丹島（婆羅洲）的首府，出產細藤，是以當地華人師傅編織成涼蓆出口。未有冷氣的年代，夏日普羅大眾多用來鋪床面消暑，為家中常見，多在傳統裙褂舖出售。

養雀

「黃石燕、黑白、黃肚，總之五隻。天黑佢哋就瞓覺，朝早四點鐘就放大喉唱，養得到佢唱就好有成功感。我以前好鍾意放佢哋喺廁所任佢飛。得閒一個禮拜會帶佢哋落去公園一日，我就去跑吓步。」（冼昭行攝）

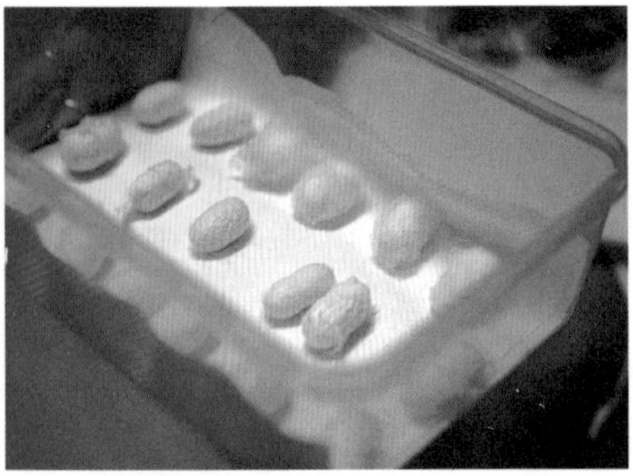

養蠶

Mandy 同樣喜歡養動物，圖為她所養已吐絲結繭的蠶蟲。（冼昭行攝）

2·5

西環邨俾咗個天地我哋。

冼少嫻

一九五七年生，
一九六七年入住西環邨
至一九八三年遷出。

一九八〇年香港中文大學新聞傳播學系畢業，資深傳媒人，後來加入發鈔大行當企業傳訊經理，從一道道火線退下來，人稱「花姐」的奧莉花冼少嫻，回到童年成長地。「我媽咪話一共住咗西環邨三十年，我無咁多，我九歲左右搬入去，廿五歲結婚搬走。之後我媽咪同大哥、四家姐、五哥繼續喺度住。後來因為啲石屎唔好，廁所又踎廁嚟，唔係坐廁，我哋無整過，呢度又爛嗰度又爛，又要裝修啦喎，媽媽老啦，唔方便啦，咁我哋就夾錢九四年買間小西灣居屋，就剩係阿媽同阿哥住，其他搬開咗，咁一家就離開咗西環邨。」

「初頭西環邨收一百四十文（音同蚊）租金，好得意嘅，有個屋邨經理嚟收租，有個護衛跟住，嗰陣時好落後，邊有自動轉賬，個經理嚟到坐喺度，就乘機眅吓你間屋係咪有咁多人住，個護衛就睇住銀紙。」當時行政相當嚴謹，入住人口必須與戶籍相符，呈現廉租屋的公共性。「租金百零文我諗算係affordable（可負擔）啦，你話平都唔算好平，因為賺嘅錢唔係好多，嗰陣時我媽講緊每日都係得十文買餸，你諗吓如果收百幾文，你一個人賺錢要賺六七百文都唔係容易。我一九八〇年新聞系出嚟，做記者都係千八文，講緊我哋搬入去嘅時候係六幾年，如果你負擔個租金，負擔食，仲要負擔我哋啲學費，真係一啲都唔容易。」

「西環邨對我嚟講，好感恩，因為住西環邨之前，我哋就喺爹核士街，都係西環住。嗰啲就唐樓嚟，前面有雞欄，係阿爺嘅，有三間房，每間房都好迫。我媽擺張好大嘅床，張床好得意，總共有四支柱，柱上面就擺嗰啲大箱，一個個入面可以放啲絨褸、冷衫，床上面就有塊板可以擺呢啲箱。我哋張床打橫瞓都瞓到四五個。記得有時我哋就拎啲床板落嚟，可以瀡嚟玩。跟住有時我哋就喺床度做功課。我好鍾意打開個箱攞我媽咪啲嘢，啲靚嘅長衫，閃閃哋，我好鍾意。」九歲前的回憶，困苦中仍能尋得到天真童趣。

「另一間房就我爺爺住，爺爺有第三個老婆，佢結咗婚仲有個仔同我差唔多年紀，所以我哋就叫叔仔。另外仲有間房租俾人，有對夫婦好似有兩個細路。媽咪話成家十六個人，一間屋就等一個廁所。我覺得最慘就係廁所，因為朝頭早每朝『快啲啦，快啲開門啦，好急呀』，個個都嗌好急。你叻嘅就五點鐘起身，個個都六七點起身就喺廚房圍實晒喺度刷牙、洗面。沖涼都喺廚房，廚房有去水地方，煮完飯先快快手手沖涼囉。我怕凍嘅時候，媽咪就開個炭爐陪住我。」三間房的住戶共用廚廁，焦躁有之，不安有之，鬱結有之，側寫大時代下這城市短時間內人口暴增下的居住實況。

「我爹哋、我啲哥哥姐姐仲慘過我，我細個媽咪梗係錫我啦，擺我喺側跟，佢哋仲要喺廳度瞓帆布床，朝拆晚桁（音同杭），或者求其邊度瞓得，可能係張凳，可能唔知啲咩嘢，可能同人share一張碌架床，通常我記得係好迫狹。」窮則變通，在極限中生存，可也磨練出一代人堅毅憤發。「我比較

冼昭行攝

幸福，因為始終最細，我啲哥哥都大我十幾年，佢喺十六個人間唐樓已經會考，所以哥哥比較惡，成日鬧我哋嘈，因為讀唔到書好辛苦，所以成績都唔係咁好，佢都係讀師範囉。二姐姐就幸福啲，入到大學，三哥哥就最叻，讀醫生，我媽咪就最錫佢，三哥哥成日去圖書館讀，佢唔返嚟屋企。」

「媽咪話太辛苦啦，無地方細路讀唔到書，就向房屋署(1)申請，房屋署就派人嚟同我哋度晒啲地方，度你每人得幾多呎，跟住計晒啲資產，梗係咩資產都無啦，好啦合格啦，實在太迫狹啦，終於就俾咗呢個西環邨我哋。之後媽咪開心好多，佢話搬咗之後佢肥咗好多，因為自己一家一主唔使受氣。」迫狹與匱乏，使人心不得安寧，成長路的順逆，也與居住情境相關。「雖然無錢裝修，我哋嗰陣去到咪兩張碌架床，瞓到四個人啦喎，我大哥就有間房，大哥樓上就我瞓，因為佢又有張碌架床。跟住媽咪又有間房，咁就攞晒啲衫喺度，掛到亂晒龍。我記得最緊要就係有校服，熨乾淨返學，唔好太『掹』(殘舊)嘛。西環邨係俾咗個天地我哋。」

我哋就喺騎樓挑燈夜讀

「媽咪話，讀書，一定要讀書。真係無咩時間，我三點幾放學，喺跑馬地寶覺小學返嚟堅尼地城，返到嚟四點幾，媽咪差唔多煮飯俾我食，食咗飯之後六點幾又要返夜校。我媽咪認為喺香港呢個環境唔識英文將來無前途，好犀利好有主見，媽咪見我小學係中文，夜晚就踢我去讀英文夜校，三四年班就開始讀。寶覺係義學，唔使交學費，所以可以有錢讀夜校。西環有間聖嘉祿學校，夜晚黑開英文夜校，放學之後返嚟得個幾兩個鐘頭，就『乒呤呯呤』淨係做功課，嗰時我所有 Arts related 嘅全部劈晒俾屋企人做，因為無時間做，只可以做中英數功課，所以我啲字自細已經草上飛，要快嘛。」

當時學位不足，求過於供，不少小學甚至幼稚園也加開夜學，入夜還可見莘莘學子在往返學校途上。「其實我好驚㗎嗰條路(2)，驚夜晚有鬼呀，先生成日講鬼故，放學前就講十分鐘。例如樓梯有啲樽呀，樽郁上郁落，我仲記得好驚呀，斜路離好遠先有一盞燈，陰陰森森，放學就跑跑跑跑跑，經過個牛欄，跑跑跑跑跑，跑到出去士美菲路，安樂啲，因為有燈，跑返去西環邨，好吃力。」回想花姐當時只得十歲上下，這樣一路走來，倒是需要不少勇氣與力量。

「一九七一年我讀 Form one，小學會考考得好，派咗去聖保羅男女，好開心，我哋喺屋企要影張相。著長衫嘅時候，我媽咪嗰陣都係著大襟衫。讀中學就無再返夜校啦。我媽咪以讀書為主，雖然佢讀得書少，但好聰明，佢好鍾意讀書，一路剁豬肉一路就『床前明月光，疑是地上霜』，我仲記得晒佢讀啲嘢：『孟子見梁惠王，王曰：叟不遠千里而來，亦將有以利吾國乎？』嗰啲。我讀書仲未讀過，我阿媽已經讀俾我聽。我媽媽讀到小學四年班，佢讀呢啲。佢跟住：『王何必曰利，亦有仁義而已矣』，我哋個個都記得，因為媽咪不斷喺度剁豬肉、洗菜、煮飯，就喺度讀。我哋咁鍾意讀書都係嚟自媽咪，媽咪係好鍾意我哋讀書。」兩代人幼受庭訓，讀書著重的又何止利祿，家裡由媽媽一手營辦的這所學堂，教處事為人，都是仁

少嫻與姨甥在舊居門前合照。（冼少嫻提供）

義王道。

有信念能建構起世界觀，學懂世事規律，自然心安淡定，可成長歷程上，總有不少價值衝擊，如何自處是個大學問，尤其當身處困逆時。「我覺得以前都窮，我有朋友好有錢，都覺得自己有啲自卑，因為有啲同學真係住緊干德道、般含道，三千呎，佢個廁所等於我間屋咁大。我搵唔到件衫去人哋屋企，無靚衫，咁我就著家姐啲舊衫去囉，不過我好彩啲同學幾好，唔會話睇小你，雖然我哋屋邨還屋邨，中產還中產，高嘅佢哋自己放學可能去 party，梗係無我哋份，人哋著緊吊帶裙同埋西裝，都唔係我哋著睡衣就咁出街，真係無咩靚衫，唔通著校服咩。」貧富懸殊下，就算富者大器，不作比較與輕蔑，貧窮也能使自卑不請自來。

「我覺得嗰陣時好感覺到貧富懸殊，但係以前窮嘅多，我哋班嚟講，起碼一半係屋邨嗰類，或者啲細唐樓。中一、中二唔係個個都住半山，住過千呎。但係讀書嚟講又唔係一定話佢哋叻嘅，屋邨都有屋邨叻，各有各叻，但係佢地嘅 exposure definitely 係好過

昔日中苑臺內苑設有水泥滑梯，簡約而地道的遊樂設施。（冼少嫻提供）

我哋。佢哋可以去滑雪，去外國旅行，我第一次旅行係賺咗錢之後，廿幾歲第一次坐飛機飛去菲律賓咋，夠平呀嘛。」由科舉到今日教育，都是低下階層爬升向上的通道，惟關鍵在於，這個競技場是否足夠平正。

「我哋北苑臺向西，向住個海，個騎樓幾闊大，有海景睇，以前嘅夕陽靚過而家嘅夕陽，因為無咁多污染，日日都好美麗，夏天嘅時候金光燦爛。我寫呢個描寫文貼堂，哈哈，因為實在太靚。我覺得自己雖然係窮，但係好富有，哈哈哈哈。對我哋嚟講呢個騎樓好緊要，因為間屋都係得三百呎左右實用面積，八個人住，我六兄弟姊妹，計埋爹哋媽咪。我哋唔夠地方讀書，兩張摺檯都唔夠，仲有一張就擺騎樓度，夜晚黑落就開盞小小嘅燈，我哋就喺騎樓挑燈夜讀。冬天好凍，騎樓鐵欄唔可以落簾，唔可以落閘，全部透風，我哋自己搵布冚住囉，我仲記得要攬住張棉胎。」

捱冷抵夜，挑燈夜讀，對窮學生來說並不是一時一地，而是以年月計算的生涯。

「我記得到 Form five 要準備會考，家人要瞓覺嘛，我又未讀起，就要十一二點鐘讀，讀完又瞓幾個鐘，七點鐘又起身返學。我會考麻麻地成績，我轉咗校升讀 Matric（預科）班，但又自修中文大學課程，咁所以更加要包住張棉胎喺度讀呀讀，因為考試好緊張。騎樓對我哋嚟講好重要，除咗晾衫、透氣、望出去外面之外，攞嚟讀書、養白老鼠都好有趣。第三個哥哥讀預科時，要養好多白老鼠劏，臭到咩咁。佢仲拎啲ＢＢ仔俾我哋睇喎，好細隻，佢要度住幾大，幾時有毛毛，幾時開眼，我仲好記得。」身外空間縱有限制，內心卻仍能馳騁，這道道夕陽金光，如此這般令人富有。

人再靈活應對也好，有時空間限制，也會局限了部分成長。「讀聖保羅男女，一定要修一個樂器，我哋要逐個逐個出去考試，咁我就戇居居揀咗小提琴，初頭就拉鋸雞咁難聽，仲俾哥哥姐姐鬧到我黐線，我就匿喺個廁所度練，成頭大汗，實在無地方，又要晾本書，晾喺洗手水龍頭度，就唔跌落嚟，我無譜架嘛，無咁多嘢，用個水龍頭搞掂咗，所以話人有咗錢先會搞咁多嘢，人窮簡單就算囉。『Gi gi gur gur』，練極都練唔好，次次去到先生嗰度就話啲音要高啲低啲，學到 Form five 就唔學啦。」

「西環邨本身佢個環境係好好，係天井樣式，我覺得好靜，好好。唔同徙置區一條走廊有兩邊面對面，呢度又有人住，嗰度又有人住，夜晚聽到人打麻雀。我哋就唔係，係單邊嘛，靜好多，夜晚瞓覺瞓得好，讀書好，唔係淨係我係聖保羅男女，我見到都有幾個係聖保羅男女、庇理羅士、英皇，都有讀好學校，相信大家都入到大學。西環邨我覺得比較有讀書氣氛，我老公就係石硤尾邨住，佢差唔多係石硤尾王子，唯一一個入到大學。嗰啲地方仲慘，仲細，個環境仲惡劣。我哋比較好，同埋個環境地方好少壞人，大概四五點鐘就放學溫書，就係比較寧靜同埋好有規矩秩序，個個斯文，行過點頭。」

地靈人傑，並不只是恭維，是描述一個環境的客觀條件，如何塑造這個地方的人的成長，建築設計、政策設定與設施提供，均足以左右大局。「西環邨仲有個圖書館，我哋放假就走去借晒啲金庸、木蘭花、高翔(3)。我就跟住阿哥家姐佢哋睇，佢哋睇一本我就睇一本，一日只准借一本，要睇好快，可能第二日就要還，唔好阻住佢哋追，係咁傳來回，所以我知啲唔知啲。《紅樓夢》叫做睇過，《西遊記》叫做睇過，求其追住唐三藏同孫悟空去到邊度就算，豬八戒都唔係好理。我好鍾意個圖書館，係我哋快樂嘅泉源嚟。」

花姐的雙眼，活像離不開書本。「娛樂真係好少，小學時返兩間學嘛，呢度要考試嗰度要考試，啲時間讀書都讀晒去。係近住摩星嶺金鐘泳棚有個戲院，嗰陣無電視機，嗰啲打功夫戲呢，我好鍾意㗎，我哋間中會去吓嗰度，我坐喺家姐大髀就得，兩個人一張飛，如果哥哥去就兩張飛，無錢吖嘛，唔知一毫定兩毫子一張，我又肥喎，夾到我家姐死。有時會上加惠民道談吓心，我哋三姊妹散吓步，同媽咪都會上吓去。」

我哋個世界好細㗎咋

「媽咪姓潘，鄉下九江，佢爸爸本來做安南（越南）賣茶葉，有錢，有工人，有三個老婆十五個細路。媽咪之後就搵咗老老實實嘅爹哋結婚，咁就唔同囉。媽咪以前身材好靚著長衫，嘩，跟住捱到黐線。到日本仔嚟嘅時候，嗰陣仲要搽晒鑊撈，因為（日軍）成日搵花姑娘，好驚呀，婆婆話『趕妳十五歲結婚，十七歲做媽咪』，乜都唔識做，好多嘢都好慘，佢話『我都唔識餵，唔識養』。」生於動盪時代的大小姐，一下子要擔起頭家，上了精練班，也是時勢造人。

「我爸爸喺舖頭朝九晚十呀，都唔多同我哋一齊，佢行得好快，成日行咗去好遠。爸爸做小生意，做生油呀，運生油去酒樓，但係啲油價係浮動，佢又唔識得做『套戥』(4)，結果就蝕錢，做得唔好，一九八六年無再做。所以我哋成家人無人做生意，聽到都驚。後來我爹哋都好早死，六十幾歲死，唔開心啦梗係。我媽咪就活到而家。」當爸爸的總想肩挑起經濟支柱，可負擔纍纍也不是容易，不知他又可曾從露台的夕陽金光中獲得一點領會與安慰？

家裡每個人都用自己的方式去承受，與付出。「好好人事嘅我媽咪，識笑，捱得好辛苦佢都唔會鬧我哋，至多都係呻下老竇無錢，為錢嗌交就唔打交，唔使上差館。媽咪話會執啲菜食，因為左近有菜欄，啲人推車跌咗喺地下咪執囉，如果人哋唔要我哋咪又執返嚟，摵咗啲唔好嘅咪自己食囉。我哋又近菜欄又近雞欄，咁又有個屠房，又有養牛。媽咪就話啲牛肉瘦肉嗰啲貴，以前啲人就割咗老嗰啲肉劈埋一邊，買嗰啲就平好多，自己返屋企切返出嚟，肥嗰啲就唔要，要啲瘦肉，佢會做啲咁嘅嘢，窮人嘅食飯方法就係咁，都有啲方法等細路仔食得營養，等個個都唔會營養不良。」

貧窮底下，能夠開源，而且在住家中可以發生，在困苦中加了一份心安，加了一點甜。「因為唔夠錢，所以媽咪攞啲膠花返嚟，有時幫媽咪做吓膠花，放暑假無地方去，成屋都係膠花。香港話工業呀工業，工廠有啲咩我哋咪攞啲咩做囉，剪吓膠花、穿吓珠仔、車吓尼龍袋、車吓公仔衫，我哋就做呢啲。我唔曉車嘢幫唔到幾多，阿媽做多。膠花呢就家姐哥哥全部幫手，我仲記得有一次要攞啲金粉落去膠花度，個個都變晒好靚嘅金手指。我哋鬥快做，出糧就可以玩，可能去下兵頭花園玩，去睇場戲，出街食吓嘢。媽咪都會俾一兩毫子我哋買雪條、蝦條。係咁多㗎啦，我哋個世界好細㗎咋。」

以前我有機會爬上去

一直相信讀書可以脫離貧窮，原來入得到大學，已經是踏出一大步。「我會考肥咗物理，哥哥姐姐就教我，你好快啲自修中大課程，起碼入到大學，大學好重要，得3%嘅人可以入到㗎咋，咁我就話自修中文文學，真係辛苦呀讀到我抽筋。攞到個C入到去啦，總之搞掂咗，哈哈。唔使捱 Form seven。讀到中文大學已經好開心，又有得住宿舍，同好朋友 share 一間房，我未有過咁快樂。讀大學係我一生人其中一段最快樂嘅

左　少嫻在加惠民道留影。（冼少嫻提供）

右　「中學派咗去聖保羅男女，好開心，我哋喺屋企要影張相。」少嫻與母親留影於陽台，她形容夏天時這裡觀看夕陽很美。（冼少嫻提供）

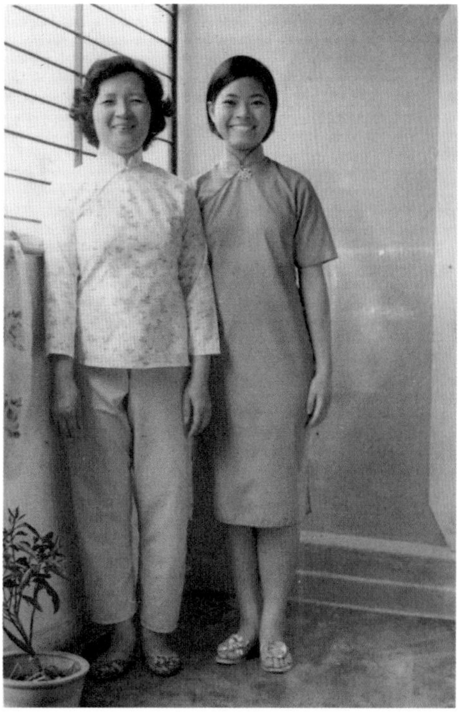

時候。」

回顧前半生的喜樂困頓，原來還歷歷在目。「算啦，都過晒，以前個個都係咁窮，個個都係住劏房。我諗而家環境好咗，點解仲無得改善？唔開心就係咁嚟囉，唔公平呀我哋社會，唔公平。啲樓無可能炒到咁貴，我哋以前買樓都好辛苦，任何時候買樓都唔會舒服，但起碼我負擔到，唔使父母幫忙。而家係你要靠阿爸阿媽出錢，銀行借得少呀嘛，佢借六成，剩返四成要自己搵。」數十年後，社會看似繁華安逸得多了，卻仍缺少負擔得到的房屋，窮人匱乏依舊，甚或更甚。

「而家越嚟越差，知識差距好大。我起碼可以派去一間名校，而家我諗好難排到去一間名校，而家名校已經太多要求，佢一 interview 個父母，已經即刻 out 你啦。學費支出大好多，我相信，而家聖保羅男女唔知六萬幾定七萬幾一年，再加每年去澳洲學習，加幾多錢去 camp，仲再加啲乜乜乜，我諗剩係俾學校錢都已經十萬文啦。」過去平正的競賽場，也日漸傾斜，貧窮帶來對成長發展的局限，更甚於過去迫狹空間的侷促。

「而家社會好慘，貧富懸殊係，知識嘅懸殊係，好緊要，因為我有去學校做一個叫『故事媽媽』嘅義工，我就睇到細路仔有媽媽教嗰啲可以一句一句讀，無媽媽教嗰啲就ABCDEFG，我G咗十次都唔記得，死啦我真係頭痛，點教佢，但係有啲已經嘞嘞聲一句句係咁講喎，差咁遠。我哋以前細個A man and a pen，個個都識，讀到你識為止，A man and a pen，一定識。不過而家好慘，唔知點搞。」使缺失的人能夠獲取足夠條件返回競賽場上，是實踐社會公平；社會有充沛資源而用得其所，促進社會公平，就是實踐社會公義。

「以前我有機會爬上去，以前入唔到大學無所謂，好多人都係Form five之嘛，以前出嚟做嘢機會多，但而家真係好難。以前你如果好勤力，你有心機再學，你自己進修吓，睇吓書，嗰啲已經會好叻。而家我唔知社會應該要啲咩人才，有時我都唔係好明。佢哋話我聽，除非你係嗰啲美國長春藤大學，如果唔係投資銀行唔會收你，咁唔收你點呀，做啲咩呀，試下匯豐得唔得呀，匯豐唔得就試落去，你一路試，你想要pop up嘅做唔到，叻嘅人叻得好緊要。」以前，社會就是存有一分體察關懷。

別記：相遇在同一個空間，兩種不同的體會。

花姐重遊西環邨，回到舊居，碰巧遇上的就是簡氏一家。是不同時代同屋住的信任吧，花姐獲招待入屋，展開了這段有趣的跨代對話。

嫻：你好，我一九六八、六九時住入嚟呢度。

簡：我哋二〇〇一年出世，我今年十六歲。

嫻：可能我媽搬走就到你哋，我媽係九幾年搬走。幾靚呀你哋裝修得，好有心機整，我哋以前環境唔好，無整得咁靚。唔知你哋未裝修之前係咪膠地板？

簡：我哋前年先裝修。記得都係同而家一樣。

嫻：一開門就好舒服。嗰時我哋最鍾意坐喺門口呢個位傾偈，結婚後我返嚟探阿媽，我阿女就會問：『婆婆你煮咩餸俾我食呀？』婆婆就話：『淨係識煮嗰幾味咋，番茄牛肉、煎蛋角、菜心炒牛肉、蒸魚，幾味餸囉。』廚房我哋無咁多櫥櫃，而家好靚呀，仲有熱水喉真係好。我哋無洗衣機，自己手洗咋。廁所而家換晒坐廁，有埋洗手盆，舒服好多。

我哋以前呢度擺碌架床住四個人，你都係兩張碌架床，上面瞓下面做書房，咁樣好靚。你哋四個人住㗎？你唔可以想像我哋以前係八個人住。呢個舊時係媽咪間房，有個小窗，你哋而家一定要安冷氣，佢仲要分體式，因為無窗。呢度本來係有摺窗，媽咪冚咗佢跟住安分體冷氣，咁好好多有 privacy。個廳好實用，都有三四百呎。你覺得而家夕陽仲靚唔靚呀？夏天嘅時候，我覺得夕陽好靚。

簡：應該睇唔到，而家俾啲樹遮住。

嫻：係咩，點會呀，哦，因為有高樓遮住咗，以前無咁樣嘅高層大廈。以前有焚化爐，拆咗啦。你仲有新花園，以前無呢啲嘢。你而家個夕陽得返咁多，我嗰時個夕陽係大啲。你想像吓我，就喺呢度包住張被，等佢無咁大風，就坐喺度溫書。放咗咁多公仔喺度嘅，你㗎？

簡：老竇玩好多公仔，後面嗰啲全部都係佢嘅。

嫻：嘩佢真係好鍾意啲鐵甲人喎。

我哋屋企個個好鍾意讀書，我哥哥係醫生，所以你都會讀得好好，哈哈。我小提琴彈到第四年，我當時喺廁所練，不過因為太嘈，嘈住我哥哥姐姐，就 drop 咗無學。

簡：我而家聽歌、唱歌，都喺聽中間。

嫻：你就好啦，你努力學習啦。

簡：唱歌都係今年搵老師，之前都無老師帶住，跟住又出去比賽。

嫻：而家行行出狀元，娛樂界都幾好，不過麻煩少少唔係咁易入行囉。我鍾意音樂，學校俾你學音樂等你識欣賞音樂，等你有個音樂修養，好似我而家聽都唔會瞌眼瞓，因為我即刻感覺到佢個 feel，好想聽落去。以前聖保羅男女就唔好，淨

花姐與簡氏姊弟。（冼昭行攝）

係注重音樂同讀書，唔注重運動，呢樣就唔好囉，起碼一樣音樂一樣運動，咁個細路仔個培育更加好。

簡：我就全部都自己興趣。不過自己興趣夠晒多，唔使再出去搵。讀書範疇裡面，我就鍾意作文，因為由細到大都係鍾意作文，但作文以外都係啲運動。

嫻：咁咪好囉，而家好多人連信都唔識寫。

簡：作過篇文之前學校幫我登報紙。

嫻：我喺滙豐銀行做嗰陣，收到投訴信，好多人連回信都唔識回。

簡：上網可以 check 㗎嘛。

嫻：但我哋以前無，廿年前無咁多上網，有啲同事真係唔識，回信俾投訴人，結果點呢，我要醒一本手冊佢哋，頭尾點寫，中間就自己嚟，起碼頭尾唔好咁核突先，但如果你識寫文章都好方便，好重要㗎，做 proposal 呀做其他嘢，所以一支筆都唔錯，你唔好睇低自己嘅能力。

簡：而家呢啲格式變咗學校考試，上年先考投訴信。

嫺：係呀，因為好實用，好多人投訴，因為你做一個 officer 你要解答，點樣答先得體，令到自己唔使賠錢，你要同法律部、其他部門傾，但表面上要我對唔住你，好對唔住。好開心呀我覺得，可以搵返舊時間屋。我其實諗咗好耐入邨搵，但我嚟都唔識嚟，我唔識路啦。多謝你，祝你成功。好有緣分，呢間屋真係好有歷史價值，佢哋整得咁靚，起碼往後二三十年都唔會搞住，因為而家好難搵位嚟起樓。

（簡姐姐回家）

簡：我姐姐讀聖嘉勒，我係聖類斯。

嫺：我哥哥都係聖類斯，咁係你大師兄。我覺得好 interesting 呀成個 trip。你想像吓以前家家咁多人困難大好多囉，七個細路，一個又六個細路，而家個個都一個起三個止。以前隔籬姓李，姓嚴，換晒啦我諗啲人。都好耐啦已經，我都六十歲。我祝你哋成功，夢想能夠實現。呢度幾好，公屋嚟講好靜，出入無咩壞人，有啲屋邨係好多壞蛋，佢哋唔讀書搞搞震，呢度乖乖哋返學嘅多。我走唔行樓梯，我哋行返原路去搭車，膝頭哥唔好呀我。呢度六十年，我哋屬於中間呢個 generation。好溫暖呀，住呢度。

註

(1) 時為香港屋宇建設委員會。

(2) 蒲飛路當時尚未開闢，只是山腰上的行人小徑，一八九九年前東華義莊位處於蒲飛路與士美菲路交接處，夜裡難怪感覺陰森。

(3) 木蘭花與高翔皆為倪匡筆下《東方三俠》系列的科幻武俠角色。

(4) 同一項商品在市場上出現兩個價格，操作平買貴賣，就是無投資風險套戥，又稱套利。

2·6

上下樓層全部街坊衝晒出嚟幫手。

簡韻研、簡裕軒

二〇〇一年出生，一直居於西環邨至今。

千禧年後Z世代的龍鳳胎，韻研與裕軒兩姊弟生於西環邨、長於西環邨。這個地方，上兩代人會欣賞的，是促成社會上流的居住空間，是世故緊密的鄰里人情；對簡家姊弟來說，這個成長地，又會在他們的生命裡留下甚麼痕跡？

「我哋喺度，由出世住到而家，隔籬兩邊都係由細睇到大，細個時，隔籬屋個孫暑假會返嚟喺度住，我哋日日同佢玩，以前細個家姐星期五會跳芭蕾舞，屋企無人嘅話，咁細又唔可以自己一個喺屋企，就過去隔籬陳太度，食埋飯先返屋企，隔籬飯香，哈哈哈。」

廚房的抽氣扇送出一道飯香，傍晚煮飯時間，在西環邨走過每條走廊，就是嗅覺的一場場饗宴。「以前去陳太度食，如果你問我印象就係得排骨，仲有打邊爐囉！就算而家，有時佢哋禮拜六返嚟都係打邊爐。有時

攝於西環邨山邊，小時候父母會帶兩姊弟上山玩，山上還有一部健身單車。（簡韻研、簡裕軒提供）

陳太煮咗啲嘢食，例如柚皮，會拎嚟俾我哋食，因為阿爸鍾意食，有時行過呢：『喂！好香喎，攞嚿嚟啦。』咁樣，跟住陳太就會攞出嚟請我哋食。下次如果煮好嘅話，隔籬屋又會話：『喂！有嘢食喇。』我哋鍾意食，仲會拎埋過嚟俾我哋食㖭。」

以食會友來得簡單，鄰舍關係就是如此，從相識發展到互相信任。「有時細個無帶鎖匙返屋企，就會去佢哋度攞條鎖匙，我哋直頭互相有條鎖匙擺咗喺大家嘅屋企。調轉佢哋冇帶鎖匙，亦都係問我哋攞鎖匙㗎！」

明明望到自己屋企，都係唔知邊條路點樣行返嚟。

又或者，是這一空間，不經不覺已成為大家連結的理由。童年的裕軒眼中，這地方是個遊樂場。「我哋唔使約實，落到去，就會已經有人喺度玩緊。都係樓下咋嘛！細個就會阿媽帶，大個之後就自己會落去，口渴就會上返去飲水，玩伴最多都係小學同學。呢條邨到而家都仲有啲小學同學，佢哋都係一路住喺度，無搬過，同埋都有啲聖路加堂幼稚園同學。」

「滑板同單車都係喺呢度學，因為喺出面公園都唔俾玩滑板，出邊監管就一定嚴好多，所以出面你踩一踩就 over，呢度看更就唔多理會，呢度一個鐘就可能有一個人會埋嚟講，我哋收埋一陣轉個頭又可以攞出嚟玩，同埋下面塊地鋪埋軟膠墊，你想點仆就點仆，所以嗰陣三日內就攞住個滑板識行，就係咁原因。出面就算你練，阻咁多人點練啫，但呢度就係有個地方可以俾我咁玩。」

開放空間，在承托下成長，然後因著尊重大家共用空間生活，而懂得收斂自律，誰說一定要用規矩去限制。「但當你識咗之後就唔會再咁玩，因為呢度太細，我試過有一次著白飯魚踩滑板，因為懶唔想行路，同埋呢度啲地真係好好踩，跟住就撞親人喇，所以以後就冇再喺度踩，因為你住呢度，始終都會認得你。」

韻研則以西環邨空間錯落而稱奇，這裡一下子就可變成大迷宮。「細個有次暑假同隔籬屋玩，佢叫芝芝，我哋好鍾意玩捉，就咁就走嚟走去，會玩到蕩失路，真係唔識返屋企，喺嗰度撳粒都奇奇怪怪，嗰邊就撳九樓，長樓梯嗰邊就四樓，之後九樓又要行返落四樓，好亂嘛，明明望到自己屋企，都係唔知邊條路點樣行返嚟，真係超無助喎。」

因著倚山而建，山腰苑臺的四樓會與山腳苑臺的九樓相連，同一層樓在不同苑臺的電梯要懂得按不同樓層。同時，雖然空間開揚，可因著大廈座向要與山脊等高線成直角，而造成不規則形狀，鳥瞰東南西北苑臺，並非如「十」字尖端四點與中心的關係，而更似一個斜放的「介」字。立面與平面的奇特空間經驗，才會造成這個有趣的認知混亂。

「條邨真係好鬼似迷宮呀，呢度有一幢，嗰度又有一幢，我都搵唔到邊度係中間，中苑臺叫得做中苑臺，應該係中間啦，但係呢，喺入面邊度見到係中間啫，除非你係高空望落嚟啦。正常觀龍樓咁樣，一幢幢咁平排，一掃落去已經知，但呢度好混亂，

左　攝於家中，姊弟剛好兩歲。（簡韻研、簡裕軒提供）
右　「我哋唔使約實，落到去，就會已經有人喺度玩緊。都係樓下咋嘛！」（簡韻研、簡裕軒提供）

我其實而家都畫唔返個平面圖出嚟。有時啲送外賣走嚟問我路，我都答唔到佢，如果係自己叫外賣，啲嘢凍晒都未上到嚟，個pizza都融咗啦，哈哈。」裕軒說，幸好屋邨保安會帶救護員尋找報案單位，若要救護員自己找地址就夠耽誤。

條邨太靜又真係靜過頭，慘過圖書館。

原來邨內見到生面口的人在尋路，對邨民來說並不陌生。「我哋都有好多個出入口，都無嗰啲咩密碼，會有其他人入嚟，嚟影相，但係可能因為多啲老人家，所以治安好啲，有個阿婆話早十年八年，喺佢露台望到對面走廊有個學生非禮第二個女學生，跟住佢就喺個露台度大聲喝過去囉。可能就係因為好多老人家好少teenagers，所以冇乜人出夜街，華富邨就好多細路呢，就算夜晚遲少少返嚟，樓下都一定仲會有人打緊波，或者成幢樓仲有人行，但西環邨一過咗十一點，啲住家熄晒燈，成條邨靜晒。」

「條邨一係太靜、一係太嘈，太靜又真係靜過頭，慘過圖書館。夜晚返嚟習慣咗靜，突然間有個人跟喺你後面，你會覺得驚，唔同其他邨好多人行，其他邨就算有人喺你後面，都唔覺有啲咩奇怪，但係呢度就覺得好怪。呢度轉角位好多，就算人哋無惡意，佢行出嚟你都會成個人彈起，會窒一窒，但其實無乜嘢㗎喎。最慘就係人哋近距嚟望住你受驚個樣，佢又唔知你咩反應，唔通你又講對唔住？唔會㗎嘛！所以如果有個人轉過嚟，爭啲撞面，你嗰刻就唔可以驚俾佢睇，你要扮到ok咁繼續行。」要不是說出來，也未必明白到不動聲色下，由不安引發的內心歷程。

在裕軒眼中，更叫他不安的，是邨中曾發生的自殺事件。「如果真係令到我驚，真係嚇到我，係樓下有人自殺。有日屋企無人，夜晚時間，我就自己留喺屋企，然後買外賣返屋企食。返去時我就行長樓梯，就喺嗰個位自殺。我本來唔記得咗有呢件事，係行行吓個腦就即刻彈咗個新聞出來。」裕軒當時正沿著長樓梯步行到東苑臺，突然想到自己正路過發生自殺事故的現場，立時毛骨悚然。

「我又唔會搭返落四樓再行，行返落去又仲驚，夾硬就撳𨋢。門就正正常常咁關嘅，門關到最後就好似撞到嘢咁樣彈返開，我本身企喺正中間，嗰日本身已經好驚，咁大個真係未試過俾唔到反應，成個人真係唔知做咩好，個心應該裡面係好驚。跟住再關嘅時候，又再咁樣開返第二次！我心諗，真係唔好玩我啦，我好驚又好緊張，但係又走唔到出去，再出現第二次嘅時候你個腦就唔會再諗到嘢，下意識就講咗句『唔好意思！』就乜事都無，關到啦。」

說來仍猶有餘悸。「我係慢步咁樣出到嚟行返屋企，然後第一樣嘢就打俾阿媽，問阿媽返嚟未，跟住我又講俾學校啲人知。我行樓梯上嚟算啦，多個阿婆喺度陪吓我都好吖。如果嗰時保安睇到個 cam，佢會笑死啦。一個咁高嘅男仔係會俾部𨋢嚇到縮埋咗一度。可能我細個好鍾意睇鬼故事，所以之後係有一段好長嘅時期唔敢自己搭𨋢，之

左 「由細到大我啲好奇心都好重，我越驚嘅嘢就越要克服。」（簡韻研、簡裕軒提供）
右 「滑板同單車都係喺呢度學，因為喺出面公園都唔俾玩。」（簡韻研、簡裕軒提供）

前有一段時間係學IPSC（氣槍實用射擊運動），逢星期四學到夜晚十一點幾，嗰一排我係會驚到真係唔會搭𨋢，差唔多半年裡面無一次係搭𨋢上嚟，次次都係行上嚟，我係驚到呢個程度。如果無睇新聞嘅話，寧願當機器故障，但問題係睇完單新聞之後。」

我越驚嘅嘢就越要睇，越克服。

男生成長中，總會想辦法去克服內心恐懼，建立無畏勇氣，這次面對的不安背後，是對幽靈，又或幽靈背後代表的死亡的恐懼。「由細到大我啲好奇心好鬼重，我驚邊樣我就想睇，咁就希望第時唔使驚，我越驚嘅嘢就越要睇，越克服。所以有一排就會上嗰啲fourm睇啲嚴重事故圖片，睇過好多就唔驚。我就係嗰班驚啲咩就係克服啲咩嘅人，好似驚甲甴就係要困喺甲甴屋。」裕軒形容的是專門應對驚恐的心理行為治療，叫洪水療法，將大量最強烈的恐怖與刺激呈現眼前，務求一下子能重調心理機制，消除恐懼。

簡韻研、簡裕軒提供

裕軒以為，在網上多看死亡場景，可以幫自己練膽，壯膽，令自己對血肉麻木。惟血肉之軀看得再多，真正衝擊內心的是帶走血肉之軀的死亡，間接接觸的死亡情景，抵受不了直視死亡的衝擊。「搭𨋢隔籬嗰次真係好恐怖。我嗰日朝早十一點補習，就聽到有人話跳樓，叫我唔好行嗰條樓梯。我心諗，終於可以俾我練習膽量，克服佢，心諗應該唔驚嘅，點知我錯喇，真係好大灘血。我以為警察嗰個帳篷係好大嘅，點知原來好細，死者就淨係遮住個身，其他嗰啲就唔理，所以我見到隻腳扭轉咗，我係離遠見到，仲有一啲我上生物堂解剖先會見到嘅嘢。Wow！嗰個衝擊力度大到我已經形容唔到，我淨係睇隻腳都唔得。」

當洪水療法都失效時，就明白恐懼不是外在刺激而成，而是源自生命內在的焦慮。正如心理學家歐文．雅隆（Irvin Yalom）說過，死亡與烈日一樣，均令人難以直視，唯有理解、看透心底這份對死亡的恐懼，才能令生命變得更深刻，更珍貴，更充滿意義。

縱使心靈大受衝擊，裕軒在極恐下仍

能迸發一份力量，保護他人。「個帳篷側邊有啲街坊，有啲大人就咁行過去，我係咁大嗌，叫佢哋行返轉頭。嗰陣仲要啱啱好阿爸同阿媽食完早餐返嚟，家姐行緊條樓梯落去，行多幾步就會見到，我即刻喝住佢，所以最後家姐就無望到。之後再有人跳樓，我唔會再睇㗎喇。」

經歷過後，恐懼雖未有消散，可卻從家庭溫暖中消弭不少。「第時我唔會想自己住囉，幾恐怖，我會自己諗好多嘢出嚟，而家夜晚呢，我會唔敢熄燈住。」韻研沒好氣地回應：「好煩呀你，有時夜晚阿爸阿媽已經瞓咗，佢就會叫我唔好上床住，點解呢？就係因為要我熄燈。」裕軒申辯：「我想要仲有人係清醒嘅，之後我就安心啲去瞓，如果個個都瞓晒，我要自己一個上去，嘩！幾驚。」兩姊弟相視而笑。

十六歲的年紀，死亡不曾在身邊，卻意外出現在眼前，這個未曾預約的來訪，引發那份隱含死亡在內的恐懼，在黑夜如魅魍，怕甚麼時候會出現，可幸，身邊人親切的笑聲總能把它驅開一些。在最黑暗的地方，也是點點星火可以燃亮夜空的時候。裕軒也曾經從危難中見證連死亡也不怕的勇氣。

「中苑臺嗰度試過有次警鐘響咗好耐，我以為 false alarm（警鐘誤鳴），跟住我就喺鐵門嗰度望出去，奇怪點解啲人走晒出嚟，然後開門睇，原來真係大火。我印象中係個婆婆嚟嘅，我望住全部街坊上下樓層嗰啲，全部衝晒出嚟幫手，我記得樓下嗰個係巴士司機，走上去救個婆婆出嚟，樓上樓下一定快過等消防車嚟，見到全部男嘅堆晒喺嗰層幫手，起碼有十個男人喺嗰度。我見唔到有無拖喉，但見到個警鐘爆咗，總之見到啲街坊，掩住個鼻就幫手。」

就算仍帶著恐懼，可因著求生的力量、保護的力量、珍愛的力量，我們能夠有足夠力量去求生，去救援，而這當中，更因著有同伴在一起，共患難，這股生命力，才是最好的準備，足夠應對成長路上種種挑戰。

第三章 塑造生活

梁瑋鑫攝

走進西環邨，會發現街坊大多都樂意談上兩句，即便是初相識的，他們都很樂意點個頭、微微笑，打個招呼。他們不是特別的趕忙，看著他們在天台上整理衣物被鋪，或打開舊報紙把菜乾果皮鋪在上頭，或打理植物盆栽，或平日炒菜切肉，都有他們的步調，不徐不疾，中間有一份嫻熟，使他們有能力把各自的小天地都安頓好。

在西環邨特別感受到時節的更替，這都多得邨中長幼都對於節令傳統有種敏銳與敬度。清明每家每戶都插柳，春節就互相拜年餽贈糕點、做角仔與大煎堆；端午節可樂了，不同家鄉的粽子都可嚐遍，走過走廊，家家戶戶的粽葉香氣撲鼻。

西環邨人既把文化傳統都細緻地在生活中保留下來，但同時又有其開放度，多姿多采又時髦，容讓了幾代人下來以不同的方式去經營生活。新一代的西環邨人，有的自其他屋邨遷來；有的是開邨人家的子子孫孫，遷出後又因著種種原因再回來了。各種因緣，使他們的生活再交織在一起，再談上兩句，會發現他們因此而有很多有趣細膩的生活點滴。

一花一世界，他們彷彿能在最微細的事物中，找到生趣，環境的寧謐又像是在守護著他們，使他們能專注生活，專注生活又使他們營塑了他們生命本來的面貌。過程中，他們發現了自己的光，用了自己的光，照亮了自己。這些光彷彿也溫暖了這裡。

3·1 申請廉租屋起碼有返個希望。

潘濃頌

一九三三年生，一九八四年入住西環邨至今。

潘濃頌父親很早就出國往澳洲工作養家，開平的家只有頌姐幾兄弟姊妹和母親一起生活。四五十年代，頌姐一家被批鬥，母親被迫跪困在祠堂，兩母女相擁而泣了許多個晚上，然後所有財產都沒有了。為了生存，年輕的頌姐和家人先後逃難到香港，到埗後全家一直住在西環尾。「我一九五幾年落咗嚟就住西環，結咗婚後又係住西環，未結婚之前媽媽都喺西環住。嗰時層樓係我阿叔買，阿叔去加拿大返嚟買咗，俾啲仔女住。」

「嗰時阿嬸就喺度住，好大㗎有七間房，租晒俾人，自己淨係住兩三間，我哋住間細房，一邊對住海邊，兩邊都係窗。層樓係唐樓，即係而家泓都，好近西環海皮。嗰時打風幾慘，溫黛嗰時，我住三樓，成個夜晚都喺度潷水，我哋好多窗單邊，我都唔明，明明閂晒啲窗，都係咁，一個浪一冚上嚟，啲水就入晒嚟，鹹水嚟㗎。」

「我結咗婚之後就搬走，喺吉席街租咗間房。之後個包租婆要去加拿大，我嗰時成三四個仔女，都係喺嗰度出世。個包租婆同我講，話如果我唔包租就俾返業主，你哋就要再搵地方搬。嗰時諗，搵地方搬又唔知搬去邊，住又住得幾好，層樓就大，但廁所就好細，樓底高，係唐樓三樓，我就話想包，但老公嗰時話如果租唔出你自己仲慘，收入又唔係多。後尾無辦法，你又有仔女，嗰時真係好多你有細路仔就唔租俾你。我就諗都要住住先啦，收尾咪就包咗佢，如果真係頂唔順先俾返佢。嗰時幢樓全部都係個業主嘅，佢哋住六樓，我哋住三樓，包咗之後我就申請（廉租屋），申請最後批咗呢度（西環邨），咁我就俾返個業主。申請呢度我足足等咗九年呀。」

四個孩子、兩夫婦，還有媽媽，都是頌姐負責照顧，環境擠迫，生活艱難，廉租屋就成了她當時的一個希望。「嗰時我三年就兩個，之後嗰個同第四嗰個就一年一個。慘呀，呢個未識行嗰個就出世。媽媽唔使我養，不過我就要負責照顧佢哋。我自己幾個細路仔，一間房都唔夠住，四個仔女，點住？我就諗申請公屋。一開始我叫我老公，但佢唔肯申請。我就唔理佢去申請，去做嘢嗰度啲人幫我填表寫好，返到嚟我監佢簽名，佢話唔申請嘛。做嘢嗰度啲人好好，個個都話你申請啦，佢唔填表我同你填表，填好返到去簽名就交咗，咁咪有就有，無就無囉。後來我老公都話，你申請都好，都有個希望，有咪有無咪無囉，你唔申請直情無希望，乜嘢希望都無。」

等了九年，頌姐中間拒絕過華富邨，也覺得觀龍樓「始終是門對門」，光線有點暗，能等到西環邨，她十分欣慰。「好開揚，兩邊通風，夏天自己一個人喺廳風扇都唔使開。我哋夜晚唔關道門，開鐵閘瞓覺。打開佢，兩頭扯風，好舒服。」

說起從前的西環邨，她像在介紹一位老朋友：「以前雞欄喺下面囉，哈哈！三四點就嘈，又臭！不過無辦法啦，搬到嚟又無得講。嗰陣時自己好蠢，一方面又諗住自己有間屋就算，唔好理咁多。嗰時成條街爛笪笪咁樣，好核突。」一大清早，雞隻由不同

頌姐的全家福，湊成兩個好字。（冼昭行攝）

地方而來，有的來自新界，有的來自內地，牠們坐著大貨車，長途跋涉，很多雞隻都因為舟車勞頓而暈倒，甚至死去。欄販一大早就開始工作，預備各酒家食肆來下訂單，人聲鼎沸。「嗰時我諗，人哋個個都係咁樣住到，你自己嘅環境又唔係好，咁有得住都算啦。啲雞唔係喺度過夜嗰，夜晚佢係會關門，到清早三四點佢買咗啲雞返嚟，咪喺度咯咯咯咯叫！日日都係咁樣啦。好在後尾住住吓（雞欄）就搬晒去。」

「菜欄咪就係而家（加多近街）公園嗰度，菜欄又係咁邋遢，仲有魚欄、蝦欄；北街嗰度係海皮嘛，嗰度多數都係賣魚，都有賣雞嘅。以前我哋多數都係自己煮，邊度仲有錢出去食嘢呀，求其喺屋企，有咩咪食咩囉！嗰陣時放完工即刻去買餸，跟住返嚟煮飯。」

一個人好似做咗三世人嘅工夫

往後的生活，依舊是有點清苦，但談到丈夫，頌姐立時淡淡一笑，「嗰時我家姐

頌姐幫襯一家中醫館多年，配有不同藥粉以備不時之需，有時加上自製鹹柑桔，「俾多粒冰糖，沖水飲把聲就開。」（冼昭行攝）

嫁去佢條邨，佢家姐又嫁去我嗰條邨，佢兩個唔知點樣講，就話佢有個細佬，我又有個妹，咁樣得嚟嘅。我阿媽唔鍾意我個老公㗎，嫌佢窮。」不過，這無阻他們的決定，一起生活，福禍相依，如此就成了一段姻緣。

未搬到西環邨前，兩夫妻勤儉樸實，頌姐丈夫在安樂園茶餐廳做水吧，頌姐就身兼多職，「嗰時攞啲嘢返嚟做。湊住仔女，同時間又攞嘢返嚟車。車嘢車到之後細路仔大啲，我就上去同嗰個業主去做家務，佢嗰度請人，我就話我又去唔到遠做嘢，啲細路仔喺度，如果佢請就上去做，有咩事都容易處理，就上咗去佢度做。到啲細路仔大啲，就出去做，真係無停㗎。」

搬到西環邨後，他們依舊勤快，然而，頌姐丈夫的身體卻出現毛病，出入醫院漸漸成了家常事。「我老公好多病，前前後後醫咗十幾年，年年都入幾個月醫院。佢又唔食醫院嘅飯，三餐都要攞入去俾佢食，日日都係要咁拎。我又要返住工，朝頭早好早煮定早餐同埋晏晝嗰餐，叫個女攞俾佢之後就返學，夜晚嗰餐放工返嚟就急急腳煮俾佢食，都係自己條命苦。」頌姐不單止是個馬不停蹄的照顧者，她還兼顧一份正職，一份兼職：「如果唔係頂唔順㗎，有成四個，點頂呀。每日做完所有嘢，起碼兩點鐘先瞓，之後六點鐘又起身喇。無辦法啦，邊個叫你自己窮。」

開始時是帶工作回家完成，大多是車衣件工，再來就幫樓上的業主打理家務，後來她就走到石塘咀找工作，因為當時石塘咀工廠林立。「有去工廠做過啲羽毛雀仔，呢度做咗十年；之後有人介紹我去寫字樓做，又去過錶廠做，不過嗰時個『Line 長』(1)就好衰，我同人哋好佢又唔抵得，人事部又特登俾多嘢我做，咁我咪走囉。不過，啲『Line 女』好好㗎，個個都叫我唔好做，之後佢哋仲同我搵工，佢哋話山道請人，總之你去嗰度見工，唔好做呢份嘢，加咁多嘢俾你做；老細都對我好好，我話我要走啦，佢問邊個叫我走，又叫我唔好走，不過我就唔想太多事。其實啲人個個對我都好，無乜架子，啲小姐個個都咁好，所以嗰時走我都喊。」

「去到山道，係間金廠，有做金飾又有做金條。我就負責朝早斟茶洗杯，做七十人，要斟七十杯茶。同事都好好，如果我生日，佢哋又會同我做生日，有得食又有嘢送俾我。打金呢度轉眼又做咗十年。嗰時的金好平咋，嗰陣時應該一出糧就買一條（金條），而家啲金咁貴先至後悔。當時我哋員工買有再平啲，仲有九五折或者九折，不過嗰時自己都無錢，自己做嘅嘢都係剛剛夠食咋。」

我幾歲就跟我媽學整煎堆

每天辛勞回家，頌姐仍然忙個不停。如果往她的廚房走一趟，就會發現裡面有各式各樣的瓶罐，藏著各種醫藥秘方。「係呀，我整咗好大罐鹹柑桔，我以前同事佢哋好鍾意飲，一有乜嘢喉嚨沙，就會要我沖俾佢飲，飲咗就好好多。有次個經理直情出唔到聲，睇完醫生返嚟，我沖杯桔水俾佢飲，佢第日返嚟，佢話佢撐得過啦。我話撐得過咪好囉，真係笑死。你唔好睇輕啲鹹柑桔，

頌姐曬製陳年果皮。（冼昭行攝）

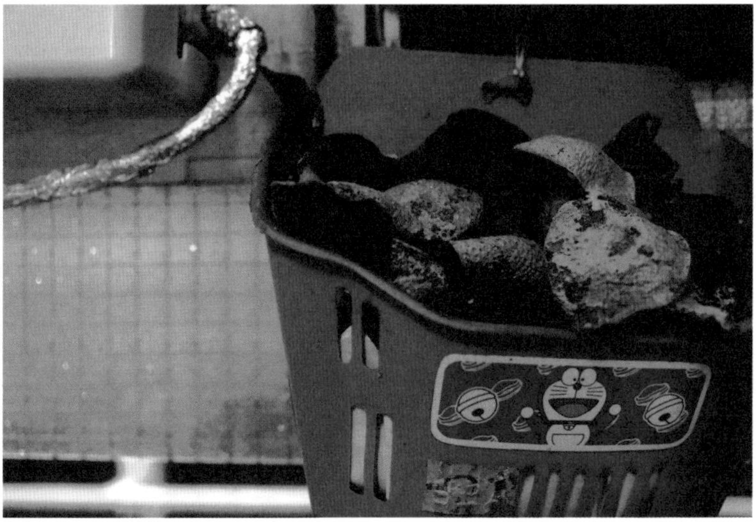

真係好有用，如果你發燒喉嚨痛，俾個鹹柑桔，俾多兩匙中藥粉，俾粒冰糖，沖水飲把聲就開。」

仔細看看瓶中的鹹柑桔，上面浮著一層淺淺的果油，鹹柑桔早已由淡橙色轉為深褐色，打開那刻滿室芬香，是名副其實的家傳之寶。「呢樽我浸咗好耐喇，加埋去中醫度配嘅藥粉，藥粉要落兩茶匙到，呢啲都係醫生教我嘅。鹹柑桔我年年做，去到退休就集埋咁大罐，浸埋浸埋好多。嗰陣留咗大部份俾以前同事，就無攞返嚟。其實嗰陣啲桔好過而家，無咁多防腐劑，而家嗰啲放咗好多防腐劑所以好耐都好靚，所以而家我個女都唔俾我浸，怕會食死人。」

「我一向都有整開鹹柑桔，喺屋企做開，嗰時公司年年都買好多盆桔，唔知邊個病呢之後就沖杯鹹柑桔俾佢，飲都好㗎，沖開呢就個個都知道好，啲人一喉嚨痛或者咳就搵我：『頌姐快啲沖杯鹹柑桔俾我啦』，咁我咪沖俾佢囉，之後我知道好多人都要咁樣飲，年年浸都唔夠飲。年年摘晒啲桔，我就自己買十斤鹽返嚟浸一大罐。」

頌姐的獨門秘方何止柑桔水，她還通曉各款糖水煮法、炮製食療古方。說起養生，頌姐建議可以每天飲果皮薑水：「你可以整啲薑水，記得朝頭早飲唔好夜晚飲。你要咁樣調理你嘅身體喎！好好保健自己。」

「有一次西環邨有個街坊個肚做咗手術，有幾條傷口，佢傷口好鬼大，成個身都係呀，佢嗰陣話成晚無得瞓，痕痕痕到死，又紅又腫。咁佢俾我睇，我一開始都係俾呢啲中藥粉佢，俾啲酒叫佢返去搽，咁佢話搽完就好舒服，夜晚黑就好瞓。我話不如我俾個地址呢，你去呢個醫生度睇吓，佢而家搽咗食咗啲藥，個傷口就無咁痕啦，夜晚黑有覺瞓吓。不過，有啲人可能會唔鍾意，所以我介紹人自己去睇醫生。」

頌姐平日煲糖水，總是一大煲與鄰居分享，特別常見的是白果腐竹雞蛋。樓上樓下街坊都說，頌姐的糖水很足料，又用火水爐慢慢煲，火候十足，特別濃郁。她分享食物，每每更分擔鄰人的需要：「之前六樓嗰個黃太，大家好熟嘅，佢自己喺度住㗎嘛，佢嗰陣隻腳唔行得，咁我日日去買餸，我話你想買咩呢，你就朝早打電話落嚟，八點前打落嚟，如果唔係我就出咗街喇，咁佢有時夜晚打定落嚟，有時就早上打過嚟，話要買咩買咩，咁我就買埋上去俾佢囉。無咩所謂嘅，呢的嘢做到咪做囉。後尾有日我有打電話俾佢，又無人聽，走去睇吓，佢原來跌喺地下起唔到身。前一晚佢瞓覺跌倒落地下，咁就成晚起唔到身，又搵唔到人救佢……最後佢個女過咗嚟，送佢入醫院，住咗個幾月，就話唔好俾佢一個人喺度住，所以最後就去咗老人院。」

過時過節，頌姐家更特別會做不同的應節食品，「我幾歲就跟我媽學整煎堆、學包粽，我八九歲就已經整，嗰時貪得意嘛，我哋姊妹多，我家姐嫁咗，有時節日要拎啲嘢去男家，所以我阿媽成日都要整，我阿媽整親，我就去佢面前睇佢點做，我自己慢慢學。有一個老人家，佢當時已經好老好老，專係同人哋整呢啲嘢（應節食品），咁我就成日踎喺佢哋腳邊，叫佢教我，佢嗰時就話，哇妳又好鬼叻，一教你就識，咁所以整親嘢我都埋去整。我而家過年呢，就求其整幾隻

左　「我日日煎貓魚同煮飯佢食，日日整呀，一日兩餐，好似養一個人咁樣！」（謝子英攝）
右　頌姐「順手」包下一大盤粽。（謝子英攝）

煎堆，整六個或者八個，用嚟拜下神，咁咪算囉。」頌姐那幾隻求其煎堆，油一炸開就會發到鑊那樣大，又香又大又圓。既然搓開了麵糰，頌姐會「順手」多弄不同的油器，「有同一個皮嘛，我咪整埋鹹水角、豆沙角咁樣囉，過年嘛，哈哈。不過舊年年初一整咗成幾十個豆沙角，我啲細路個個嚟拜年，佢哋嚟到我先炸，炸好佢哋就食，好好食呀，幾十個係咁食鬼晒！」

我好鍾意養啲撈撈攪攪嘢

除了頌姐的家人鄰居有口福，頌姐的家貓更有福。「以前呢度好多老鼠，我養咗好多貓喇，養過一隻黑色波斯貓，嗰隻養咗二十年，就走咗，我個女又喊，喊咗幾日。死一隻貓就喊一次，我話阿媽死你都唔喊呀，貓死你就喊！波斯貓死咗之後，我嗰陣去睇腰骨，嗰個醫生佢有兩隻好大好靚嘅花貓，我話你兩隻貓咁靚，佢話係執返嚟，係殘廢貓嚟，有一隻就整斷咗對腳，有一隻又唔知道整親邊度，拎返嚟帶去睇醫生，養得佢好靚。佢就問我想養貓咩，我話我隻貓過咗身，佢可以聽日同我去搵一隻。佢真係同我搵咗隻貓，喺九龍嗰邊搵過嚟，好在佢返嚟喺車度唔嗌，一嗌我就死啦，嗰陣時搭巴士，好驚，好似偷運返嚟咁。一拎隻貓返嚟呢，我個女就開心死，不過隻貓拎返嚟好肉酸㗎，嗰陣好瘦好瘦，我日日煎貓魚同煮飯佢食，日日整呀，一日兩餐，好似養一個人咁樣！一個月都食好多米同埋魚，佢好鍾意食貓飯，而家就靚晒囉。」

小貓靜靜地生活了廿多年，頌姐一家也在西環邨住了快五十年。數十年的忙碌中，靠著一些小閒趣滋潤生活。「嗰陣時有養咁大隻龜呀，會生龜蛋！養咗二十幾年啦隻龜，係正式金錢龜，賣成萬幾銀，我五十文（音同蚊）咁細個買返嚟養，嗰陣喺海皮好多呢啲撈攪嘢賣，我就好鍾意養龜，嗰陣同個賣魚佬好熟，佢就俾我五十文一隻，好犀利㗎啦嗰陣時，養咗成二十幾年，成幾斤重，所以值成萬幾銀呀。另外仲有隻草龜，隻龜年年生蛋，一生就十幾二十粒，我食咗好多龜蛋，哈哈！焓熟嚟食，一粒一粒好似鵪鶉蛋咁，好細粒，好得意，好香，所以生親我就食喇。後尾死咗，我就真係陰功啦，無龜蛋食！啲人仲話點解唔食咗佢，梗係啦我點捨得食。我好鍾意養啲撈撈攪攪嘢，我就係衰嘅哈哈！」

「我有時養啲金魚好似呢個櫃咁大，一缸魚咁大，就係俾嗰隻貓呢，夜晚呢，一條一條整晒上嚟地下，朝早起身，地下全部都係金魚，真係慘呀！嗰隻死人貓玩咋，其他貓都唔咁樣，真係衰呀養著你整死我啲金魚，嗰陣時啲金魚好靚，啲獅頭金魚嚟，好大條！俾佢搞到咁，後尾就唔養囉。嗰陣時我都唔知道自己為咩，自己係鍾意就養，即係我見啲魚呢，有時得閒坐喺度見佢喺度游嚟游去，好得意、好大條！做人係咁樣，奔奔波波勞勞碌碌又一世，有咩所謂。」

萬尺樓房都係住一邊

退休後，頌姐忙著養的，是她的孫兒。

「本來我已經早早話咗第日我唔會湊孫，不過啱啱就咁啱，我啱啱退休佢就啱啱出世，係咪有咁啱得咁橋呀？我去問過睇相，佢話我一世都奔波勞碌命，你唔好以為你退休就唔使做，你退咗休仲辛苦呀！湊仔、煮飯、買菜，咩都係自己一腳踢，係咪仲辛苦呀？哈哈。」

話雖如此，頌姐說來卻甜在心底。「苦係苦，而家個孫佢去邊度實要拖住我，唔會俾我自己走。去邊度，個個行佢唔行，佢行咗去都會走返轉頭叫我一齊行，我就話你去啦，我跟住行得喇。佢知道，佢咩都知道，不過知唔知道都好，一代一代，阿媽養我我養返人，咁咪算數囉，都係一代傳一代，無咩苛求。一日兩餐安定，有安定嘅住宿，咁咪算數囉，做人有咩好求。正所謂，萬尺樓房都係住一邊，做人知足咪算囉！生來有咁多嘢都係無用，都帶唔走，只會辛苦。你睇李嘉誠，你估佢好自在咩咁多錢。我就無咩所謂，我幾時走都無所謂，一個人最重要走得舒服，唔辛苦就算數啦。而家無咩望，望就望可以安安定定住落去。我真係唔想呢度

拆呀，住埋我，等我走咗先啦。」

註

(1) Line 長：以前在工廠負責一條線（line）的管工。

3·2 要互相依靠先可以生活下去。

李笑玲

一九三一年生，一九七八年入住西環邨至今。

我哋由農村出來嘅人經過好多艱難工夫

笑玲生於傳統小村莊，生活都是艱辛。

「我鄉下喺鶴山，住嘅地方好窮困，又唔近山又唔近海，田地又唔夠耕，無咩生意做，又無咩工廠，一九四九年解放時我得十幾歲，嗰時生活真係好困難，特別係伙食，每日有兩餐食已經好滿足喇。喺呢啲環境下生活，所以好想搵條路行吓。我有六姊妹，我排第三，雖然有人大過我又有人細過我，但我哋六個當中我比較堅強。我生得比較高，成日認為自己做得就去做，自己做得就去做，咁所以做吓、做吓，又做比較多。我哋成條村得兩家有錢佬，其他嘅都只係種到夠兩餐飽，個個都係手搵口食。所以呢啲環境下，都係自己務求出到嚟搵到食咁囉。」

笑玲從未踏足過廣州，但她很清楚自

己的目標是要開闢出路。她仔細向曾去過打工的鄉里查問後，也沒有伴，就隻身出發到廣州。「有人介紹我去，有個鄉里生咗細路仔，想搵人照顧。鄉下人介紹返鄉下人，比較熟悉又同聲同氣，所以出咗廣州。幾年之後，廣州又一個群眾運動，分田分地，平階級等，例如地主階級就即係剝削階級，富裕中農就屬於都有多少剝削。當時我家族屬於自由職業，即係做小生意呀、選擇做其他行業咁，就唔屬於剝削階層，算係工人階級，所以算係無咁大限制。當時廣州嘅群眾運動動員農村嘅人要返返去農村，咁我個戶口已經出咗廣州，而且我鄉下已經無田，我又無分到田地，無田地咁就算動員我返鄉下都無得耕，所以我前後申請咗三次，想去香港謀生。」

「喺香港生活都要有份工資，我又無一技之長，都其實無咩選擇，我啲嘢大都係後來自學。我喺好多工廠都做過，車牛仔褲、熨毛衣呀，好辛苦㗎，濕手濕腳㗎，又有啲蒸氣蒸住隻手，一路扭毛巾一路熨，天時冷呢都皺晒皮。不過我又做唔得快，計件工就唔係好搵到食，所以都搵吓月工先搵到食。」想起手腳受罪固然憶起舊日的苦澀，可相較鄉下的徒勞，辛苦過後有兩餐，是昔日生活在這個城市可嘗到的回甘。「做咩工其實都唔係好辛苦，我哋由農村出嚟嘅人，經過好多艱難工夫，日擔夜擔，擔到衣服濕晒都未賺到兩斤米，所以出到嚟香港都算應付得嚟。」

初來埗到，兩餐可保後，就要找個瓦頂遮頭。「我租過九龍嘅房，都要廿零文（音同蚊）一個月租，好貴喎，後來搵到另一份工有宿舍，所以我就放棄本來租嗰間房，起碼住宿舍可以慳返啲租嘛。當時我表姐夫喺香港做鞋，係一間小型嘅製造廠，佢就租一層樓，間開俾伙記住碌架床，順便又做埋工場，我以前都有去佢度幫吓佢一兩個月，煮吓飯呀，幫頭幫尾。後來我表姐夫都話我，邊有咁容易申請到公屋呀，你睇吓人哋住咗幾耐街(1)都排唔到上去，日頭喺啲舖頭門口呀、深水埗啲地方住得好迫狹，如果有宿舍住就唔使諗交租啦。」

「嗰時住屋都同而家一樣咁困難。你租

笑玲的家仍保留著原初四工友同住時的舊貌。（謝子英攝）

地方住，好似做戲咁，七十二家房客咁，嗰啲環境幾惡劣呀，我初初到西營盤，都探過一啲鄉里呀、朋友呀，三層碌架床，好惡劣㗎嗰啲環境，三層喎！三層住中間嗰層你話幾辛苦呀，噚又驚踩到下面嗰個，又坐唔直，坐住上床㗎咋，要坐好瞓低個人伸直先碌埋去，好惡劣，所以我哋睇到咁嘅環境，更加覺得需要有間屋仔住吓。」

租住房狹窄又環境惡劣，也不是每一份工都找著有包宿舍床位的，所以後來笑玲和幾個工友忽發奇想，合份在工廠附近買了間木屋。「喺正而家黃竹坑室內運動場，即係海洋公園望落嚟馬路，隔籬而家變咗大型球場。黃竹坑嗰時呢全部都係木屋，無磚屋，完全係木搭，有啲樹葵(2)搭嘅都有。幾個人夾錢買咗。間屋裡面就間咗一個房，房裡用碌架床，個個都返工，放假就返去住。」

這個斷非草率的決定。「當時木屋仔都要差唔多一萬，共有三伙人，每人都要出幾千文，唔係容易嘅事，嗰時人工咁低，我哋賺一百幾十文一個月㗎咋，我初初落嚟都唔夠一百文呀。而家啲人一個月賺成萬文，

「克力架罐好好用，放嘢用最好。」（謝子英攝）

但而家啲嘢咁貴，都計唔掂。嗰時啲嘢雖然平，但平得嚟你得幾十文一個月，你話點樣摵喇？要好慳好慳，不過我哋啲鄉下出嚟嘅人，都慳慣。我哋買嚟係諗住一齊住，希望真係有間屋有瓦遮頭，唔使話要搵地方住。我哋當時都未結婚，幾個咁啱都好需要有個地方歇吓腳，唔靠啲親戚朋友，長貧難顧呀。」花上幾倍年薪，買下的不只是四分一間木屋，還有一份站穩陣腳的實在，與自立的篤定。

我哋要住，要攞四張床呀嘛。

如是者，她們造就了這個今天鮮見的安排，四個沒有親屬關係的人，登記進同一個公屋戶籍上。「嗰時政府徵收地方嘛[3]，四個人就去登記，登記都好認真呀，調查你個人環境、收入，調查一次又一次，一次又一次，都好耐。初時就派我哋近住香港仔市場附近漁光村，喺正香港仔中心，嗰時一個墟場，好似而家啲瓜菜市場咁。初期廉租屋仲係公眾廁所，嗰啲呢又係舊屋改建，我哋就唔太鍾意，而且我哋四個人又唔急，所以我哋又再等多個時期。當時都有幾個女仔因為收地而分到公屋，佢哋就分咗去沙田。我哋都有兩次可以選，等吓就分咗去西環邨。嗰時覺得好好彩，因為地方環境又鍾意，又正式手續批到俾你，都唔容易申請呀，大家都好高興。七八、八八、九八、零八、一八，我咪住咗四十年囉。」共住數十年，這些笑玲口中的「工友」，看來都成了好姊妹。

「喺香港最開心都係識到工友，其實都有啲親戚喺香港，不過主要都係聯絡工友。我哋四個人入嚟，我哋要住，要擺四張床呀嘛。嗰時我哋即係好似宿舍咁囉。我哋四個都唔同姓㗎，當時我哋有兩個喺出面做工，有兩個同埋一齊做嘢，大家相處得幾好，放假先返呢間屋聚吓。平時有啲返工就住宿舍，有啲就打住家工，初時我哋租金就平分咁交，後嚟就一人交一個月租，當時就大家一齊住一齊生活，我哋又有爐灶，可以鍾意煮就自己煮。而家個個姊妹都升咗天喇，不過當時上到公屋都真係好好呀。」

如今笑玲留守著這充滿快樂回憶的房間，每個角落都留著一份份片段。「我同我啲工友一齊住成廿幾卅年，其中一個工友喺我退休後，都覺得自己老咗喇，又拜過神求過籤都係覺得返鄉下同個侄女住好啲，佢返去時都有八十歲。另一位工友都過咗身五六年喇，又住過老人院，有病又去咗瑪麗醫院，出院時都驚話有病照顧唔到佢，我自己都咁老喇，點照顧得佢到呀，𢵧尾搵到老人院一住住咗幾年，之後走咗。本來四個人住，而家淨返我最長命。」

「工友間都係年輕時識嘅，大家都互相照顧，好似佢入咗老人院，工友都經常去探佢，大家都係有心，嗰時啲人長情啲㗎。上一輩啲人都經歷過大大小小嘅相處呀、環境呀，大家都好明白大家都需要互相關心。而家香港又有醫生呀、又有車呀，好似入醫院咁其實可以完全唔使靠人嘅，以前就要互相依靠咁先可以生活。」從農村走進大城市，笑玲能挺得下去，除了要求自己做得就做，還有就是，抱持著人與人要互相依靠這份信念。

隔籬鄰舍都好尊重嘅人

尊重別人，尊重自己，原來笑玲是從小培養。「因為我老竇教育得好。我老竇係文盲。農村一直都係重男輕女，甚少俾機會女仔讀書，加上你唔係話家庭經濟豐裕，但我老竇打工仔出身，覺得都係因為文盲搵唔到食，所以佢就決定乞食都要俾啲仔女讀書。我哋幾姊妹都有讀到小學，以前有太公辦學，叫做讀過吓新書。富裕人家會早兩年俾佢去書塾，讀兩年書塾先俾佢入學，女仔就大多都無得讀書，不過我老竇就好前衛，佢覺得教育好緊要。你出去幫人，一日幫到黑佢都唔會鬧你，如果你出去玩到遲啲返嚟食飯佢就會鬧到你失魂，佢教育好嚴謹。佢惡得嚟都好實際，所以佢係隔籬鄰舍都好尊重嘅人。」

「我由細到大都好聽爸爸話，受佢好正面嘅教育，所以出路又唔會驚，出嚟處世、對人都要和洽啲，都係爸爸所教。我返鄉下嘅時候，啲人都話我完全唔似香港人，好多人由香港返鄉下都著得好靚，我就成日粗衣麻布，五十年不變，我話我點止五十年不變呀，我六十年不變呀，我落嚟香港都六十年喇。」衣錦還鄉的習氣沒沾染到笑玲的身上，內心無欲無求，與人為善，也就老老實實，心頭沒讓半點位置給虛榮。

對於老屋邨這個和善的老人家，鄰居都格外親切。「啲人會叫我姑婆，因為我啲侄孫都係咁叫我嘛。隔籬屋見我年紀咁大，熟絡咗咪又叫我做姑婆囉。我主要比較熟係呢層樓九戶人，我搬嚟之後都有幾戶搬走過，佢哋都好好嘅，煲到啲嘢食特別啲都俾你試下，有時好簡單咁煲咗青紅蘿蔔煲豬肉呀，煲得大煲啲又攞碗俾你。有時我哋無雞蛋呀，就去隔籬屋問吓你有無呀，借住隻嚟啦，好似以前喺農村生活咁。一陣佢又會還返嚟，我咪話：『哎呀！使咩還呀！大家都無咩所謂啦。』佢哋都好後生呀，又多少敬老，佢哋關照吓我囉。」

「呢層有一戶係由屋邨落成已經入住，佢有成三四個仔女咁多，咁而家三四個仔女有啲就移咗民，有啲喺香港，而家佢走咗喇，以前都會聽佢講吓湊仔女經，故事都一

謝子英攝

籮籮。好耐之前佢有一段時間去咗美國探吓個仔，都會交低鎖匙俾我，叫我同佢淋花。佢見我退休，成日都喺度，兩三個月去美國都會交低。佢個仔都好孝順，佢有病時個仔一星期嚟足七日，日日都嚟探佢。不過由於個仔都太頻撲，後來佢都換咗第二間廉租屋，住近啲個仔，方便照顧。不過搬走後無幾耐就聽到佢嘅死訊。」老鄰居養病的年頭，姑婆久不久就走過去看看她。「見佢開頭都食到稀粥，到後來食唔係好到，只能夠食流質食物。有時見佢工人打開門都會入去望吓佢，有時見佢有少少反應，眨吓隻眼。都只係盡一點便心。」

「而家有時隔籬鄰舍經過會傾吓：『去邊度呀？係咪去圖書館[4]呀？』佢哋又知我成日鍾意打乒乓波。初時剛剛退休，去中心有張波檯，嗰度就要限時限刻，又要訂又要約到人先得，後來佢哋話市政局[5]有兩張波檯係免費嘅，咁我就去咗嗰度打。啲人成日問，嘩你咁大年紀都識打波呀？我話我七十年前識㗎喇，細個讀書時學校都有活動嘛。而家突然又可以揸返塊板，咁又識返打咁囉。」

「而家唔使搵腳喎，去到運動場就自然有人一齊打。啲人都覺得好好奇，而家打得耐就純熟咗，我雖然隻眼唔係睇得好清楚，但波嚟我都會照樣應付，一直都保持到，一直打到舊年六月，打到八十六歲。」

「場地個教練都好體貼，跌咗個波去好遠呢佢都幫我執返，隔籬鄰舍都幫我手呀。隔籬屋啲細路仔都同我打過㗎。佢哋嚟探阿公，望到我，先知道同佢外公住隔籬。另外呢度望過去斜對面嗰家人，個細路當時都係四年級，又係喺中心識，佢問我：『係咪無人同你打呀，如果無就我同你打啦！』而家都十幾年喇，佢都出咗國讀書喇。我問佢點知我住西環邨，佢仲話：『我喺對面望到你嘛！』我先知道佢都住西環邨。當時我隻腳已經企得唔係好穩，骨與骨之間都磨損晒，如果唔係佢哋幫手我打唔到咁耐。」

註

(1) 住街：二次大戰後的四五十年代，大量人口遷進本港，市區屋宇的樓梯底及騎樓底也有租值，往往一家大小就是這樣租住下來，餵飯、補衣、做功課，一家的私生活就在熙來攘往的行人路旁發生。

(2) 樹葵搭木屋頂：本地傳統木屋中，以葵葉搭頂的屋價值最低下，往往內裡住的是窮苦人家。葵葉表面有蠟，過去人們會收集葵葉並曬乾，將多塊編在長竹條上，置在樑桁架上，堆疊數層，便能擋雨，惟禦寒力弱，亦易招祝融，是以家境稍好的人家較多用木板或瓦片作屋頂。

(3) 黃竹坑徵地：五十年代韓戰爆發，港英政府積極發展工業，去補充以轉口貿易為中軸的經濟模式。一九六三年城市規劃委員會定出發展大綱，逐步築路、收地及填涌，遷走木屋及寮艇戶，以提供土地予工業發展。

(4) 圖書館：即士美菲路市政大廈，內有圖書館及室內運動場。

(5) 市政局：二〇〇〇年後政府文娛康樂場所由康樂及文化事務署管理，昔日港英時期則由市政局及區域市政局管理，笑玲老香港，未有改口。此處亦同上，意指士美菲路市政大廈。

住家風景

貝殼山水

笑玲家牆上掛著一幅用貝殼拼砌而成的山水畫。原來鄰里之間，有來有往，連生活空間都可互相分享。「有時我哋唔喺屋企，隔籬屋啲細路有時唔夠位，都會借我哋個廳補習功課。到佢大個畢業，佢就儲埋啲錢，買咗幅畫送俾我哋。佢哋真係好有心，家人家教都好好。」（謝子英攝）

第四位工友

在玻璃鏡面下，特意留了一個小角落，放著一張微微泛黃的舊照片。相中人就是四個同屋住中一位。笑玲欣然把她介紹：「可惜嘅係，佢最早就走咗，而佢又係我哋當中最細年紀。我諗佢喺九泉之下，都會高興有人想認識佢。」（謝子英攝）

3·3

出面啲紫荊花樹我都有份種。

鄺景熙

一九三三年生，一九五八年入住西環邨至今。

西環邨人都已經習慣三嬸阿鄺離遠大聲打招呼，她近年雖不幸跌倒三兩次，步履難穩，但仍是一臉爽朗，挽著高髻，衣著鮮艷時髦。她的許多衣物，都是過去親手造的。家中客廳就是一個頂天立地的深色大衣櫥，衣櫥裡有各式各樣的套裝，都仔細包好。檯上放著一本本厚厚的文件夾，一張張舊照片、圖畫和剪報，都給小心翼翼的珍惜留存下來。

會珍惜事物的人，也許都能體會匱乏。

「我嗰六文（音同蚊）學費唔使我俾嘅，校董俾嘅。校董好惜（音同錫）我㗎，當我好似女咁，嗌我做契女。尤其佢阿媽，當我係孫新抱。一見到就『新抱仔，新抱仔』，捉住我坐喺度傾偈。校董個仔後來係醫生，佢做晒功課就嚟教我英文、數學，三角幾何、代數嗰啲。」

怎樣出身，不能就此斷定過怎樣的人

左　「同朋友去游水，我話你哋去游啦，我話我畫畫。」（鄺景熙提供）
右　體育是阿鄺最高分的科目之一。（鄺景熙提供）

生。「我最先喺深水埗元州街培青學校讀書，我都算狼㗎喎，讀嗰半年幼稚園就打仗（停學），之後夠膽一讀就讀三年班。打仗時我姨丈同表哥喺對面住，咁我就成日走上去搵佢教我英文、數學、寫字囉。之後再讀咗四年書讀到中三，我每半年都跳一次班㗎。」難怪當時考第三的阿鄺，陳年成績表記載老師的評價，「不恥下問，勤奮向學，成績頗有可觀。」當日讀的是算術、國語、英文，還有「唱歌、圖畫、體育，呢三科最多分。同朋友去游水，我話你哋去游啦，我話我畫畫。坐喺淺水灣度，畫完畫俾人鬧，你都唔係游水，你淨係嚟畫畫。」

鍛煉出活躍的內心，創作原來可以隨時隨地發生。「另外有幅畫，啲人一齊打乒乓波，旁邊又有隻狗仔喺度，好難畫到，同學好鍾意，正本都俾人搶晒。」除了畫畫，阿鄺還會踩單車去元朗、去紅梅谷野餐、行鳳凰山、去旅行、打棒球。「去十一咪半，十三咪，十八咪，近青山公路嗰頭(1)，另外仲有梅窩。我哋全女班，唔受男仔玩。」

要向外闖的少女，也會細膩的照顧家

庭。「我媽和平後先返嚟生咗個妹，我大佢二十年。我湊住個妹，佢成晚喊，又生咗一身『青竹蛇』[2]喎，生咗成個心口度。隔籬屋二婆同佢『爆燈盞』，搵啲油啪啪聲爆嗰啲『蛇』，如果唔係上到心口就死㗎啦。佢十日都唔食嘢，係咁發燒，又唔捨得同佢入醫院，無錢嘛嗰陣，點同佢入醫院。搵啲燈芯點啲油，點著火焫（音 naat3）到啪啪聲。爆開咗啲肉，爆咗嗰條『蛇』，佢喊到七彩。人哋嘈話佢成晚喊，喊到啲裁縫佬鬧：『又唔使瞓喇！』我兩父女焗住抱咗佢上火車站頭嗰度，鋪塊石仔，俾張氈鋪喺地下嚟俾佢瞓覺。湊大個妹好辛苦，供書教學。佢兩個仔都大學畢業，兩個新抱又大學畢業，依家佢兩個仔見親我面梗俾錢我買嘢食，成日嗌我做心肝姨媽。」

身兼母職的姐姐，看顧妹妹還未夠，尚要供書教學，殊不輕鬆，可習慣外闖的個性，也結下許多不平凡的緣份。「舊時好難搵嘢做㗎，你哋都唔知道。無得擔保嘛，你估而家咩。我以前有拍跳舞戲，嗰陣拍戲，普通嗰啲行行企企食飯幾味嗰啲呢，十文一晚。拍跳舞嗰啲，貴啲，就二十文一晚。後來如果去鑽石山大觀片場跳一晚牛仔舞，都有五十文一晚。白光、周璇、秦祥林、余麗珍、林黛我都拍過。『南洋』拍過、『長城』拍過、『華達』都拍過。我記得喺華達拍戲時，又落雨又凍。夏夢住嘉林邊道一號，佢好好心，半夜佢就車我同羅蘭、蘇妹、岑秀瓊，仲有幾個姊妹返去佢屋企。佢話，『咁夜唔好返去喇，兩點、三點鐘無車又凍，你哋都未食嘢，嚟我屋企我叫人煮嘢俾你哋食喇。』之後佢就拎晒啲棉胎出嚟俾我哋瞓廳。嗰日係十月，好凍呀，佢叫個工人煲白粥、炒上海麵俾我哋食。第二朝早大約八點鐘，就車我哋出去車站。」

阿鄺說起話來雙手舞起，渾身是勁，側映出她為人直率，對事投入，正如她視跳舞並不止是一份工作。「平時食完晚飯我哋就去跳舞，我哋癲㗎，唔跳舞嗰晚瞓唔著。夜晚八點鐘就開始跳。」隨即她取出一份舊報紙，刊著一則關於牛仔舞比賽的報導，女的是她，男的是她「同學個老公」。「跳舞比賽我跟住去睇人，去到個死人老婆話肚痾唔出

左　當年報刊相片，題為「在威斯文餐室參加『阿飛舞』演出中之一對佼佼者」。（鄺景熙提供）
右　阿鄺與舞伴得獎合照。（鄺景熙提供）

得場，叫我幫佢老公一齊出去跳。我話都未同你老公夾過，點跳啫。實情根本佢個老婆自己跳舞唔得，夾硬搵我去，就嗌我去睇人表演。去到我著咗半踭鞋，佢俾咗隻膠涼鞋俾我著。」臨時拉伕，卻為她贏得冠軍銀盃。

個個搵架車送你返去，都唔知坐得邊架車。

舞藝非凡、樣子甜美、人緣好，阿鄺自小到大都不乏追求者，她屈指一算，話最少都有過廿幾個男朋友。「識男友就係開 party 最多，要早一個月訂定我，如果唔係俾人搶㗎喇。我隔籬三樓嗰個，佢姨媽好有錢，喺大角咀度開船廠。佢啲仔女喺英美留學返嚟，返親嚟就開 party。佢兩幢樓，加拿芬道嗰幢，樓下租俾人做餐廳。四樓就開 party，三樓就落去食嘢，食吓三文治、雞粥、煲啲嘢咁。佢將四樓兩間屋打通，一間都千二呎，夾埋二千幾呎，好大㗎嘛。二樓就新抱同女喺度住。成晚跳牛仔舞、cha

左　阿鄺的婚紗照。（鄺景熙提供）
右　與友人結伴同行留影。（鄺景熙提供）

cha、tango、慢四步、慢三步、華爾茲。我跳舞實叻㗎喇去到，樣又靚，個個爭住同你跳，後尾去去吓我都唔鬼去 party。呢個搵架車送你返去，嗰個搵架車送你返去，都唔知坐得邊架車。你知唔知門口五六架法拉利、Benz 排晒隊，我上得邊架車。我哋猜包剪揼，猜贏嗰個就上。」

芸芸追求者中，還有家住景賢里的公子們。「景賢里原來五萬幾呎地，初初以為好細，入到裡面，死喇，都唔知喺邊度行返出去。我入去三次，個阿嫲生日請我去。佢個大孫追我，佢個細孫又追我，佢坐兩架車嚟，我哋猜包剪揼，邊個猜贏就上邊架車，佢細佬猜贏咗咪坐細佬架車。佢兩個老母企喺門口。『做咩阿仔，點解咁蠢呀你！車唔到你個女朋友嚟，你細佬車咗嚟。你點解車唔到呀？』嗌交囉！我嫁你都無用，是旦嫁一個，就成日嗌交，費事。同埋喺個大家庭裡面有咩意思。」

舊照片中的阿鄺，微鬈黑髮滿頭油亮，朱唇粉頸，上身是 Tube Top，正是法國新浪潮電影中的女角，顛倒眾生。「我初戀情人買俾我，喺摩囉巷買，係啲叉婆(3)著，根本我都唔知，搵個死人紙皮袋入住俾我。我話『咩嚟㗎』，『妳返去睇喇』。我返去睇，有無搞錯，第二朝早走嚟搵我游水，我話唔得，我要車件褸仔先著出街。我哋住樓下嘛，俾人笑到面黃，我阿媽打死我都似。咁我買布車件褸仔，有剩布就車個布袋，車條裙。當時我無著胸圍㗎！邊有錢買胸圍啫！四五十文一個，算喇。」

群雄逐鹿，自不然使盡渾身解數，可阿鄺我行我素依舊，自矜又不失莊重。「有一個就係南北行嘅太子爺，屋企幾有錢，喺英國留學返嚟，大學博士，又係開party識佢。佢之後就約我去加多利山，同我講：『你無錢問我攞。』我話『我係你邊個，無錢問你攞』。吓？普通跳舞識個朋友，無錢做乜問你攞啫，我只有問我父母攞，朋友我都唔會問，無錢我都唔會同人借。我拍戲，我賺錢。我仲要供阿妹讀書，養阿妹。我話我哋係朋友，只係見過四五次面，戲都無同你睇過，跳過幾次舞，咩事呀，我要問你攞錢。佢叫我當佢未婚夫，我話『當？乜有得當㗎咩？幾時買過嘢俾我訂婚？』我話：『你以後唔好嚟搵我喇。』」

這股骨氣，是媽媽實實在在的愛惜，容下的一個自由空間。「我老母話：『婚姻嘅嘢，唔關我事，最緊要個女鍾意。個女鍾意嫁阿差又好，嫁阿豬又好，嫁阿牛又好。我唔理佢。總之佢話鍾意嫁邊個就嫁邊個囉。』若要睇錢份上，嘥氣。」

見盡眾生相，練就一雙眼角高，伊人終究也尋得歸宿。「嗰次我同個細仔食完雪糕出嚟，佢爸爸同個朋友傾緊偈。『任生，乜嗰個係你太太咩？我追佢兩年都追唔到佢呀！點樣先追到佢呀？』我老公話：『無嘢，佢鍾意爬山咪陪佢爬山，佢鍾意游水咪陪佢游水，佢鍾意行街咪陪佢行街，鍾意畫畫咪陪佢畫畫囉。』」能長伴身旁，就是最幸福。

「我老公都唔衰呀，有三間藥材舖。我返嚟屋企有工人使，都使咗七年喇。我個工人掛住湊孫，唔做咋。娛樂戲院附近嘅祈壽堂同榮德藥材舖，銅鑼灣有一間，上海街有一間。上海街嗰間就好大間嘅，成間地舖嚟。當時擺酒一共四十二圍，廿圍六點半、廿二圍八點半俾男家，姓任嘅人就飲八點，喺銅鑼灣建國酒樓擺。周錫年，即係周啟邦老竇，佢同我家公好 friend，都有嚟。」

咁啦，我陪你去喇

在九龍長大的阿鄺，婚後搬到港島的西環邨。「我記得結婚過嚟呢邊住，住東苑臺三一一，即係街坊福利會樓上三樓單邊，嗰時東苑臺條樓梯都未整好。我同埋個大母(4)、家婆、工人、太婆，十幾人一齊住，幾多人，當時太迫，無幾耐我就搬嚟南臺。初初俾十二樓我，我家婆畏高，我都唔鍾意十二樓，原來十二樓好鬼曬㗎。呢間夜晚有啲橋底風吹過嚟，好涼㗎。我個女五個月大，就搬咗嚟。住呢邊都四十幾年。呢間屋俾咗二百文頂手費先入嚟住。」

婚後的阿鄺，爽直不減。「我喺東苑臺住到隔籬左右個個都俾啲衫嚟，俾飯我食。佢哋話如果你求三嬸，即係求我，我都唔幫嘅人，就一定衰到貼地㗎喇。好似隔籬屋一家上海人，佢外孫敬勳放學嘅時候，忽然間五號風球(5)，狂風驟雨。個細孫只有三個月大，佢就打電話上嚟俾我，話落唔到去陳意齋門口接敬勳。陳李濟當時都未執，新中華仍然喺舊址，我話，『得！咩唔得啫。』我啍啍臨攞件雨褸水靴攞把遮，就行喇。如果阿三嬸都唔幫你呢，你就真係衰到瞓街呀。大家做朋友又好，做乜都好，一就一，二就二。」

信任，源於鄰里間有來有往的相互照應。「仲記得四日嚟一次水，要去山邊裝水，我哋去東臺九樓搵啲膠袋嚟裝水咋，裝完之後倒落個桶度。五樓個阿妙，幾乖㗎個女仔，十二三歲，走嚟拍門。『阿任太，你裝唔裝水呀？』我嗰陣佗住個仔，佢話，『我幫你裝水，陪你洗衫呀。』佢而家結婚搬咗出去喇，我咪話俾佢老公聽，阿妙做老婆真係有福，你娶咗個老婆咁好。十幾歲女仔幫你裝水，佢唔驚阿嫂鬧，擒上去喎，又幫我過衫喎，係佢咁好。」

是這群新浪潮女性，在這新屋邨密密編織人情網絡，才能結晶出今天的人情味。

上　手寫的「敬如在」，典故出自《論語．八佾》：「祭如在，祭神如神在」，即拜祭神明時要出於誠心，就像神明現在眼前。（冼昭行攝）
下　阿鄺家中也供奉灶君。（冼昭行攝）

「有次陳太大肚未有得生，坐喺門口喊，坐張凳仔。我話，『陳太你做咩呀？』佢新搬嚟兩三個月，佢話，『你唔知㗎喇，我想生又無人陪我去，我先生上咗大陸做嘢，兩個月後先返嚟。我兩個仔返緊學，唔知點……』我話『咁啦，我陪你去喇。』『你陪我去？唔好啦，你有個家，又湊住個女。』我就話俾個老公聽，叫佢陣間去湊埋佢個仔返嚟，都係呂明才讀，佢個大仔讀二年班。我話『得㗎喇，你攞定啲衫出嚟，俾佢哋著啦。』嗰陣四日嚟一次水都算慘，我幫佢 call 咗十字車等佢去贊育生囉，同佢拎嘢、挽飯佢食。去到醫院，佢知道嗰個係女，生個女就紮咗唔生喇。返到嚟，我走去厚和街兩文買個搪瓷有花嗰啲痰罐，咁高嘅。舊時間屋係踎廁，唔係坐廁，踎落去會爆傷口。」

而家我嗰十文仲喺保險箱嚟

也就是這份人情，這份用心，令災難回憶都變得不那麼可怕。「以前個山成幅冧山泥，而家講都成四十幾年前，啲大石冧落去中苑臺。後來維修斜坡啲工人同工程師嚟做嘢，無辦法，焗住要飲山水，成日飲到肚痛；工程中間又成日都有打風落雨，一打風個個就落唔到去食嘢，佢哋話『阿嬸，我哋無飯食，點算呀？』我話煮飯佢哋食，我有個大電飯煲，我話餸就無喇，臘腸、鹹蛋、鹹魚、腐乳就有。整俾佢喺隔籬食，煲水俾佢哋飲。日日煲幾煲水，攤凍佢，入落個樽度，擠落雪櫃。我話你哋飲完唔該拎返個樽落嚟，我好似乞兒咁逐個去問人攞，攞啲一點二五公升俾佢帶上山飲。鄰居都話我，石油氣平咩？我話算喇，人哋飲啲山水飲得佢哋成日肚痾，咁無謂嘛。我入晒啲水，我話唔該你哋寫埋名，攞返個樽落嚟，無樽就無水飲。」

「個工程師後來同我講，『阿嬸，不如咁啦，你幫我抹電話倒垃圾，我俾返一百文一日你啦。』當時負責嘅工程師裝咗個濾水器，校喺我水喉度，我就繼續煲水俾佢哋飲。據我所知當時個工程都蝕成二千幾萬，都做咗前前後後三年，不過個工程師話我

說起年輕歲月，阿鄺在櫃裡翻出一本本相集回味。（冼昭行攝）

知，做完個工程保證五十年都無事。出面啲紫荊花樹我都有份種，佢哋喺度先整好鐵網，再倒紅毛泥，留返個位種樹。『你嚟唔嚟鋤吓？』個工程師叫吳子良，我當時仲著住條圍裙，吳子良就同我影咗張相，話幫我留個念喎。」不知點點滴滴的善行，使勞動的工人加多了幾許用心，起碼，自此花開花落都紀念著這些相遇。

石油氣平貴也好，阿鄺都選擇對人好，因為她相信，做人應行善，才會積福。「我個仔行船嘅，點知有日意外，喺美國傷咗個頭仲昏迷。如果我係唔做好心，我個大仔無得救喇。隔籬屋都話，阿嬸你唔係做咁多善事，你個仔唔會咁大命喺度。我啲性格似我阿媽，我阿媽又係咁嘅格。我俾我家婆話我多事，都係我家公出聲，話我幫啲孫積福。」

這份善心，家公是知音，老人家更是徹底身體力行。「我家公叫任少農，當年通善壇就係家公主持。壇主嘛，有錢都全部拎晒去。我結婚嘅時候，有四千文身家，到臨死四十文都拎埋去通善壇。仲叫我，『阿三嫂，你帶埋對仔女坐車落去中環，行上去通善壇啦。』四十文？我話，『阿老爺你有無搞錯，得四十文身家仲拎埋去。』『你唔好理我喇。』臨死前剩得二十文，無喇，兩個玉扣係咁多喇。二十文，我同大少奶每人得十文，依家我嗰十文仲喺保險箱嚟。佢（去世時）同林黛自殺嗰年，係閏四月嗰年，家公啱啱頭七，林黛喺香港殯儀館坐夜，我仲拖埋個仔，走去睇埋林黛。」

積善之家，必有餘慶，到今天邨內保安們仍對阿鄺細意關懷。「我都算係咁㗎喇，啲保安員好惜我。一見我嗰日唔出街，佢就拍門㗎喇。『喂，阿靚姐，你點呀？』個個都嗌我做靚姐。『阿靚姐，你無嘢嘛？』我話，『無嘢，我瞓咗覺咋嘛。』」

註

(1) 英里（miles）的粵音近「咪」，當時青山公路以尖沙咀碼頭為起點，人們把一個地方以「多少咪」命名，即是該地方與尖沙咀碼頭相隔多遠距離。阿鄺所指的十一咪半為荃灣更生灣，十三咪為釣魚灣，十八咪則是屯門黃金海岸。

(2) 現在多約稱為「生蛇」，即帶狀疱疹，會在皮膚表面呈環帶狀，常造成劇烈神經刺痛。以青竹蛇類比，應取其身短幼，性喜蟄伏，而又會快躥張牙，施毒捕食。以前人們迷信，要是讓「蛇」圍繞身體一圈，病人就會死亡。

(3) 一說摩囉為音譯（Moro），泛指中亞人種，本地用法常以摩囉差（叉）稱呼印度半島人氏，或因昔日皆為英國殖民地，交流頻密。

(4) 大母即大嫂，舊時女人嫁入夫家，次一輩份，是以稱呼丈夫父母為老爺奶奶，兄弟為大伯叔仔。

(5) 五號風球即為今天八號西北烈風信號，昔時天文台以五至八號風球區分風向，可風力皆達烈風程度。為免公眾誤會數字大小與風力相關，一九七三年天文台取消五至七號風，改以八號西北、八號西南、八號東北、八號東南來區分，沿用至今。

3·4

呢個屋邨其實係圍繞住好多民生嘅嘢。

李志成

一九三七年生，一九七七年入住西環邨至今。

黃翠霞

一九三六年生，一九七七年入住西環邨至今。

李小姐

一九六六年生，一九七七年入住西環邨至今。

李氏一家七口，飯後李生李太與長女閒談，你一言我一語，一氣呵成描繪了當時對西環尾的印象。「嗰陣時西環尾好臭㗎，啲風飄嚟，聞到陣味。科士街嗰陣時全一列都係雞欄，單邊排檔，嗰度有批發雞種，有齊雞鴨鵝；嘉輝花園有三個煤氣鼓；焚化爐就喺域多利道，即係巴士總站嗰度，旁邊有屠房，如果有啲牛、豬死咗，咁咪喺屠房入面燒埋；然後再過就有個菜欄，就係而家細公園（加多近街公園）；大陸運嗰啲淡水魚就係喺呢度上岸，個魚欄淨係做淡水魚，即係大頭魚、鯇魚等等……呢個屋邨其實係圍繞住好多民生嘅嘢，魚呀、菜欄、屠房呀、雞欄咁樣囉。」濃烈的辛腥味，瀰漫在西環尾的空氣中，然而，資源的豐盛，成就了西環的物阜民安。九大欄就在西環，正如李太所說，當年「運咩咪有咩，有嗰樣上嗰樣。」

靠山吃山，靠水吃水，李生有個嗜好，就是釣魚。「嗰陣時我哋去碼頭側邊，喺嗰度釣泥鯭。啲人話『唔好喺嗰度釣泥鯭食呀，嗰個殮房沖過啲洗屍水！』」女兒笑

「仲好過中小搖彩！」（冼昭行攝）

道：「我哋都食唔少！我哋嗰陣時成日食泥鯭粥。好記得！嗰陣時唔係逐條釣，掭個籠落去，稱返上嚟成籠都係。好多好多漁獲㗎！多到呢，初初返上嚟嗰陣時我就幫我媽咪劏啲泥鯭，好拮手。後尾都唔逐條劏喇，洗吓佢就算，直頭用鉸剪剪咗佢個頭唔愛，就咁煲水，跟住就將啲水用嚟煲粥，好甜！」粥煲開一大鍋，李太慢慢把魚肉拆好，「之後啲粥咪派街坊囉！好老友嘛，隔籬左右。」

招商局碼頭也是個好選擇：「釣到天光，坐喺個海港嗰度好耐。」女兒亦為爸爸自豪：「釣到好大條魚呀！就係喺西環海皮嗰邊，釣完就食咗佢，仲要分兩餐！」說來一家都笑了。

仲好過中小搖彩！

「好嚴㗎嗰陣！」李小姐說道，「嗰陣時我哋住喺灣仔嘅。我第三個細佬哮喘、身體唔好，佢長期喺醫院，唔記得係咪東華醫院，成日入醫院又返唔到學，於是我哋嗰陣時候就係有 compassionate grounds（體恤安置條件）。」對李生李太而言，子女就是心頭肉，有起事來憂心忡忡。「今日出院，聽日又入，要抽骨髓跟住又哮喘。」李生仍很感念遇到位好醫生，「佢問我，你哋住嗰度啲環境、空氣點樣。我話，空氣唔好。我哋嗰陣時喺馬師道同駱克道交界，因為嗰度樓下有酒家。」「煤屎啊，咁大粒嘅煤屎，」李太比劃著：「廚房咁大個煙囪，個廳對住又另一個煙囪，咁佢咪派人上嚟查囉。」李生說來仍是肉緊，「我個仔就哮喘，一個月入四、五次瑪麗醫院。入到個個醫生都『嘩！又係你呀』，笑我個仔『乜你咁渣㗎？』最離譜有一次佢朝頭早出咗院，夜晚跟住又返入去。個醫生就話『乜又係你呀？』佢見咁嘅情形，就叫福利署睇吓；隔咗無幾耐，福利署真係有啲社工嚟調查，個社工寫返張報告俾個醫生，醫生就去搵社會福利署社工幫我哋申請廉租屋。」

「『好唔好呀？』當時個社工問我，有得住梗係好啦！嗰個醫生真係好，後生仔嚟。隔咗無幾耐真係福利署有信嚟叫我哋去望、去睇。佢話而家荔景邨、祖堯邨有。嘩！咁遠，我啲仔女喺香港讀書，我做嘢又係香港呢邊。我話最好就香港呢邊啦。後尾佢就話等吓啦，同我搵吓香港呢邊。隔咗無幾耐又有信嚟，佢話香港呢邊呢，就去柴灣興華邨。我嗰陣時又，『嘩！柴灣。』諗吓諗吓，柴灣都唔想去，興華邨啲交通都無咁方便。後嚟又有信嚟，佢話『啍！而家有喇，西環邨。』西環邨？好呀！西環我梗係要啦！呢度環境好，上咗加惠民道，除咗欄，有海景又開揚，嗰陣時無咁多樓、空氣又好。」李小姐很明白爸爸的考慮：「灣仔嗰陣時仲有工業區，爸爸貪呢度空氣好啲……所以就符碌撞棍，特登想排想揀，到揀唔到，無啦啦就 offer（編配）我哋呢個單位。以前住頂樓，夏天嗰個樓底熱到呢，夜晚九、十點都仲係㷫㗎，落雨又漏水。呢個單位又唔係頂樓，又喺整條邨中間，無咩臭味，都算係幾好彩。」李生亦感到十分慶幸，「搬咗嚟之後，我嗰個仔嘅哮喘真係一路一路好。」

李家全家福。（李志成提供）

「我哋係第二手，呢度屬於中型單位。」李生說來便雀躍，「聽講話第一手嗰個，發咗嘛！我聽嗰陣時隔籬街坊講話：『嘩！你哋咁好呀！仲好過中小搖彩！』馬票（音同標）有一種叫做小搖彩。嗰陣時中大馬票，頭獎都係得幾十萬㗎咋喎，中小搖彩啲錢少過中大馬票，譬如頭獎六十萬，小搖彩就一半到啦，三十萬咁樣。」女兒補充：「但係幾十萬就已經可以買幾層樓㗎喇喎，中嗰陣時，哈哈，雖然阿爸而家仲等緊發達。」但李生很滿足：「我哋攞到依啲屋住呢，咁平租，好好彩。」

「初初空框框笪地，要磨坭地，要自己間房囉。」李太和女兒記起入伙前的情景：「一嚟到就淨係有廚房、騎樓同廁所，中間係打通晒，就係你哋要自己間，原裝無梗房。以前要自己間房，全部都係佢一手一腳。」爸爸既是裝修師傅，又是室內設計師。「我細細個都幾佩服佢，因為佢好鍾意DIY。買工字鐵，鋪吓地板，佢又咩都自己揼㗎，書櫃啦、間房啦、衣櫃啦、書檯啦、廚櫃啦，乜都自己，間房嗰度又試過而家咁間，又試過係咁樣打橫間，又試過係出面騎樓間間書房俾我。我記得，嗰時屋細，又有五兄弟姊妹，成七個人，又嘈啦，媽咪要打麻雀，喺個廳點讀到書呀？咁阿爸咪間間書房，造張檯，砌書架俾我囉。佢哋睇電視打麻雀，我就閂埋窗閂埋門讀書。」

爸爸聽著亦心甜：「佢哋細個就無所謂，後來一到十零歲，大個女仔有返自己地方好啲嘛。啲細佬無所謂啦，男仔嘛！咁都有間間房俾佢哋。初初嗰時無房，就兩張碌架床，四格。大嗰個仔就瞓梳化，都好迫㗎。嗰陣時自己買啲夾板返嚟，嗰個年代啲夾板靚好多，而家嗰啲都唔係夾板，而家嗰啲叫『蔗渣板』嘛。」

喺度大，條邨啲窿窿罅罅我哋都識！

「我啱先講俾我先生聽，呢度家家戶戶都打開啲鐵閘、打開門，無冷氣，打開門會涼啲。家家戶戶走晒出嚟玩。細路仔嗰陣時喺屋邨大幾開心！以前個環境啲鄰里關係好開心。小朋友就周圍走，細個個個都出去玩。」李小姐說著連孩稚氣的笑容也掛回臉上。「以前我成日過隔籬屋玩，玩捉伊人，呢度四通八達，好好玩㗎。好原始嗰啲，橡筋繩呀、跳飛機呀。嗰陣𨋢口嗰度無𨋢，係空地嚟，可以踢波。嗰陣時好似係旮旯（音「卡啦」）層，梅花間竹先有𨋢。有時我哋有拎啲車上去天台度踩。ＢＢ仔嗰啲、四個轆嗰啲玩具車。嗰陣時好開心，咁大笪地方踩單車囉，可以見到嗰陣啲人曬衫。喺度大，條邨啲窿窿罅罅我哋都識。童年回憶係好開心嘅。」

「西環邨嘅特色係圍住一個圈，下面有個天井。呢個屋邨嘅結構空間，後面就係公園。有啲屋邨係就咁中間走廊、門對門，嗰啲就又黑又暗、又無地方，呢度就好光猛。家家戶戶都識，媽咪輩嗰啲，今日整咗乜乜物物又會送俾人。啲賊都要行上嚟，一係行樓梯，一係行加惠民道，咁都唔方便啦，要走佬都走唔到，所以呢度治安都幾好。可能係個地點同設計，其實我好欣賞佢中間好開

李生李太結婚時的嘉賓提名。（冼昭行攝）

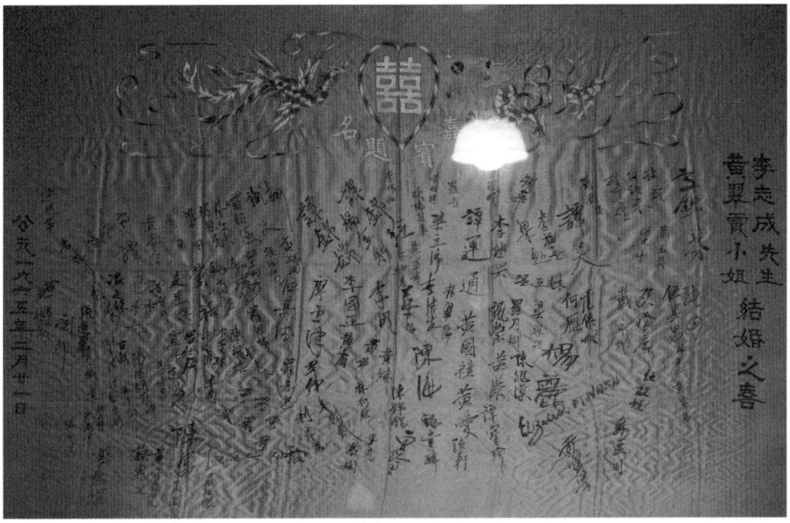

揚、好開心、好有陽光。」

陽光般的日子，逢時過節就特別燦爛。「八月十五嗰陣時，個個點住個燈籠出去，好多細路仔㗎！」入夜，李太說放眼盡是點點燈火，小朋友們都玩得盡興，「我好深刻嘅回憶就係中秋節。家家戶戶掛晒啲燈籠喺出面，嗰陣時天台係開㗎，如果中秋節就好開心，可以喺上面煲蠟、放煙花、玩火，成班細路好開心喺上面玩。嗰陣時好似都俾擦地炮，好好玩㗎。嗰陣時啲中秋節好有氣氛，上到去天台，掛晒啲燈籠喺晾衫繩度，好靚㗎。後尾就唔俾啦。」

不止中秋，新年亦同樣精彩。「西環邨以前新年都有人燒炮仗，但嗰陣唔俾㗎！不過無人理。通常見人都係燒一餅餅嗰啲，而家就更加唔俾啦。不過，以前無執得咁嚴，周圍都有得賣。嗰陣時仲有人嚟舞獅！叩吓頭、攞利是，十一月就『財神到』㗎喇！」作為大家姐，新年便要領著弟妹四處拜年，「細個過年，好笑㗎，見個個攞住張紅紙，寫住財神，跟住敲門，人哋就會俾封利是。我哋細個，覺得『哎呀！我哋自己都得啦。』

李太與她種的羅勒。（謝子英攝）

於是自己去搵張紅紙，寫個『財』字，跟住又走去逐家逐戶敲門，幾醒呀我哋，自己去敲門，人多勢眾，成班就去。嗰時都唔使寫毛筆字，無論你寫乜，揸住張紅紙，啲人唔會托你手踭㗎嘛，見你係細路仔，又『財神呀！財神呀！』咁都會醒封利是俾你㗎！連帶我啲表弟表妹，過時過節都會一齊上嚟玩㗎。」

一開門成屋都係花香！

熱鬧的，還有家中的小騎樓。由種子開始栽種，盆中的羅勒長得高高，剛還開過花。左鄰右里看了都推介香葉雞蛋炒飯，可李太愛花惜花，連香葉都留著不捨得摘半片。香氣偶爾還會引來許些蝴蝶。女兒說：「一開門成屋都係花香！一開花陣味喺騎樓飛入嚟！」氣味在回憶裡總是深沉深刻，而李太也愛經營這些味道。「自己鍾意種，買個花盆，以前最多試過有十幾盆，種到滿晒！中國萬年青、牡丹、茶花、茉莉、桂花、白蟬，特別係白蟬，啲花係好清香㗎！當年棵桂花特別由廣州外家分株返嚟，返嚟後又再分種了三棵。」後來因為騎樓要裝修換鋁窗，唯有割愛：「無辦法擺到咁多盆喇，無得留低，真係幾肉赤呀。」

原來除觀賞聞香外，尚有用處。「媽咪仲有好多百寶！整親整損腳？去摘啲蘆薈啦；跌親呀？出騎樓摘啲咩咩啦！」對李小姐來說媽媽總有各種秘方，連爸爸也獲益：「係呀，好似嗰次我俾狗咬親手，就用中國萬年青：葉面係啞色嘅，整片翠綠色，而家都好少有。再連片糖舂，散毒止血，但用外國嗰隻萬年青就無效喎。」

媽媽收藏的奇妙秘方也包括煲補品燉湯，用的卻不只是草藥。「其實平時我都唔知佢俾啲咩我飲，佢成日都有啲自家配方。講返成日病嗰個細佬，嗰陣時媽咪又係煲好多嘢俾佢飲，講得嘅就鱷魚肉啦；唔講得呢，就我哋嗰陣時養貓，佢就劏貓、劏黑狗仔，佢哋嗰陣時啲民間方法，相信攞嚟煲湯對氣管好，可以醫哮喘。媽咪就成日整埋啲唔知咩俾我哋，『豬肉湯呀？咁好啦。』我千祈唔好新鮮食！要戴手套批，唔係批到手都痕！整好就可以煲感冒茶落幾片，落埋啲沙欖去，加埋白米，就最好。」最近吃了一個日本柚子，小小的一棵柚核，李太又技癢想試種一下。

哋戇居居，咁咪飲囉，我哋咁多年都養貓，但耐唔耐就會唔見咗隻貓，佢哋兩個就話隻貓走失咗，一陣間又話隻貓衝咗落去騎樓對住個罅位，跌咗落下面（李太旁邊澄清：「呢個係真喎！」）總之耐唔耐就會唔見咗隻貓。我啲細佬妹又好細個，又唔係好識，但嗰時我已經開始有啲存疑。後尾有次我細佬就醒啦，次次媽咪唔知煲咩呢？佢走去撈吓煲湯係啲咩料，但媽咪亦『你有張良計，我有過牆梯』，一早就掉晒啲渣，淨係得湯。哈哈！」李太笑說：「總之人哋話咩嘢好，我就整俾佢哋飲啦！」又看著女兒說：「你睇！肥人福受嘛！」一家溫馨的齊齊笑。

「以前鹹魚欄嗰度都有一間山草藥舖，而家都無咗啦。」子女多，病痛要及早預防，有備無患，李太有時間就會預備一些平安藥材。「我而家有啲痕芋頭，我曬咗啲喺度，舊時我哋攞新鮮嘅嚟浸水，感冒飲係好嘅。拎啲米落去煲，要煲三個鐘頭，煲到啲水紅色嘅先至好飲。以前行山，啲人掉晒佢哋喺度唔識寶。我同另一個朋友就喺嗰度即場批，批完之後喺嗰度曬，曬乾擺好入樽。

3·5

能夠活喺呢個世上，可以開心一日得一日。

黃振隆

一九六八年生，二〇一一年入住西環邨至今。

我搬返返嚟係天堂

「地鐵同西隧幫咗西環，多咗咁多新樓，啲後生走晒出去都返返嚟，唔係好多年紀大。好多明星仔嚟，我喺電視機周不時見到佢哋。我覺得自己喺西環，都唔錯。」自幼與家人居於觀龍樓的黃振隆，本來有機會遷到房協於東區較新淨的單位，可他卻選擇留在西環生活。

「喺觀龍樓都住咗十年八年，我未結婚就喺嗰度住，嗰時迫好多，六兄弟姊妹、老竇、老母，八個人喎，幾個人瞓埋一張碌架床，後尾瞓地下。夏天啲日子，以前邊有冷氣，全部出晒走廊瞓㗎。跟住到我哋嗰座要拆嚟起幢新[1]，佢開頭話無位，叫我哋搬去筲箕灣，太遠啦我唔識路，之後我話無西環唔搬，因為我喺西環返工。三個月都無，就俾咗呢度我啦，住西環邨都有七八年。」雖

「佢都知我換水佢都會出嚟飲幾啖再瞓過，好醒㗎唔係傻仔嚟。」（冼昭行攝）

然同為公共房屋，本來房協的觀龍樓重建，並不會將居民遷到房屋委員會管理的西環邨。

觀龍樓落成於一九六八年，較西環邨晚十年，可卻各有捧場住客。「我過到嚟覺得呢邊舒服啲。觀龍樓好得意，通常對面就係另一個單位，要大家都開門先通到風，大家唔開門就無風，如果你唔開門就要開冷氣。呢度通爽啲，出面起碼叫做有個空位俾你走棧。嗰度就無嘅，門口對門口，出面走廊『黑瞇掹』，不過我哋住慣咗就覺得無咩嘢，同埋嗰度休息地方都幾大，逢雙層就有個大空地，有啲凳俾人坐吓抖吓涼，都唔錯。我哋以前喺天台上面讀幼稚園，而家唔知有無。跟住讀聖嘉祿(2)，不過我十幾歲出嚟做嘢，第一間俾佢踢出校就係呢間。我讀過好多間學校，讀極都讀唔到，讀到中一我就無讀，心散呀。」

在那時代的屋邨成長，總是潛移默化的使人較會與鄰人相處。「住呢度我比較主動，因為周圍多數都上咗年紀，朝頭早出去，就算唔識嘅我都會講早晨、你好。我通常夜返，入𨋢得一兩個人，都會問吓你住幾樓，我會做呢啲，可能有啲人會覺得呢個人係咪傻傻哋，因為唔多人問佢哋呢啲。隔籬公公婆婆，公公走咗，婆婆就有啲病，都有打招呼。同埋隔籬個妹妹，佢其實入嚟睇我隻貓。我有時話佢聽，啲貓唔可以俾水喉水佢飲，飲咗會多眼屎，我都係俾自己飲嗰啲凍滾水貓飲。咁佢話『係喎哥哥，眼屎少咗好多喎』，都係用寵物維繫。」一兩下問候，一兩句閒談與交流，這些都是相處基礎。

除了小社區的熟悉感吸引黃振隆回流西環邨，尚有更重要的心願。「以前我有段日子自己搬咗出去住，知道出邊啲租又貴，咩都自己搞晒，我搬返返嚟係天堂，雖然好多屋企嘢自己做，但我覺得一啲都無問題，同埋可以睇吓老人家，阿媽得一個，佢喺我最唔開心嘅日子都喺我身邊，所以我點都會照顧佢。以前後生唔會諗，可能年紀大咗。十幾歲做嘢到而家，三十幾年話咁快嘅，行得幾耐，我睇我個款無九十歲命，七兜嘢夠啦，係咪先，十幾廿年話唔埋。嗰日唔知同邊個講，有個老人家一百零幾歲咁得人驚，行得到都好啲喎，健康呀可以走走，我都覺得OK，我驚樣樣都要人幫就頭痛，短時間可以，長時間就覺得攰，即係要照顧人哋或者俾人照顧都覺得係一個好攰嘅感覺，最緊要真係大家都身體健康，我就係咁諗。」

能相安無事，各人照顧自己生活，固然理想，但社區的存在，就是要承托每一個人，尤其當他們再不能自我照顧的時候。「有時見到老人家，我都會諗吓，希望我自己第日老咗，都有啲明愛義工嚟幫吓手，好似我哋喺車度執到銀包，都諗辦法打電話搵返事主。事主通常會俾錢我哋，我話，『唔好，我都希望自己第日跌咗銀包有人幫我執返。』我試過有一次，細個嗰陣啱啱出糧，幾開心啊，點知搭的士返屋企個銀包跌咗，我追個的士佬，個的士佬踩油係咁走，嗰次真係啱啱出糧啊，你諗吓無晒錢，真係慘。有陣時幫人執返啲嘢，佢又會寄打蛋糕落嚟派俾司機。見到人哋開心都幾開心㗎喎。我哋站頭已經話，如果喺車度執到嘢，一定要報台，盡量俾返事主，你唔好諗住小巴佬衰格，有啲都好好㗎。」當照顧別人的內在動力，是源自自身也曾經歷困境的體會時，那

今天的月曆上，「媽　覆診」三個字進佔了當眼位置。（冼昭行攝）

份支持就來得真切。

成日掛住做嘢

但原來，這份關懷，是黃振隆的個性，也是他近年一連串經歷帶來的思考總結而成。「我呢幾年成日掛住做嘢，以前我做兩份工，每日返屋企三四個鐘頭就走，周圍啲人發生咩我唔會理，同埋朋友打電話嚟問我食飯都打到心灰意冷，因為每一次打親嚟都返工。有段日子我飛去吉隆坡幫朋友做嘢，唔見我兩年，我屋企人都覺得無問題，會話『成日都唔見佢㗎啦』，一啲意外都無。因為過年過節我都唔喺度，要返工無辦法。所以佢哋過年就打個電話問食唔食飯，我話唔食，佢哋就無問題，唔會多講。」把工作填滿生命，長期缺席家庭中本來屬於自己的位置，險些在家人心中成了可有可無的存在。

「做小巴之前我喺夜總會做侍應，之前就喺西區副食品市場車白鴿，以前上面有白鴿欄，而家白鴿已經無人做，全部急凍，所

左　黃振隆每天悉心照顧花木，就著不同植物的需要去栽種。（冼昭行攝）
右　「富貴竹，網上話可加維他命 B2 浸水。」（冼昭行攝）

以無做。我專交香港區，西環、香港仔、柴灣、灣仔、中環，全部都係我一個人做晒，都係一架客貨車。啲乳鴿一定要你早送去，唔係一晏咗就賣唔出，所以好早收工，我朝頭早七點幾開工，兩點幾收工，舒服得滯，所以就搵多份工囉，就搵咗係夜總會做侍應。」

「我一做就做咗八年幾，後尾有段日子，我老竇覺得我成日唔喺屋企，佢始終唔信你個死仔邊有咁乖做兩份工。咁就直至我喺街嗌佢，佢認我唔到，你諗吓我哋幾耐無見。嗰個朝頭早，我嗌老竇，佢聽唔到我講咩，就『你好，早晨早晨！』都認我唔到，以為我係街坊。直到佢臨走一年，佢有個好奇怪嘅反應，從來未試過，佢同我講話，『我以前咁樣對你，我錯咗啦』，跟住一年佢就走咗。嗰個畫面到而家我都消失唔到，好深刻。因為佢係潮州人，呢啲老人家從來唔會同人認低威，所以我有個朋友，佢老竇又係好硬頸，我呢個故事同佢講，我話，『如果你老竇硬頸硬咗幾十年，何必要改，你一路等佢硬頸落去，如果佢突然唔硬頸，可能有問題㗎。』」嚴父的肯定，在他最後的時光，消弭了父子間的隔膜。

從密密的工作間隙中，窺見年月在不知不覺間加速起跑走遠了。「成日掛住做嘢，停留咗喺個畫面度，唔會覺得自己老。咩時候會覺得自己老？就係睇到朋友啲細路一路係咁大。我家姐個囡咁，唔知係咪自己眼淺，佢結婚喎，咁快結婚！因為一年見唔到一次，停咗喺個舊畫面，跟住係佢喺婚禮跳舞，又唱歌，真係大個啦，自己就眼濕啦，就感覺到自己老啦，有啲朋友個女幾年無見，化咗妝，喺街度嗌『隆叔叔』，諗諗吓先知道佢係我朋友個囡。」

「有個朋友同我一齊以前喺欄做嘢，今年見返佢，我諗佢都六十幾歲，嗰時佢教我劏白鴿嘅，我哋朝頭早劏成千幾隻鴿，刀係手術刀嚟，好利，傷咗都唔覺，一落水呢，因為要洗內臟，就痛啦。我認識佢個囝時，踩住架三輪車，今年見到佢同我咁高喎。我覺得啲時間過得真係好快，以前都無諗呢啲嘢，點可以唔認老。」

時間在生命兩頭彷彿步速不均，如水流，如激箭。「早幾年見朋友走得多，有啲三十幾歲就走，有啲四十幾歲走，我覺得自己五十歲就賺咗。我個朋友坐喺架車度突然間暈，佢三十幾歲中風呀，跟住探過佢幾次就走。總之我覺得能夠活喺呢個世上，可以開心一日得一日。有個慘啲，欠人周身債跟住燒炭，嗰個都係三十幾歲。」

是一個個提醒，使他改行慢線。「我覺得浪費咗好多時間，淨係識做嘢，唔顧身邊啲人，以前真係無顧，無理，諗吓做咁多年兩份工又唔係賺得多錢，點解做咁多啫。我覺得係時候靜止囉，靜返啲，工作慢慢減返，唔好好似以前咁激，而家唔同以前，以前唔會覺得眼瞓，而家會攰啦，所以爭取啲時間同朋友，同屋企人，同埋做自己鍾意做嘅嘢。年紀大都係多菜少肉，戒煙戒酒，養吓花，如果屋企污糟咪清潔吓，隻貓又要沖涼，起碼兩個半鐘，沖完仲要搵風筒吹乾，咁就一日㗎啦。」

「而家到我得閒，我而家做返一份工，到我搵返啲朋友，因為我夜鬼嚟，我三四點都唔使瞓覺，到佢哋驚咗我，唔睬我啦，

「呢度又得意喎，十一二點太陽就見唔到，九點零十點先有太陽照到佢哋，一到下晝就照唔到。」
（冼昭行攝）

我話，『你都衰到無人有，以前你就成日搵我』，哈哈。因為一出親嚟呢，我就搞到佢一兩點先有得走，佢第二朝要返九點。佢哋係由細玩到大，又結晒婚，有啲搬咗去百年，有啲喺石塘咀住，間唔中一個月有兩三次聚埋一齊食飯，望下啲細路，一年半載就唔同晒樣，所以而家就會注重，希望大家都可以見多啲面，屋企人又見多啲，包括阿媽。」

爭取啲時間做自己鍾意做嘅嘢

心態從內在轉變，才會引發行為上的轉變，尤其是一件事情如果一個人仍然會去做的話，那就成了生活的一部份。「我而家有時收工夜晚點幾兩點無人，咪喺下面加惠民道個公園練太極，一係喺西祥街個公園練吓，練完出身汗跟住返去沖涼瞓覺，通常三四點先瞓，十二點起身。每逢星期四我會十點就起身，去我哋站頭嗰間恩悅家庭服務中心，有個導師教我哋太極，都幾好玩，當養生運動啦，因為我成日坐喺架車度少運動呀，所以我得閒會練吓，係而家最好嘅娛樂。」

「平時如果休息我約人釣魚，我五點幾起身，釣魚辛苦過返工，曬足一日。我七點半去到流浮山上船，個船家就派晒我哋去啲釣位，一個位一個人，到傍晚五點一次過收返我哋。喺個棚架浮一日，我通常有張好大嘅檯布，擺晒啲生果、三文治、魚餌，個個禮拜都去，咁啱又識到流浮山啲阿叔，成班一齊去。阿叔好得人驚，我有一次同佢上船，佢隻腳卡住，我咪諗住托一托佢，點知原來佢無咗隻腳，佢成八十歲都仲咁熱愛釣魚，我話『你真係堅』。每次釣魚要拎兩大袋嘢，釣到魚返黎仲大鑊，又再重啲，仲辛苦啲，不過我老母好鍾意食魚，我成日都好彩釣到魚俾佢食，咁就攞返嚟大家一齊食，我老婆食慣咗我釣返嚟嘅魚，而家街市啲魚，唔好嗰啲佢都唔買。」原來，養活家人，在屋邨環境，賺錢回家以外，還有其他方式去選擇。

人能夠靜下來，少了思慮，連精神也提升起來，不用靠外物支撐。「仲有喎，我以前食煙㗎，我嗰時釣魚食好多煙，因為得一個人又無魚嘛，可以一次食包幾煙，又唔知點解突然間有一日想戒煙，將啲專注力放喺生果同三文治上，又戒到，無食六七年，以前又鍾意飲酒而家無，又健康咗。」

周潤發：「哥仔，呢啲咩嚟㗎？」

就算是平常日子，忙碌的還不只是工作。「養貓雖然話舒服過養人，不過好多嘢都要留意，例如返嚟自己都未沖涼就要搞佢，例如一起身同佢換水，因為佢去完廁所啲沙一定喺地下，每朝起身都一定要掃，佢都知我換水佢都會出嚟飲幾啖再瞓過，好醒㗎唔係傻仔嚟。隔籬都有隻貓，妹妹放學一開門貓就走出去曬太陽，成日走過嚟攞貓糧食，可能俾咗幾次佢食又走過嚟。」

可原來相比起過去，這位貓奴今天悠閒得多。「以前住觀龍樓嗰時仲多養呢啲嘢，因為以前我家姐、阿哥結咗婚搬走晒，我老

「住呢度我比較主動，因為周圍多數都上咗年紀。」一兩下問候，一兩句閒談與交流照顧植物、動物的經驗，這些都是相處基礎。（謝子英攝）

賣行船㗎嘛，得我阿媽喺度，我又養雀仔又養麻鷹，同養懶猴呀，即係馬騮，夜行嘅，眼睩睩嘅。以前喺旺角，賣雀仔嗰條街，有人可以賣到俾你。」

「我嗰陣時都係廿幾歲到，你講得出隻雀叫咩名，我就知佢食咩，我差唔多咩雀都養過，好大癮㗎。嗰時喺度行嚟行去啲人都見到我攞住好多籠雀，一個人攞三四籠，佢哋心諗『呢個正一敗家仔』，因為嗰陣時啲人話『第一窮就玩雀籠』，咁我鍾意都無辦法。我老竇一返黎就鬧『你個死仔，成日玩咁多雀做咩鬼』。玩呢啲嘥錢又嘥好多時間，你知唔知日日同佢沖涼起碼三個鐘，七八隻雀，懶猴同埋隻鷹，多到呀，嚇死你。」

雀仔街，不只是賣雀仔；要花費，也不只是買雀籠。「好多年前，而家唔得啦，我仲買過一隻好大嘅五爪金龍，即係蜥蜴，我最記得我攞嗰條大蜥蜴時，朝早六點幾，我又唔知驚，五爪金龍係瀕危動物會俾人拉，咁行到一半見到周潤發，佢踩單車走過嚟問我『哥仔，呢啲咩嚟㗎』，佢見我拎住個舊式米袋，我打開俾佢睇，佢縮一縮話『李家鼎呀？李家鼎好鍾意玩呢啲嘢』，跟住佢就踩單車走，我好記得嗰個畫面。」

「有次瞓覺俾隻五爪金龍走甩咗，你屋企見過簷蛇，你諗吓一條咁大嘅五爪金龍好似簷蛇咁喺屋度走，你驚唔驚，我都從未見過咁活躍，周屋搵都搵唔到，原來佢匿埋喺雪櫃後面，企咗喺度，因為嗰度暖。後尾都要搵個麻包袋笠住佢，太快啦，一定要一嘢笠落去，如果唔係好難捉。」把自己的家居營造成花鳥蟲魚館，奇趣寵物的光芒，模糊了對身邊人的注視。

光芒的燦爛，發自牠們重視自己的眼神。「隻鷹認得係我餵嘢佢食，總之一攞嘢比佢食，佢就喺個籠度行嚟行去，佢啲牙同爪好利，能夠將牛肉撕到好似搣菜咁。好多嘢都會認得你，即係你養每一樣嘢，好似嗰隻懶猴都係，佢啲動作通常好慢，夜晚先走出嚟，佢一捉住你隻手就黐得好實。我嗰時好著迷呢樣嘢，可以咩都唔理，所以有時覺得自己係咪過份咗，後尾就逐啲逐啲減。」

隨著居住環境改變，這個「花鳥蟲魚

館」也得暫停營業，可內心的想望，還得要壓抑。「我而家揸小巴，北街去旺角，總站就係金魚街，我唔會落車睇，一睇又心痕，我以前都有養魚嘛，我戇居居一望住個魚缸就望兩三個鐘頭，阿媽都以為我黐線，因為缸水靚嘛，好清澈，啲魚又靚，傻仔嚟。搬嚟呢度缸又無位擺，所以後尾攞返去魚街送俾人。養咁多嘢無咗，花咗咁多心機又無埋，呢度起碼有十年八年住，但係無地方，所以唔搞啦，費事啦。」

富貴竹，網上話可加維他命B2浸水。

萬物有情，黃振隆今天將同一番心機，全轉化到種植上。「種花都係要打理，而家咁曬我唔會點落水，因為一落水佢熱得滯，冷縮熱漲就『瓜』。我夜晚返黎兩三點就逐盆逐盆淋返，呢度又得意喎，十一二點太陽就見唔到，九點零十點先有太陽照到佢哋，一到下晝就照唔到，所以我夜晚先淋水，淋完第二日等佢曬飽，唔係第二日會無水，三幾日我就做一次，好似返工咁。」

對植物時也用上對動物的嚴謹與細心，還有那些實驗嘗試。「我第一次養玫瑰，我冬天時剪淨咁多，我諗會唔會好難養呢，會唔會死呢，跟住我喺YouTube睇，佢話搵醋，因為玫瑰嘅泥土要微酸，用醋會好好效果，咁我攞盆嚟試，點知一噴，兩個禮拜後，嘩，係咁飆啲芽出嚟，係得喎，仲開花添，嗰次攞落去俾大家睇，幾鬼靚。不過無買返嚟嘅開咁多，買返嚟嘅開好多，成盆滿晒，可能我施肥施得唔多，今年等冬天，我剪咗佢再同佢施多啲肥，睇吓夏天會唔會出啲靚嘅，希望可以養得到佢。」

「樣樣都要試，好似呢六支富貴竹，都擺咗兩個月，網上話可加維他命B2，咪買啲藥丸返嚟浸水，要隔夜喎，啲水有氯氣嘛對植物唔好，第二日先可加返落去。而家黃色嗰枝就係。我三幾日換一次水，唔倒晒，倒淨一半入啲新嘅落去，佢就出根，就無咁易瓜老襯，養吓養吓就幾個月，我開頭諗得唔得喋，佢建議用過期藥，唔好浪費。我諗五毫子一粒豪俾佢啦，五十文（音同蚊）一粒就話肉赤啫。我買咗幾十粒放喺屋企，同我老母講『你唔好食呀』，我都同藥房講唔係俾人食，唔使俾咁靚嘅我。」

「仲有一樣嘢，依樣又係我而家嘅試驗品，係蘋果核，我食淨嗰啲蘋果，我上YouTube睇過，試吓搵啲營養素浸佢十日睇吓會唔會出芽，不過依啲係大陸蘋果嚟，唔係鬼佬蘋果，而家試驗緊，唔使花錢去買種子。仲有一樣嘢又係好奇怪，我阿媽買咗返嚟好耐都無食嘅番薯，我諗住切咗佢，擺佢上去唔知會唔會生得到，隔幾日就會同佢浸一次水，呢啲葉都幾靚。樣樣都會試吓，成功咗好開心。」每每嚴謹考證，相信這個花鳥蟲魚館好快會變成可觀的樓上溫室。

註

(1) 觀龍樓重建：觀龍樓重建工程拆去部份E座及G座，建造兩幢四十一層高新大樓，二〇〇八年落成。

(2) 聖嘉祿學校：一九五二年法國巴黎外方傳教會戴天恩神父由廣西南寧撤到香港，在西環開展傳教，一九五四年在吉席街租賃兩層樓，創辦了聖嘉祿學校，至一九六〇年聖母玫瑰堂建堂時，學校一同遷到蒲飛路現址。

第四章
協力事成

梁瑋鑫攝

西環邨六十年來的宜居生活，是西環邨人細意經營出來。穩定的居所，使西環邨人建立出默契，齊齊管理好自己地方，為這安身之所盡一分力。他們當中有人自發為善、互相幫助，也有人走在一起，同心同德，發展更多可能。

追本溯源，屋邨社群的官方組織，是七十年代港府大力在各屋邨內推動成立的互助委員會。一九七三年七月，全港第一個互助委員會成立，開放予坊眾參與屋邨管理，引發互助合作精神，並改善居住環境。居民參與實踐由下而上的地方管治，令屋邨大小決策更貼近居民所需所想，也更以人為本。

西環邨一邨五臺，共成立了五個互委會，分別為東、南、西、北及中苑臺互助委員會。作為地區工作的橋頭堡，他們負擔起房屋處、管理公司、地方行政機關等部門與邨民溝通的責任。除要出席不同會議外，他們都身體力行，關顧鄰里坊眾的生活日常，監察治安衛生管理，連一草一木也都瞭如指掌。

先行者築構起由下而上的發展基礎，也鼓勵到愛惜自家地方的西環邨人，積極關注生活處境需要，自發組成不同的居民組織。其中，西環邨互鄰舍成立超過十年，建立起一個追求鄰里自立互助，服務西環邨人的共同購買平台。隨着屋邨人口趨向老化，互鄰舍日新又新，持續感染大眾出力關懷身邊的鄰居。

西環邨人共同的心思與努力，成就了西環邨，也成就了大家在此落地生根的願念。

4·1 咩都落手落腳做，就會得到人心。

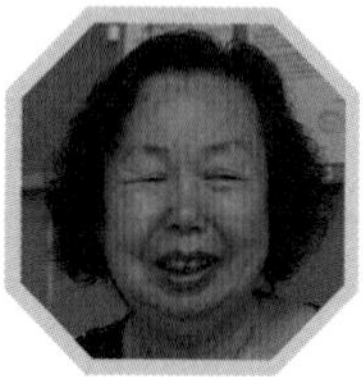

何美玲

一九四五年生，一九七〇年入住西環邨至今。

我哋唔怨天尤人，靠自己。

「我媽咪以前好辛苦，做泥工、做三行，自從佢整斷腳，要用鋼片包住隻腳，就無做嘢啦。我就煲啲田七片，俾少少瘦肉、紅棗，駁骨㗎，好快就行得，呢啲經驗嚟㗎，嗰陣仲有個後生仔三十幾歲，同我媽一齊出院，一齊去覆診，佢仲扶住兩支嘢，我阿媽都唔使。」玲姐孝心照顧媽媽，就是有一套方法。

「我好熟呢度㗎，雖然我唔係喺香港出世，不過香港都住咗幾十年，我四五歲就出嚟香港，和平嗰陣出世。嗰陣無書讀，我甚至無入過學校，夜校就讀過幾個月，正式學校就未讀過，仲係喺永利街對落必列者士街讀『卜卜齋』。當時我七八歲，到十歲就去我契媽製衣廠幫手。嗰間係山寨廠，入面有十零部衣車，主要車褲同褸，啲絨褸同乾濕

西環邨東苑臺加多近街入口。（梁瑋鑫攝）

褸咁，又要托好大匹布上四樓。之後搬咗嚟西環邨，初時細路細又唔出得去做嘢，就去契媽度攞啲乾濕褸，已經裁好晒一疊疊攞返嚟車，搞掂咗就交去利源東西街。而家中文字都係自學㗎咋，未讀過書識鬼啊？嗰時我就睇報紙學字，認字我就認得好多，寫就麻麻，懶練字。出嚟做嘢做咗幾十年，喺酒店做洗碗碟，後期又喺學校做校工，跟住就喺寫字樓做清潔做到退休，而家就一路無做嘢，有時入中心上堂，自己搵嘢增值自己。」

人生一堂課，玲姐走讀過社會不同的課室。

「未搬嚟西環之前一直住中上環，我住摩囉上街，嗰陣唐樓嚟，四層高，木樓梯，而家拆晒啦，摩囉上街我哋住一號，以前同而家都係賣古董，就近係文武廟。以前我哋都係差唔多住劏房啫，三個小朋友，兩夫婦，整床位比我家婆瞓，嗰陣咪都係咁住……初初結婚嗰陣喺永利街，嗰度出晒名啦，成日有人拍戲。後尾有小朋友就搬咗落摩囉上街住，大啲嘛，多啲房，唐樓啲房好大，好似而家嗰啲板間房，擺得落張四呎床，仲整咗個閣仔，如果唔係邊夠住。咁廚房就公眾嘅，沖涼都喺埋嗰度，輪住用，大家隔籬左右就時間。嗰時三個房三張床位，六伙人，其中有一家賣菜，有一家就賣魚，間屋好長好深，由摩囉上街通到摩囉下街，而家摩囉下街改咗樂古道喇。」

「中環我都住過好多地方，木屋住過，後期搬落威靈頓街有條巷叫東成里，我諗你哋唔識啦，好多象牙舖，咪有間蓮香茶樓嘅，一路行上去，後面嗰度整咗個公園，公園嗰條路叫東成里，就係以前我哋住嗰度，有成八幢唐樓，都係四五層高，後尾政府拆咗就唔俾人起屋，咁而家嗰度就做咗公園仔。後期又喺必列者士街做製衣，嗰陣喺九龍做咗好耐，結咗婚就喺屋企車嘢，後期啲小朋友大，讀小學先出返嚟做嘢，嗰陣淨係得我先生一個人揸的士，養成六七個人，點頂啊……我哋都無問政府拎過咩，係而家拎生果金，其他我哋無攞。我哋唔怨天尤人，靠自己。」身在困苦，可以選擇自怨自艾，可以怪責命運，玲姐卻選擇要求自己，以學習提升自己。

一講去西環啲的士佬就會話唔得閒

當今，在區外人的概念裡，由西營盤到堅尼地城似乎都統一是「西環」。不過，在港島西區生活的上一代人眼裡，住「西營盤」、「石塘咀」、「西環尾」，是截然不同的地理概念，更甚者，「西環尾」在區內人眼中，是品流複雜、入黑後就了無人煙的不毛之地，都是貨倉、焚化爐、屠房、殮房等厭惡設施，滿是混雜、臭氣和髒亂。

「我搬落嚟嗰陣，科士街仲係雞欄，呢度無通車，加多近街行落去全部唔通，係掘頭巷嚟。以前對西環嘅印象好差，的士佬會問『西環邨喺邊度呀？』的士都唔嚟西環，一講去西環啲的士佬就會話唔得閒，唔載你，以前無話告佢喋嘛，佢唔想載咪唔載。西環舊時成日塞車，貨車同『咕哩』多，以前六七十年代好多貨倉，而家嗰啲全部都係填海填返嚟。以前無人嚟西環，啲樓好平，幾萬文（音同蚊）一層樓，你知唔知聯安嗰啲五萬幾咋，嗰時叫我老公買佢唔肯買。」

西環邨東苑臺互助委員會會室。(冼昭行攝)

話雖如此，甫看見西環邨，有如此間隔獨立的單位，對玲姐一家來說相當吸引，要自力改善生活，也就決定遷來西環。「當時計租金就貴咗幾十文，以前五十六文租房住，呢度就多一半，但睇樓嗰陣發現大咁多，梗係要啦，貴咪貴啲，辛苦啲，小朋友住嘅地方闊落好多，嫌租貴就失去機會！搬去西環邨梗係開心，又獨立廚廁，不過我哋搬入嚟嗰陣九十幾文租咋，一路加、加到而家一千六百幾，不過自動轉帳我唔知道喇。」

能夠從新環境中一點點逐一去欣賞，就能夠找到重心開展生活。「本來俾華富邨我，但我唔要，華富邨無咁方便嘛。我一九七〇年搬落嚟，喺呢度都住咗四十九年……西環邨真係好好住，而家起咗地鐵就更加好。」五臺之中，東苑臺是最早建好的大樓，沒有與其他苑臺直接相連，在豬毛山腳自成一隅，卻又坐落科士街上，四通八達。「東苑臺好靚㗎，向海、好闊，窗口睇到成個九龍，成個迪士尼燒煙花都望到。我住東苑臺四十幾年，都係呢個單位。有啲人住西苑臺、北苑臺比較遠，買餸重，就要搭

「呢度啲住戶又好好，鄰里好，個個都你幫我、我幫你。」（冼昭行攝）

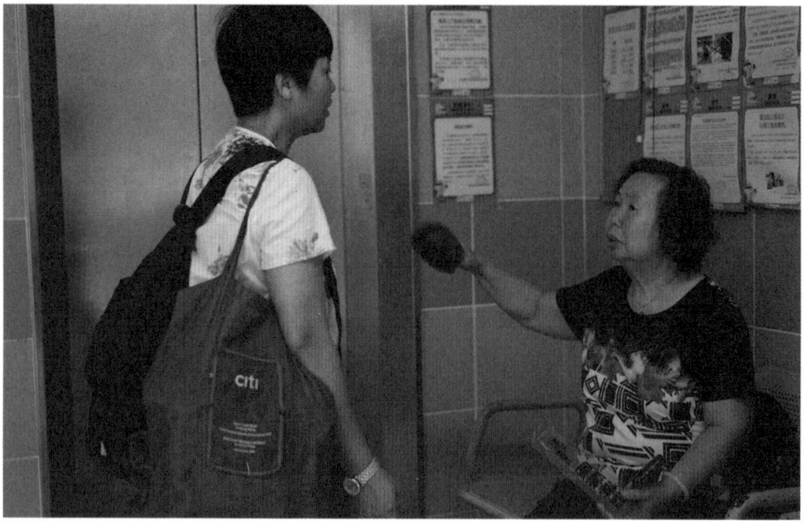

兩文車出入，東苑臺好在方便，我都唔使坐車。」

一係就唔幫你做，幫你就幫到足。

鄰里關懷，小邨人情，都在時間長流中一一累積。「初初搬嚟嗰陣寫字樓有個劉姑娘，人好好，以前屋邨寫字樓啲人真係好好。呢度啲住戶又好好，鄰里好，個個都你幫我、我幫你，我哋互相幫助，隔籬鄰舍有咩事會叫你幫吓手，大家都好樂意，大家都會幫手。」玲姐更願意擔當東苑臺互委會主席，多年積極關注邨內事務，一做就是廿四年。「即係我會細心啲，八卦啲咯！我有時比如去做義工，我所有都會跟到足，唔會好求其，一係就唔幫你做，幫你就幫到足。」坐在邨口一小時間，看出玲姐是西環邨百科全書，每家每戶的狀況，鄰居們做甚麼工作、小朋友現在有多大，由東苑臺到北苑臺，彷彿都瞭如指掌。「邊係，個個都打吓招呼啫，住得耐咪同街坊熟囉。」

一切源於一個能夠使玲姐發揮所長的契機。「我以前有打麻將，啲朋友叫我出街打無喺屋邨打，以前日日打好似返工咁，十二點幾開檯，打到六點幾開飯，日日坐喺張麻將檯，脾氣好啲嘅打都會講吓笑，有啲唔輸得嘅就發晒爛渣，打嚟做咩？所以我後期去女青年會做義工，後來楊生[1]喺度做，就幫吓佢哋。我無話邊個黨，總之你幫到條邨手，咩都落手落腳做，就會得到人心。」西環邨內上下，也是務實應對生活的人，造就成一個柔韌社區，每有困難，內外相援。「早排有個邨外人喺度跳咗落嚟，西環邨街坊都想幫佢打場齋，我哋一開始話籌款，後尾有街坊搵咗人幫手，就唔使錢，做咗道教嗰的(儀式)，係中環通善壇嚟幫手。」

「而家西環邨變咗老邨，後生都搬晒出去，老人家多，但係啲老人家都走咗好多，多數都係一兩個人住，連我先生而家都八十幾啦。淨係我哋八樓都差唔多得返我同另外一戶老街坊，其他變咗全部都係新。平時個個都要返工，邊有人會得閒，我哋都好鍾意搞活動，無理由喺街外招人嚟，西環邨人嚟就最好啦。」念茲在茲，玲姐就是掛心這個扎根半世紀的屋邨。

註

(1) 楊生：前中西區及南區區議會議員楊位款太平紳士，MH。

4·2

我哋都希望個個住西環邨住得安安樂樂。

陳發林

一九四〇年生，
一九九三年入住觀龍樓，
二〇〇〇年入住西環邨，
二〇二〇年離世。

陳尹婉嫦

一九五七年生，
一九九三年入住觀龍樓，
二〇〇〇年入住西環邨至今。

有林叔在，過去中苑臺互委會的告示板上，每每新奇豐富。日常的通告以外，還會貼出在其他屋邨告示板不常見的文章與剪報，介紹的都是醫卜星相、文史哲理與食療偏方；每逢農曆新年，也會貼出墨寶揮春。林叔閒時會教邨中人花生要連衣吃，為的是善取營養；要尊重南亞鄰居生活文化，勸人不要隨便摸人家孩子的頭頂髮髻；他偶爾還會手抄詩文供人傳讀。林叔常引《孟子》說：「上有好者，下必有甚焉者矣。即係上頭有人好嘅呢，有長輩開咗個頭，啲子侄就會慢慢跟㗎喇。」伴隨林叔大半生的嫦姐在旁補充：「前人種樹，後人就可以乘涼，林叔佢好鍾意做義工，退咗休之後一直都去做義工，做咗好多年啦。」

這番人文心懷，嫦姐說是林叔讀書時受中文老師教誨的。「佢以前學校叫仿林，由高主教中學向西環呢邊再行返嚟少少。」

中苑臺互助委員會之告示板尚留下林叔墨跡。（冼昭行攝）

一九二三年仿林中學由陳仿林老師開辦，校舍最初設在上環普慶坊，亦曾遷到西摩道及羅便臣道，有兼辦小學部，後來在跑馬地及九龍城亦設分校。「而家都拆咗啦，因為係私校。一直都聽林叔話喺仿林讀書，中學小學都喺嗰度讀，一直讀上去，讀到中五。本來話想去台灣讀大學，嗰個校長話會供佢，但佢話唔捨得阿媽。佢係寡母婆湊大，佢家姐又結咗婚，所以佢先唔去台灣讀大學。我哋一路同佢媽媽住，由木屋住到觀龍樓都好多年，跟住先過嚟呢邊。到後期我哋都真係照顧唔到佢媽媽，隻腳行唔到，先送佢去老人院。」

從來貧窮帶來最壞的，不只是刻苦辛勞，而是成長與生活中被剝奪了許多選擇。寡母帶大的林叔，也有他的木屋歲月。「林叔以前住間木屋，喺贊善里，大差館側邊嗰度，條冷巷嗰度都有幾間木屋。林叔住咗喺嗰度都四十年！以前有個軍人係國民黨嘅，霸咗山邊搭咗間木屋喺度。林叔同佢好老友㗎，以前佢細個住地牢，好似七十二家房客咁。佢好乖，但好窮，走難嗰陣時，個老竇

相片中央路的轉角處為林叔木屋故居舊址，位於中環贊善里與堅道之間的後巷。（冼昭行攝）

喺大陸死咗，佢爸爸走時佢好似手抱大咋。個老竇以前都有錢嘅，本身係賣海味，其中有間舖幾伙人嘅，如果分返啲股份俾佢，其實本應係有筆錢嘅，但係佢阿媽唔識字，又唔識得點樣去理，以前呢筆錢可以買到好多層樓喇，而家海味街嗰度其中一間舖頭仲有喺度㗎，於是就被迫到咁樣嘅地步。嗰個軍人後嚟發咗達，見到佢咁可憐又淒涼，寡母婆帶住兩個小朋友，又或者係睇見佢無老竇，就送咗間木屋佢住，一住就四十幾年。」

「佢當時又窮，又唔敢喺香港拍拖，諗住我哋鄉下人會捱得，真係出到嚟未有好日子過喎，係咁捱。」嫦姐樂天，含辛日子說起來卻還保持笑瞇瞇。「佢阿媽係我媽媽姊妹，大家係同鄉，都係東莞人。我喺醫院做嘛，佢見到我斯斯文文又有學識。哈哈，我中學畢業後喺東莞人民醫院做藥劑師。嗰陣時都幾好㗎，可以讀完中學跟住隨做隨考咁。」

離鄉別井從東莞到香港，生活環境要轉換，工作環境也要轉換，以為做好了心理準備，來到還是始料不及：「我初初出嚟住喺間木屋仔，間屋有個紅色號碼，連埋我哋就仲有另外兩間，一間我奶奶住，一間就係另一個親戚住，我哋間屋就剛好喺近路口。嗰度無廁所，啲坑渠老鼠好大隻，好似貓咁大隻呀。到後來，旁邊塊地賣咗俾個集團，佢哋有同政府反映我哋呢幾間屋仔，始終人家再起靚樓，出入都唔方便嘅。我見咁情況，就決定交返間木屋仔出嚟，申請定政府樓。」於是林叔一家就獲安排到觀龍樓上樓。

當時有回頭紙

一九九三年，林叔和嫦姐一家終於上樓住觀龍樓，安安定定過了七年，只嫌地方太四通八達。「我記得我住四樓，尾尾嗰度都可以有人入去跳樓㗎。有一個好似醫院做㗎，個女人可以行入嚟跳落去咁樣，又可以行咗去平台上面，又可以跳。嗰陣時觀龍樓好多人跳樓㗎。」始終每天出入會經過，心頭總是不安。「不過而家整完好好多，全部周圍都閘住，又翻新咗，以前黑鼆鼆㗎，觀龍樓都改變好大。」

「好感恩，不過之後為咗個溶洞，我哋又要搬。有錢嘅呢，就買咗去北角嗰啲；我記得有人買健康邨，而家健康邨啲樓升值得好犀利，嗰時房協平啲賣俾我哋四樓嗰座，H座嘛。我哋無錢買，所以特別記得，哈哈。無錢呢，就要周圍去囉，有啲鄰居好似去咗沙田。」

「我哋兩個小朋友，一個仔一個女，啲小朋友全部都上環讀書，林叔佢媽媽隻腳唔方便，又要成日去觀龍樓上邊個青年會開會，就哀咗好耐。佢媽媽隻腳後嚟愈嚟愈行唔到，仲要用兩條拐仗，我又要返工，小朋友又細，林叔同我都喺明愛做，小朋友又喺堅尼地城明愛中心託管，申請咗第三次，再同房協講，就俾我哋申請去西環邨，真係好感恩。」

即便如此，西環邨對林叔一家本來只是一個過渡居所，他們本來打算等到觀龍樓重建落成後，再搬回去。「當時有回頭紙，我曾經去睇過觀龍樓啲新單位，不過個租真係貴啲，三百幾呎都成三千九百幾！最後再

上　年輕時的林叔。（陳尹婉婷提供）

下　林叔日常觀察入微，把西環邨壁上的太極圖組拍攝下來再於家中重組。（冼昭行攝）

諗，都係決定留喺西環邨住。西環邨間隔好，好靜，對住個山，空氣又好，對住個空曠地方，真係無咁迫狹。呢度仲有個天棚，間中有得開放曬吓被、曬吓嘢。二千年搬咗過嚟呢邊，環境好乾淨，啲人無亂咁掉垃圾，過咗嚟呢邊又一直住咗廿年。」

我知我哋街坊都會認得我嘅，喺西環邨裡面。

由漂泊過渡到落地生根，能留得住林叔嫦姐一家，又不只是因著一份廉租。「西環邨而家係一個老人邨。住得耐咗，成個邨都係老人家。唔知係咪住慣咗，有啲就話唔捨得郁，交通又方便，又有人情味，隔籬鄰舍又識得。其實我哋六樓，有好多間呢都係觀龍樓搬過嚟，另外有兩戶仲係姓陳嘅！」遠親不如近鄰，鄰里之間，貴在守望相助，可總不常天從人願。

「我隔籬個阿伯，太太走咗，自己一個人住，幾個仔女就唔係經常嚟見佢。佢自己吊頸，九十幾歲，自己吊頸。佢夜晚打俾個仔，個仔朝頭早嚟，見到佢吊頸條繩斷咗，伯伯已經跌咗落地下，九十幾歲⋯⋯。呢件事大約發生喺五年前。我同個伯伯熟就唔算好熟，有時食完飯出嚟丟垃圾，咁就有打個招呼，我多數都叫佢嘅：『食咗飯喇？』『食咗啦。』有陣時搞活動叫佢出嚟，佢唔出，就成日困住自己喺屋企，西環邨好多老人家自己一個單獨喺度住，啲後生全部搬走晒。十個喺度住嘅，九個都係老人家。」事後，房署很快就把單位再編配出去。新住客來了，是年輕的一家，有幾個小孩。嫦姐與新搬來的住客談及此事，問他們可會害怕。新鄰居似乎也沒有太驚訝，畢竟這年代，有瓦遮頭變得如此難得。

嫦姐倒是時常惦記著老伯，但願寂寞本身可以避免。嫦姐往後顯得份外留神：「之前有個老人家腦退化，我知道佢住喺呢度，因為有日我去長者中心接林叔時，見嗰個老人家話要走，啲姑娘呢又唔俾佢走，要等到佢個仔嚟接佢。有一日喺街市見到人攞張相周圍問，『呢個老人家走失咗，你識唔識得佢呀？有無見過呢個老人家？』我話，我識得佢！我知道佢樓上住㗎！我當時好多疑問，點解好好哋會走失？明明見佢個仔每日都嚟接佢。好彩皇天不負有心人，婆婆都唔走得遠，終於都搵返。後來再諗諗，係咪有可能夜晚返屋企時走失嘅呢？有腦退化其實好麻煩，之前另一個住西環邨嘅伯伯又係咁蕩失路，嗰次我同咗佢個仔講，話佢知佢老竇而家早咗去地鐵站嗰邊，起碼街坊街里會幫手望多眼。雖然有陣時我要返工，但如果有人蕩失咗自己都關心多一下，幫吓佢睇吓喺邊度見到，咁起碼搵到嘅機會大好多，一個人搵同十個人搵差好遠。就算大吉利是，我或者林叔他朝唔係好搞清楚地方，唔見咗，我知我哋街坊呢都會認得我嘅，喺西環邨裡面。」

上有好者，下必甚焉。

近年，嫦姐忙於照顧抱恙的林叔，不單安排起居飲食，護理好健康，還有替林叔完成一些未圓心願。「我哋都希望個個住西環邨住得安安樂樂，西環邨一路都太平。如果我哋唔關心、唔去理，個環境就會愈嚟愈差。我覺得樓上樓下都可以打吓招呼，一有咩事起上嚟，大家總算有個照應。有次我哋呢度坑渠幾日都唔通，坑渠水、洗碗水有油嘛，流到去幾家人處，我驚有人跣親，咪WhatsApp俾辦事處管理主任聽。我影埋俾佢睇，成條巷都塞晒，嗰啲油浮喺面，好容易跣親老人家㗎嘛。西環邨本身都有個群組，有啲做義工呀，發生咩事有個聯繫，點樣去解決，大家一人出啲力，一齊改善個情況。」

「上有好者，下必有甚焉者矣。」林叔歷劫不磨，一身人文關懷，在西環邨終老的二十年，更貢獻自己投入公益。林叔臨終前釘在中苑臺的告示板的稿紙上，加提了兩行詩句，字體少許歪斜但力勁依然：「莫問前程難料，但祈落幕無悔。」

林叔臨終前在中苑臺告示板上加提：「莫問前程難料，但祈落幕無悔。」（謝子英攝）

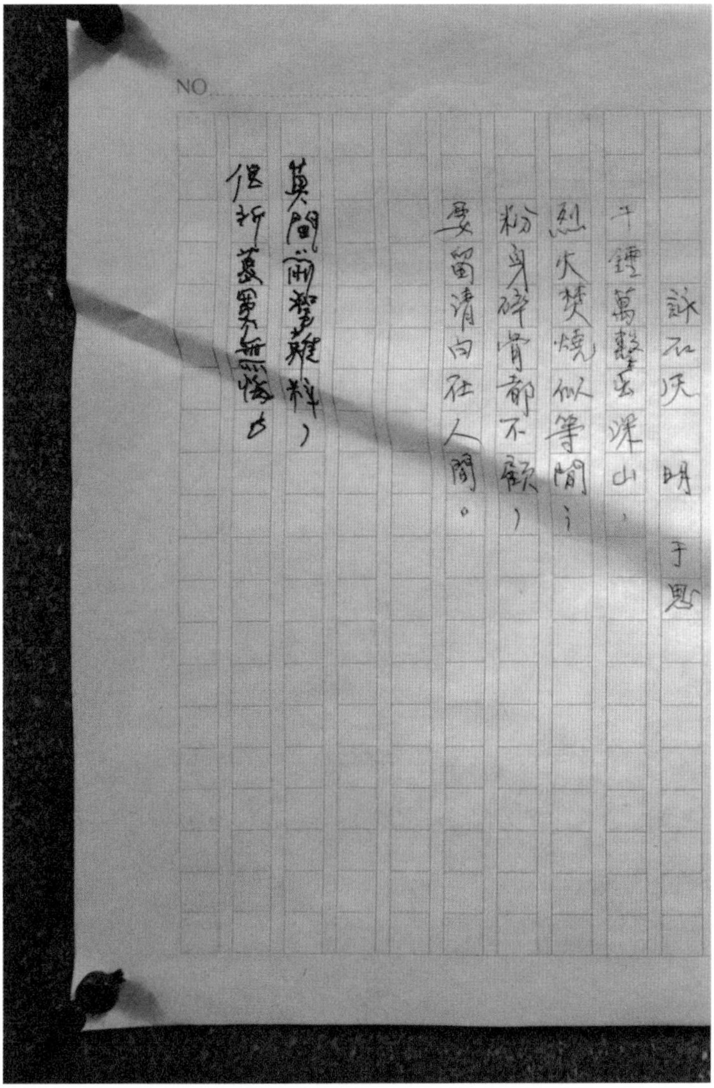

4·3

我哋係有能力去過更加好嘅生活。

張燕嬋

一九九七年入住西環邨至今。

西環邨人都稱呼張燕嬋為鍾太，她搬來西苑臺已是廿多年前的事了。「當時我哋一家喺觀龍樓搬過嚟，就係因為冧山泥時出事。」一九九四年七月二十三日，堅尼地城觀龍樓D座地基護土牆崩裂，泥土傾瀉，不幸導致五死三傷。當局及後把C座及D座封閉，重修護土牆，因而安排被迫遷住戶入住房協或房委會的屋邨。「嗰時已經開始準備要搬嘅心態，初時話會整嘅，咁到我個仔出世後半年，即係九七年十二月尾，我哋就搬嚟。我喺西環邨真係住咗廿幾年。」

誰知道，一波未平一波又起。「我啱啱搬入嚟嗰時，有人入屋爆竊過。我哋而家呢個廚房窗口嗰度，一條粗一條幼，嗰啲鐵枝係新增。因為佢本來好幼，所以喺成條邨未加呢條鐵之前，我已經私人搵人整咗。嗰時我唔係主席，我係入咗嚟十年左右先開始做主席，先幫手整個鐵欄。不過其實嗰件事發生後，又加咗鐵欄，都無再聽講過話有人入屋爆竊。」投身公益的心念，往往源於一些切身經歷。

呢度唔止係一個普通嘅舊屋邨

一番折騰後終於安定下來，鍾太開始欣賞室內室外的環境：「嗰時候屋企無雜物，個騎樓好通爽好大，我個仔可以喺個騎樓度踩單車。之前無加惠臺時，我哋都好通爽，經歷過十號風球㗎！嗰陣我個仔得幾歲好細個，我係完全唔敢喺騎樓，我哋驚到匿晒入房。我之前可以向住個海踩單車，我諗好多人夢寐以求嘅生活都係咁。」

好的環境也孕育了好的鄰里關係。「呢條邨係一個比較特別嘅屋邨。我以前住九龍啲屋邨都係雙向，門對門，同呢邊唔同。呢邊會望到對面樓㗎，好似我屋企嗰邊望住對面呢可以 say hi 㗎。我哋西環邨到而家仲係會街頭去到街尾問候，或者我哋行呢段路上嚟都搭電梯，經過停車場又見到好多人，行過大家亦都會問候一下：『嘩！你拎咁多，好重啊，小心啲喎！』呢度仲會有個機會大家交談。或者都係雙向嘅，曾經有擺過心機去接觸人，咁真係人心肉造啦，你付出咗啲乜嘢，亦都會收返多少。好似呢度啲師傅都做咗幾廿年，連郵差都係好熟！」

西環邨住戶的信箱都裝在每戶門外，這位郵差先生需要走遍全邨派信，從他入邨以來十多年風雨不改：「佢直情可以熟到，見到你個人就可以派到俾你。之前互委會本身係另一位主席，都做咗好多年，轉主席後，啲信竟然可以送到我門口，仲同我劃咗佢之前個地址。可以做到咁，我覺得好犀利，熟邨嘅事熟到不得了。」

住下來對這裡日漸油生的，是一份欣賞，一份感情。「呢度咩都好，個間隔其實都唔錯；如果調返出去，三四人單位空間唔會咁大，個洗手間、晾衫嘅地方一定唔會好似而家咁樣。我都無見過屋邨可以咁開揚，大家好開通，可以睇到對面。呢度亦都有唔錯嘅鄰里，租金好平，千零文（音同蚊）租，你出邊係搵唔到。香港啲舊屋邨都好多

冼昭行攝

條，但唔知點解，感覺上我哋呢度係比較舒服，睇返其他邨嗰啲反而好奇怪，佢哋都係圍住屋邨幾幢樓，好似井字形，見到啲圍欄個感覺都唔係咁好，好似有啲驚。如果同觀龍樓比起上嚟，呢度空氣好，因為唔係對門對戶，觀龍樓就對住嘅；觀龍樓個走廊空間闊啲，同埋出面粒口嗰度有好大嘅空間，呢度就比較細一啲，但呢度空氣好，自然昆蟲、蜜蜂都多。」

遇到環境難題，除了要找人解決之外，還會關切身邊鄰人。「我哋喺度咁舒服，連蜜蜂巢都大過人，嗰陣時試過搵漁農署去拆；之後我個仔幾歲嗰陣，我哋食完飯喺屋企，佢伸手去捉蜜蜂，蜜蜂支針拮咗入去手指公。我哋掛住執檯無為意，佢跟住開始腫，咁就即刻上醫院，好彩無事，點知佢第二日抽筋，我驚又即刻去醫院，醫生就話無事嘅，應該係敏感，食啲敏感藥就會好。咁多年都成日不斷有蜜蜂飛入我間屋，前排我屋企又有蜜蜂竇。因為我係西臺主席，開會都會講呢個情況，亦會請大家都留意隔籬左右住戶，會唔會屋企有唔為意，如果我屋企

「我哋呢度咁舒服，連蜂巢都大過人。」（冼昭行攝）

有嘅話隔籬一定可能會有，可能性唔細㗎。我其實幾擔心，我隔籬因為有啲老人家，但我又唔方便入去打擾佢，我只可以同房屋署講，留意吓啦。」

「西環邨俾我感覺都變好咗好多，尤其係之前無咁光猛。呢度總共有五座，高高低低。大裝修過後，外邊加咗個支撐，去水位、地台嗰啲都整過，當時其實都整咗好多嘢！有時就係咁，當我哋話想要有個新樓住，有邊個唔想呀？但係回頭望，有無真係咁嘅間隔，咁嘅價錢，可以咁嘅鄰里關係，我真係覺得未必有。我覺得西環邨比起啱啱入嚟嗰陣，管理或者外觀都算好唔錯，而家呢一刻雖然某一啲要求未達到，但係我哋已經盡量去希望達標。」人面對問題的時候，往往會給問題遮蔽了其他思考，「回頭望」，就是把注意力引領回去注視，一直以來所累積下來的好經歷。

「雖然我哋呢條邨唔可以好似觀龍樓咁大工程做到全部圍住，因為我哋呢度太多通道，四通八達，如果你真係要做甲級保安嘅話，要兼顧嘅實在太多。但近幾年好多人都鍾意喺西環附近拍劇，西環邨亦都多咗人關注。當然，我一個人嘅能力係好渺小，但我相信夾埋其他臺嘅主席，或者議員等等，我覺得我哋係有能力去過更加好嘅生活。呢度唔止係一個普通嘅舊屋邨，我哋都盡量做好，希望大家都知道有個好特別嘅西環邨。」當人們能這樣著緊自己居住的地方，這地方才會如西環邨般精彩。

大家又想搬去新樓，但係又想繼續留喺度。

有關西環邨是否需要重建的討論，起始於二〇〇五年進行的全面結構勘察計劃。當時的報告說明，西環邨所有樓宇結構均屬安全，而且至少可保用十五年，期間只需進行小型維修工程作保養。可是全港公共房屋日漸短缺，輪候上樓的人龍越來越長，早前長遠房屋策略督導委員會才又重提要重建舊屋邨，以在同一空間建造更高更大座新樓，來增加屋邨單位數目，去安置更多的人。惟二〇一八年十一月運輸及房屋局局長陳帆回覆立法會議員提問，指尚未有計劃重建西環邨。

「大家一直都知道政府有計劃會拆邨。我諗到時應該會好唔捨得，好多好多老人家好唔捨得。你話佢（西環邨）無問題亦都唔會，咁多年結構總有多少狀況，你見都有支架傍住啦。不過，原來佢本身個結構其實都好穩固，都可以繼續落去，雖然話都六十年，但亦有佢存在嘅價值。大家又想搬去新樓，但係又想繼續留喺度，呢度嘅居民都有雙向嘅心態，其實幾矛盾。我哋計過佢話喺警察宿舍嗰度會起樓，預計頭夾尾都要成十年先搬到第一批入去。好坦白講，好多老人家都唔知等唔等到嗰一日，後生嘅等唔等到十年呢？亦都有可能入紙去抽居屋，或者有能力嘅已經出去自己買樓。十年後無人知道係點樣。我覺得而家講啲乜嘢都無人知道，你唔好話十年，一年後嘅嘢我都預計唔到。到時係一個新嘅環境，再重頭睇吓可唔可以做好啲鄰里關係，用嗰一刻去做嗰一刻嘅嘢，太早嘅預算，我唔係做生意啊，我唔識

冼昭行攝

去預算。我覺得一個預期唔到嘅結果，一個未知數，會唔會諗得太早？」

「第日如果搬去新屋邨，鄰里關係可唔可以做到而家咁樣呢？我可以百分之八十都話俾你知係唔可能。因為而家好多人都係早出晚歸，唔打招呼，有可能真係住幾年都唔知隔籬嗰個原來係你啊。搬開咗，如果都要返呢啲鄰里關係，我覺得真係只可以係一個回憶。我體會返我媽嗰邊，因為佢都係由舊屋邨上到而家新樓，我而家返去，唉！邊個嚟㗎？我真係唔識，有啲人反而望返我轉頭！我每一次返去樓下個保安總會問我去邊度。我差唔多一個月最少返去一次，佢都咁問我，我真係覺得啲人情味無咗。如果個個都係話『我新來㗎乜都唔知』，亦唔交談，唔分享任何嘢，搬到去一個新嘅屋邨，我覺得防人之心要有嘅，但抗拒交談嘅話我覺得唔係好事。有咩都可以互相幫吓，尤其係新嚟嘅，好坦白講，有好多唔熟悉或者有嘢需要借，咁大家都係一句，我覺得會方便到大家。」

本來鄰里人情的累積，是建基於一個個

解決自身需要所引發的交往，是在一個地方生存下去的必需經驗，只是當代社會以專業分工取代許多本來由街坊鄰里已經維持到的事情，使人覺得不再需要鄰里來支撐生存。新的社會環境下，新屋邨能否建立人情鄰里，才成為一個問號。

關係係共同又雙向，條屋邨大家都有付出過。

可鍾太仍是相信鄰里間的信任，是需要日復日的經營。「我曾經去過某一間屋家訪，一去到佢就話咩我都幫唔到佢嘅，我問佢點解，佢就話，『我落去房屋署佢都幫唔到我，你又幫到我啲乜？』之後就不斷喺度鬧，佢鬧得好開心，我無出半句聲，只係笑住聽住。跟住佢隔籬嗰啲住戶就捉住佢訓話咗一輪。佢哋知道我都係一個義工，唔係受薪，我都係用我有限嘅時間去幫大家。佢太太第日同返我講，『我都話咗佢㗎啦！』嗰刻我係好開心，唔係因為有人話佢，而係有人明白我係做緊啲乜，同埋我係真係用個心去做。」

與每一位街坊建立信任，都要如此這般花耗不少心思，與懷著一份謙厚。「好似我而家主席呢個位置，我付出真係唔算好多，我哋開會兩個月一次，唔會用我好多時間，除非我真係公司有啲特別事無辦法嚟，但係我都會留意返個會議議程。我都喺度好幾屆，一屆三年。我只係一直去聽同收集一啲意見，再表達出嚟。我嘅付出微不足道，可能其他主席嘅付出比我更加多好多。或者咁講啦，關係係共同又雙向，條屋邨大家都有付出過，意見亦係大家都有參與俾過，我只不過參與其中一小部份嘅意見，呢個係大家嘅成果。我都係住喺呢條屋邨嘅一份子，但係做好事個益處係大家嘅。我咁啱有啲時間，亦好慶幸參與呢一個任務，叫做用我空餘嘅時間出吓聲囉。」

時間以外，還有決心。「過程係唔簡單，每一層個層代表都未必願意出嚟，好辛苦先湊夠人，搵到個層代表。不過，你一回頭望，好似東苑臺個升降機反對聲音唔少，但係而家起好呢，你少佢一日都唔得。當你明白唔止有自己，我有時就會換個角度睇，嘗試代入一個老人家上落樓梯、行路有幾辛苦，咁個決定可能會接近大家嘅需要多啲。我曾經有一刹那諗過開放個互委會間房，好似而家房署辦事處可以借書俾人睇，開冷氣就可以做一個房仔做休閒室，啲老人家可以當我喺度時嚟傾吓偈，等佢哋有一個好去處，其實係唔錯。其實之前互委會間房成間屋咁大，而家得返一半，因為話要間開做走火通道，但係如果真係執吓，擺啲錢落去搞，或者有一日都可以做到。」

「你話點解我會有咁嘅動力？可能主要係我經歷過一啲事。細個嗰陣媽媽佗住我，都未生得八九個月，咁就碌咗落樓梯，個個都話我可能都唔得㗎隨時，好在我都生存到。我去睇相，話我死過一次，應該指嘅係呢次。我小學之前係好怕羞㗎，屋企以前咁多年，我好少同人接觸，小學之前我通常自己喺屋企多。屋企講潮州話，所以我講嘢有時都會夾雜咗啲潮州話，講粵語有時你哋又未必會好明，因為我講嘢有時好似黐住咁樣，到中學開始我先慢慢個人開始有咗轉變。點解我會有動力出嚟做義工？或者我生活個環境都有關係，我喺打鬧之中嘅家庭長大，所以我體驗到好多人係需要幫助，但唔會開口，或者就只需要你同佢簡單傾偈佢已經好開心。真係㗎，只要踏出一步，喺我有限嘅能力去幫佢哋。」

4·4

我哋曾經搞過試米大會，將米蒸熟，大家一齊試。

西環邨互鄰舍代表：

黃稼梅

一九五〇年生，
一九五八年入住西環邨至今。

唐孟德

一九五五年生，
二〇〇〇年入住西環邨至今。

徐曼詩

一九七六年生，
二〇〇五年入住西環邨至今。

一年裡面，總有幾個星期六下午，西環邨人在總站步下十三號小巴，便會見到西苑臺電梯口熱熱鬧鬧的，有男有女幾位街坊圍著摺櫈膠凳，旁邊總擱著幾大包白米，幾條廁紙，臘月時節更有果仁糖果。街坊出入會順道來取走訂下的生活必需品，有邨民則夾手夾腳將貨品送到行動不便的長者家裡。原來是「西環邨互鄰舍」在統籌集體訂購。

「由二〇〇八年開始，初時係個婦女小團體。」金融海嘯那一年的事，稼梅仍舊歷歷在目。「我哋本來叫『健康婦女組』，由四位婦女開始，關心邨內事務。」二〇〇八年六月，這幾位熱心女士，在邨民出入位置佔了少許地方，放好櫈凳，設了個「服務站」，為街坊做問卷調查，嘗試了解大家覺得住在西環邨有甚麼生活需要未得到滿足，也鼓勵互相幫助，招募義工參與公益。

「我記得我係發起之後兩年加入嘅。」

西環邨互鄰舍為西區居民介紹西環邨的歷史，曾參與舉辦不同的社區展覽活動。相片攝於卑路乍灣公園。（謝子英提供）

唐生憶起第一次接觸「西環邨互鄰舍」，是因為一批糙米。「當時知道『阿燦』（演員廖偉雄）有一批糙米可以送俾街坊，但好多老人家都唔接受，擔心難消化。當時我參與其中，覺得係好事，希望可以促成個活動，可以搞得好。可能因為我自己宗教信仰，都係一個緣份。我當時係希望個活動可以完整，之後可以送白米俾西環邨裡面嘅長者。」

阿詩補充：「當時有人捐咗一批糙米嚟，於是我哋就發動邨內街坊用『糙米換白米』去捐贈俾老人家，希望由此開始可以喺邨內推行活動、幫助到老人家，邨民之間又可以互相幫忙。我三母子都有一齊參與！」

他山之石，可以攻玉。本來捐來的這批糙米，長者吃不下，收也白收，可是對追求健康飲食的中壯年邨民，卻是有用之物。互鄰舍看到邨內不同群體間的特質，促成連結，發起「糙米換白米」這個創意活動，發動西環邨上下，輕輕鬆鬆以換米來表達對年長鄰居的關懷，而換取得來的白米，則由邨內義工分發送到長者手上。

邨民踴躍參與，有七十多個住戶響應，

阿詩不單只自己參與，連兒子（圖右）都積極響應，成為互鄰舍重要一員。（謝子英攝）

換出二百斤白米，都送贈予一百名長者。新舊邨民，恍如回到六十年前，看見彼此，關心彼此。「於是我哋邀請咗有興趣嘅街坊參與迎新活動，等大家互相認識，共同討論自己條邨需要咩，等大家有返份歸屬感。最終我哋成立『西環邨互鄰舍』，每星期一次聚會。」互鄰舍不同時期前前後後總共有十四位西環邨民參與，出心出力。

唐生記起，當時構思宗旨方向時，有參考過自己以往參與義工團體的經驗：「我有照顧復康人士嘅義務工作經驗，曾經照顧有障礙嘅朋友，佢哋宗旨係好，但要滿足好多框架先可以參與。所以，我當時諗可唔可以唔需要做資產審查，就已經可以參與社區，可以嘅話，社會可以公平一啲，每個人都可以得到照顧。唔止係某一啲人，或者係篩選一啲人先可以參與，或者得到服務，所以我哋想推行一啲服務係要以全邨為本，西環邨互鄰舍應該係為所有邨民去服務。」

成立互鄰舍之時，剛遇上金融海嘯，失業及物價高漲帶來的經濟壓力，是不少家庭的沉重負擔，日常必需品價格尤其久久不

居民每月參與集體訂購，由選定產品到落實數目，都親力親為。（謝子英攝）

西環邨互鄰舍於 2017 年接受德國社會房屋機構 VVH（Vereniging van Vlaamse Huisvestingsmaatschappijen）訪問，以了解香港公共房屋住戶生活狀況。（謝子英攝）

DOSSIER

Sociale huisvesting in Hong Kong

In Hong Kong huurt 40% van de inwoners een sociale woning, 20% huurt privé en 40% is eigenaar (sociaal of privé) van zijn woonst. De bouw en het beheer van sociale woningen is in handen van de overheid en wordt uitgevoerd door de Hong Kong Housing Authority en de Hong Kong Housing Society. Dankzij overheidssubsidies liggen de huurprijzen voor sociale woningen tussen 1.000–3.000 HKD (120 – 365 euro), beduidend lager dan op de privémarkt waar je voor 10m² minimum 5.000 HKD of 600 euro betaalt. Sociale woningen zorgen voor een betaalbare, veilige en zekere basishuisvesting. Een kandidaat-huurder mag twee keer een aangeboden sociale woning weigeren. Bij een derde weigering komt de kandidaat-huurder terug achteraan op de wachtlijst. Als het eerste aanbod een oude woning is, gokken velen op een tweede voorstel. De huurprijs is afhankelijk van de staat van de woning maar als het inkomen stijgt, stijgt ook de huurprijs. Eens ze een woning hebben kunnen bemachtigen verhuizen sociale huurders zelden. Er zijn geen taalvoorwaarden. Kantonees spreken is dus geen vereiste om een sociale woning te kunnen krijgen. Naast het Kantonees en het Mandarijn communiceren sociale huisvestingsmaatschappijen op hun website ook in het Engels, het Hindi (Indië) en het Urdu (Pakistan).

CHUNG Kim Wah, Professor Sociologie aan de Hong Kong Polytechnic University: 'Op een bevolking van 7,1 miljoen inwoners tellen we vandaag 800.000 sociale huurwoningen en 320.000 sociale koopwoningen. De helft van de bevolking woont in een sociale woning. Eind jaren 60 gebruikte de overheid huisvesting als een middel om de burgers gunstig te stemmen tegenover het politieke systeem. Na een jarenlang bestuur zonder concrete objectieven, wil de overheid sinds 2013 gelukkig terug investeren in sociale huisvesting. De hoogdringendheid is terecht. Meer dan 300.000 families en alleenstaanden staan op de wachtlijst voor een sociale huurwoning. Een alleenstaande moet maar liefst 10 tot 15 jaar wachten voor hij of zij aan de beurt komt. Intussen zoeken ze iets anders en komen ze terecht in opgedeelde units. Enkel senioren en mensen in echt hoogdringende situaties krijgen voorrang.'

'Het doel voor de volgende tien jaar is 470.000 extra woningen bouwen, waarvan 60% sociale woningen. Het is zeer onwaarschijnlijk dat het doel zal gehaald worden. We hebben dringend meer sociale woningen nodig. Niet alleen zijn de leefomstandigheden in opgedeelde flats mensonwaardig, ook qua brandveiligheid zijn er grote problemen. Al is het toegelaten om je flat te verhuren, het is illegaal om de functie van je woning te veranderen.'

Professor CHUNG Kim Wah.

Tevreden in haar sociale woning

Maria (Lau Pang) (66) woont al meer dan 60 jaar in Sai Wan Estate, het oudste sociale wooncomplex van Hong Kong. Ze groeide daar op als klein meisje. Nu haar man gestorven is en de kinderen het huis uit zijn, woont ze nog alleen in haar 5-persoonsappartement (40m²) waarvoor ze 1.600 HKD (€ 200) betaalt. Een sociale woning is de grote droom voor de meest kwetsbaren. Dankzij de lage huur houdt Maria voldoende over om menswaardig te kunnen leven. De meeste sociale huurders in Hong Kong werken als veiligheidsagent, bewaker of poetsvrouw of ze ontvangen een basisinkomen van de CSSA, de Comprehensive Social Security Assistance (cfr. Belgische OCMW).

Wat zou je willen veranderen?

CHUNG: 'We willen een minimum-kwaliteitsstandaard voor huisvesting. De kwaliteit van opgedeelde flats ligt ver onder de basisleefstandaard. Door de lange wachtlijsten is er dringend nood aan betere opvangwoningen. Enkele jaren geleden heeft een Chinese delegatie Nederland bezocht om te leren van hun huisvestingssysteem. Procentueel zijn de Nederlandse en de Chinese sociale woningmarkt vergelijkbaar. We overwegen om als tussentijdse huisvesting Nederlandse containerwoningen te introduceren. De woonkwaliteit van deze tussentijdse woningen zal uiteraard lager zijn dan die van een sociale woning. We zouden ook woningen kunnen afnemen van de private markt of op vrije gronden nieuwe projecten kunnen ontwikkelen. Maar door de grote druk van de eigendomsspeculanten wil de overheid haar gronden niet vrijgeven. Gronden worden opgekocht door een kleine groep mensen die wachten op prijsstijgingen waarna ze het vastgoed doorverkopen. Ook al lijkt het erop dat Hong Kong een open markt heeft, de grondmonopoliegraad is hier heel hoog. Huisvesting is een speculatieve markt geworden.'

Toekomst?

Tijdens mijn bezoek aan Hong Kong ontmoet ik een lokale televisieploeg en een Spaanse freelance journaliste die ieder een reportage maken over de illegale opgedeelde flats in de miljoenenstad. Ondanks de internationale media-aandacht voor deze mensonwaardige leefomstandigheden verandert er in de praktijk maar weinig en blijft de toestand zeer schrijnend. Maw Chi KWONG, een lid van de armoedecommissie, is er zeker van dat de armoede de volgende jaren nog zal toenemen en hij ziet geen uitweg met het huidige overheidsbeleid. 'Er is nood aan huurcontrole en meer sociale huurwoningen. We zitten vast in ons politieke systeem. Zonder hervorming van de grondwet en met meer inspraak voor de onderste lagen van de bevolking (Grassroots) zie ik geen uitweg voor de problemen van armoede en huisvesting.' ▶

Speciale dank aan Sébastien Garnier, belangenbehartiger EU van AEDES en Charles C.K HO, officer Policy Research & Advocacy in Hong Kong

16 Fundamenten januari 2017

januari 2017 Fundamenten 17

下。初創成員當時希望在艱困中，鼓勵到邨民可以陪伴彼此，互助守望就成了共同目標。他們因而構思了西環邨集體訂購計劃。

「計劃希望邨民喺生活中發揮自己嘅能力，等大家走埋一齊互相幫助。」唐生記得當時為了揀選共同購買的白米貨源，找來數個不同牌子，煲好幾煲白飯，就請街坊一起選擇：「我哋曾經搞過試米大會，將米煲熟，大家一齊試，一齊再揀邊隻又好食，又可負擔。」

「西環邨有個好處，就係多空地，多空間，可以用嚟開會，又可以開大食會。」稼梅說起與街坊相聚時笑得開懷，不說不知，互鄰舍在幕後可要兼顧一項項籌劃打點。阿詩笑說要常常「幫手問米」，選定產品、尋找商戶、擬定價錢，到落實訂購數目，以至分發貨物等工序，都是互鄰舍核心成員親力親為，所訂購的日用品主要為廁紙、米、糧油食品等。派送過程中，往往還有額外使命：「有一次我哋去洗樓，聽到有一戶屋內長期傳出有水聲，又無人應門，我哋於是早又行幾轉，晚又行幾轉，又問埋隔離左右的

西環邨互鄰舍成員經常聚首一堂，各自帶來拿手小菜，一家一餸，分享美味。攝於 Maria 家。（冼昭行攝）

鄰居，又搵咗保安，先知原來佢屋企漏水，而嗰位長者已經入咗老人院。」

互鄰舍更在西環邨做過多種不同形式的嘗試，有鼓勵以物易物、有推動邨內互助，原來西環邨臥虎藏龍，本來就能夠互助自足，水電維修、補習、文化交流都一一可以在互助互利下發生。邨民多機會走在一起，知道身邊有同路人，學會關心身處地方的環境，也會欣賞在五苑臺間共同生活一甲子的鄰居。

「以前我都喺西環做開義工，但都無話好似而家咁，喺自己條邨度做，仲要行晒成條邨，而家咁可以行勻晒咁多個臺，個個都認識嘅，都會打招呼，真係好難得。」稼梅笑道。互鄰舍在二〇一八年趁西環邨開邨六十週年，為每家每戶都準備了一隻紅雞蛋，感念邨民在這共同生活多年的地方，相知相識。

專題 6

西環邨紀事

一九五四年

四月二十八日　香港屋宇建設委員會成立，六月九日召開首次會議。

一九五五年

十月二十五日　官辦屋宇建設委員會於記者會宣佈於西環加多近街計劃建廉租屋。

一九五七年

四月四日　港督葛量洪爵士在屋建會主席及成員陪同下到地盤視察。

一九五八年

六月十二日　加多近街廉租屋落成，合格租客獲通知申請接納。

六月十七日　加多近街廉租屋定名西環邨。

八月十三日　港督柏立基爵士在市政局主席莫禮臣、屋宇管理署長羅夫、工務司英格理及華民政務司麥道軻等陪同下，首次參觀加多近街西環邨廉租屋工程，當時西苑臺與北苑臺已接近完工，港督接受 BBC 電視台訪問，在倫敦 *Tonight* 節目內播出。

九月　屋邨辦事處落成並投入服務。

十月二日　東苑臺完工。

十一月一日　西環邨不再接受新申請，未能成功申請者將獲考慮安排入住未來其他屋邨，第一批住客正式開始入伙。

一九五九年

一月　西環邨西苑臺、北苑臺及東苑臺已租出三百餘個單位，同年屋建會規劃邨內加掘一井，以便冬季有充足水量供水廁應用。

一月二十七日　英國國會議員兼前任英國財相唐尼克羅夫特參觀西環邨。

二月十七日　南苑臺及中苑臺兩座完工。

三月三十一日　西環邨六百三十六個單位中，已租出五百五十五個，但退出申請者比預期為多，退出原因包括附近難找學校、不滿屠房傳出之異味等。

六月　豪雨連場，東苑臺出現山泥傾瀉，導致排水系統受損，護土牆需作維修，費用超過三萬五千元。

七月二十八日　屋宇建設委員會與小童群益會商討於西環邨福利處設立兒童圖書館及小童會。

八月二十八日　小童群益會兒童圖書館及小童會於北苑臺開幕，首周每天人數達四百人，藏書達六千冊。開幕禮由小童會主席侯奕純神父及屋建會傳理沙處長等主禮。

一九五九至六〇年

西苑臺及中苑臺的閒置空間改裝成住宅單位，兩臺分別增加一個額外單位，總單位數字由六百三十六個增至六百三十八個，並隨即租出。

一九六〇年

七月二十二日　屋宇建設委員會於西環邨保留地基兩英畝作擴建之用。

十一月二十四日　薄扶林水管破裂，東苑臺兩日無水。

一九六二年

一月十七日　立法局工務小組委員會批准重整及擴闊加惠民道工程，以便利西環邨及聖公會呂明才紀念小學與日俱增加的車流及人流。

正月　香港電台在邨內花園舉行戶外音樂會。

一九六三年

五月二十三日　西環邨於供水時間由於突然停止供水，引起群情洶湧，千名邨民聚集在邨內辦事處要求供水。屋建會、西區警署署長及水務官員到場後，決定額外供水兩小時作補償。

五月二十五日　在隔日供水四小時中，由只有半小時有水，改為供水足四小時。

七月七日　西環邨兒童會放映《新財富的創造》七彩益智影片，參加者達千人。此片榮獲一九六一年國際電影節金甌獎。

一九六五年

二月十七日　四十歲男子於東苑臺躍樓斃命，疑非西環邨住客。

五月十四日　十三歲男童於北苑臺八樓家中被尺半長蛇咬手，幸無大礙。

一九六六年

六月十二日　香港「六一二雨災」，曾錄得一小時一百零八點二毫米雨量，創下六月份最高單一小時降雨量紀錄。

六月十五日　邨內山坡山泥傾瀉，蓋沒停車場，山泥直衝入屋，數戶居民撤離，最少六部車輛遭壓毀。

一九六七年

五月十六日　人事登記處流動隊於邨內一連五天為兒童登記及辦成人換領身份證。

一九六八年

西環邨幼稚園成立。

一九六九年

五月八日　凌晨四時四十分，東苑臺電錶房發生爆炸，停電四十小時，電梯及走廊燈未有電力供應逾六天。

八月二十一日　西環邨五大廈停電，部份居民受困電梯。

一九七〇年

七月一日　五十六歲男子於北苑臺躍樓斃命，死者居於中環德忌笠街，非西環邨居民。

一九七一年

七月二十五日　西環邨中英文幼稚園舉行第三屆畢業禮，由屋宇事務經理葉渠允主持。此幼稚園為當時區內最大幼稚園。

一九七二年

十月　港督麥理浩爵士宣佈「十年建屋計劃」，徙置計劃、政府廉租屋計劃及屋宇建設委員會屋邨合併稱為公共屋邨。

一九七三年

八月八日　民政司署推行社區組織計劃，推動社區組織「互助委員會」，協助維持邨內治安，並負起聯絡居民，加強彼此溝通的任務。

一九七七年

十一月九日　西環邨水管漏水，由於貯水箱貯有食水，故未有斷水情況。

七〇年代尾

小童群益會兒童圖書館停止服務。

一九八一年

香港基督教女青年會於西環開辦首個長者活動中心及其他耆年服務，其中之一為松柏中心，原址為小童群益會兒童圖書館。

一九八二年

七月　西環邨幼稚園應政府政策，提高收生年齡，不再取錄三歲小孩入讀。

一九九一年

五月五日　東苑臺二樓平台發現兩呎長蜥蜴，事後被警方所召蛇王捕捉，沒有邨民受傷。

一九九五年

屋邨管理諮詢委員會計劃開始。

二〇〇五年

四月　房屋署為西環邨進行全面結構勘察計劃，結果顯示西環邨樓宇結構安全，可繼續保持十五年。

二〇〇六年

十二月二十六日　房屋署宣佈進行西環邨改善工程，並於二〇〇七年第一季開展，加設通往東苑臺一樓的接駁升降機等，工程於二〇〇九年完成。

二〇一六年

十二月十二日　五十五歲男子於東苑臺躍樓身亡。

二〇一八年

十月十四日　IDiscover、明愛莫張瑞勤社區中心與西環邨互鄰舍於堅尼地城海旁一餐廳舉辦《西環邨展覽》。

十一月二十七日　北苑臺發生火警，幸無人受傷。

二〇一九年

一月二十日　西環邨管理諮詢委員會資助，明愛莫張瑞勤社區中心主辦西環邨六十週年慶禮《穿越時光六十年》同樂日。

七月三日　東苑臺發生火警，戶主手部受傷，需送院治理。

517
417

專題 7

西環邨的苑臺與山城：屹立六十年的公屋設計理想原型

潘浩倫

二〇〇五年，香港房屋委員會為當時已經有四十七年歷史的西環邨做了一次詳細的結構勘察，結論是大樓狀況仍然良好，未來十五年仍可繼續安全使用，直到二〇二〇年始考慮再作檢討。至本文執筆時，暫時未有關於西環邨的任何最新勘察消息，但畢竟，西環邨建成至今已經超過六十年，在香港，被重建只是遲早的事。

事實上，比西環邨更早興建的公共屋邨共有十一條（模範邨、樂富邨、黃大仙下邨、翠屏南及北邨、石硤尾邨、李鄭屋邨、紅磡邨、北角邨、上李屋邨、葛量洪夫人新村、四季大廈），除模範邨，其他的十條屋邨都早已經拆卸或重建了。第一代的七層徙置大廈，現在只剩下石硤尾邨的美荷樓（一九五四），被評級為二級歷史建築，現已改建成青年旅舍；另外一座同類型的建築，是華廈邨的前身柴灣工業大廈，同樣被列為二級，不過它比西環邨還更年輕一點，於一九五九年建成。

西環邨是香港屋宇建設委員會（屋建會）的第二個「廉租屋邨」項目。屋建會自一九五四年成立，至一九七三年改組為香港房屋委員會，在十九年內，一共興建了十條廉租屋邨，當中竟有不少今天已經成為香港公屋的經典例子，如北角邨、蘇屋邨、彩虹邨、華富邨、坪石邨等等。當然，在很多人心目中，西環邨也是其中之一。

這一批建於七層徙置大廈之後的廉租屋邨，正值香港公共房屋發展的探索期，可以見到有多種不同發展形式仍正在嘗試。因當年的住屋需求緊張，但港島區內大型而平坦的土地稀少，政府不得不開始在斜坡上發展公營房屋，西環邨便是第一個例子。在低廉的建設預算底下，建築師決定不作大型的斜坡平整，而選擇依山勢建成數個如梯級的台階，利用大廈連接起來，形成一道獨特的城市景觀。

縱觀世界各地的公營房屋發展，選擇在斜坡上興建大型廉價公屋群的例子，在當年可以說是香港獨有，始終發展山坡比平地牽涉更多前期開發的資金和技術投放，用來作公營房屋使用，經濟上並不划算。只是在香港戰後人口急促增長、市區缺乏即時可用的平整土地的客觀環境下，這個其實是沒有辦法之中的辦法。上世紀六十至八十年代，房委會建了不少「山城」，動輒每個可供上萬人居住。

西環邨的建設模式，在往後的公屋設計中都可找到它的身影，並加以改良。例如位於柴灣的興華邨（一九七一），及葵涌的葵盛東、西邨（一九七三、七五），都是興建多個長型大廈在斜坡之上，再以通道系統連接起來，不同的是這兩條邨加設了大型升降機穿梭於平台之間，令居民往來更便捷。而西環邨的開放式走廊概念，也見應用於之後的坪石邨、華富邨等井字型公屋，希望鄰居互相「守望」，從而加強社區關係。

此後房委會的建屋模式漸趨成熟，社會對公營房屋的需求亦有增無減，需要更多、更快地興建公屋項目，是以標準化設計成為了最有效率的方式，相對地公營房屋亦開始減少獨立設計的作品。在九十年代標準化設計盛行之前，穗禾苑（一九八五）可算是最有代表性的例子。作為第一個居者有其屋項目，其設計花了不少心思，尤其

梁瑋鑫攝

是與斜坡的關係，以至外觀節奏等；大樓內的公共空間調度，更可算是香港公營房屋的最經典案例。其「姊妹作品」祖堯邨（一九八二）、興民邨（一九八二）及祈德尊新邨（一九八八），空間設計同出一轍，以三層樓為一組的空中平台及樓梯方式拼合大樓內部，增強了空間感，亦打破了一般多層大廈所必然出現的隔閡。

西環邨的特別之處，在於它垂直與橫向動線所構成的立體空間感。其概念多少可追溯到當年現代主義巨匠勒・柯布西耶（Le Corbusier）提出的集合住宅設計宣言，其於法國馬賽設計了首個 Unité d'Habitation（一九五二）多層公寓，貫徹示範「垂直花園城市」、「空中街道」（Street in the air），和一向主張的「居主機器」的理念，讓戰後流離失所的市民可以有一個集合生活、購物、社交的安居之所，在其時當屬最前衛的建築理論。該段時期的香港亦同樣面對殷切的住屋需求，惟地理環境山多地狹，要處理大量建屋供應，挑戰更鉅。然而面對如此一道難題，衍生的是更具創意的解決方案。

西環邨縱使建築成本預算甚低（可是結構質素卻好得比同期興建的公屋壽命更長），但降低開支的設計卻能變成特色，大樓整體的佈局減低平整山坡及興建護土牆的需要，更巧妙地轉化成多個平台，可供居民使用之餘，亦把原本十四層高的建築，垂直分成數個五至六層樓高的模組，從而減低了民居與戶外空間的距離，讓居民更容易外出使用，這些平台和連接的走廊也成了鄰里的社交空間；父母不怕讓子女到平台公園蹓躂，因為其活動都掌握在視線範圍。視覺上，不同高度的平台豐富了建築空間的組合，將大廈空間垂直地串連一起，這樣來自不同樓層，甚至不同座數的街坊也容易互相認識，進而增強社區感。

說到公共空間，也順帶一提位於不遠的荷李活道已婚警察宿舍（建於一九五一年，即今天PMQ元創坊），每兩個單位的門外均設一個偌大的共用露台和廚房相連，這個露台足夠一家（甚至兩家一起）開檯晚飯、打麻將、燒烤、午睡等，成為了居住空間的延伸，補足了位處於擠迫的中環所缺乏的戶外空間，大家可到PMQ親身幻想一下這些空間的尺度和其與室內外的關係。今天我們常常懷緬舊時鄰舍之間的人情味現已不復存在，其實有否想過這和建築環境也甚有關係？

西環邨所構造的一道風景，其實和中西區的階梯、樓台街景遙遙呼應，延續著這個山城的生活氛圍，是香港生活的其中一條DNA。《重慶森林》場景要是改早四十年，阿菲或者會是西環邨街坊，每日在走廊偷望對面單位的六三三。

今天香港的居住環境因為經濟效益、法例要求、土地問題、管理保安等各種原因，這種由山勢和生活動線交錯而成的公共或半公共空間，在今天重建了的地方都顯得缺少舊時的個性。新的物業往往比重建前的規模、體量要大，基座變成一個巨型平台，連帶一些街道被改劃、吞沒，城市的肌理被粗暴地變更，但建築與地勢之間卻少見細緻的互動。看看今天的西營盤東、西、正街一帶，港鐵通車後迅速發展的新樓盤，你大概會明白。

梁瑋鑫攝

香港的地理環境、人口狀況、社會發展等情況，造就了一個舉世驚異的高密度城市，她的公共房屋曾被各地的發展中國家慕名參考，觀摩學習。曾經聽過某政府官員（後來也離開了公務員體系另謀發展）慨嘆，香港憑藉逾半世紀的不斷實驗，理應在公屋設計、超高層建築設計、預製件建築技術等範疇領導世界的吧！可是現實並非如此。香港的公營房屋，在發展上升軌道時期，曾有不少世上少有的大膽創新嘗試；惟社會經濟進入成熟期後，卻少了當初的活力：多了規則，卻少了創意；多了標準，卻容不了嘗試。

公屋在七十年代以後的三十多年間，全力採用標準設計。到了天水圍、將軍澳發展的建屋高峰期，氾濫的同式樣大廈佈滿整個新市鎮，「令人迷路」、「缺乏城市面貌」、「悲情城市」等批評不絕於耳。房委會遂在二〇〇〇年提出了「非標準化設計」，試圖回應「社會上關注因大量採用標準建築設計而令城市建築景觀變得平淡，屋邨外型在程度上亦變得單調」的問題。曾有指政府採取

梁瑋鑫攝

標準設計的主要用意，是希望可以藉此來加快建屋效率，有助縮短公屋輪候時間。不過現在大家或許都知道，房屋供應的樽頸並不在設計的過程。惟在公屋嚴重短缺的今天，討論好規劃、好設計的空間肯定更少，一切多快好省為先。

而這些年來的非標準設計，運作其實仍是在倒模標準樓宇樣式，在遇到地盤形狀獨特（或多或少是那些「見縫插針」而來的地盤）或有斜坡等狀況時，作出一些平面佈局上的調校，或者顏色上做多一些組合而已。其中房署曾重點介紹的，如二〇〇一年興建的葵聯邨，大樓每三層設置了一個空中花園；以及洪福邨（二〇一五）、蘇屋邨重建（二〇一八），在總體佈局和大樓之間的高矮作出調節，讓空氣流通等，儘管在綠色環境上下多了功夫，但新屋邨整體仍然給人刻板、缺乏個性的觀感。在一般人的眼光，其實不會看得出「非標準」的分別在哪裏。

不論市場價值高或低，居住環境的質素除了住宅單元內部，環繞它周邊的社交空間和公共空間質素同樣重要。而對於公屋的住戶，好的公共空間配套對他們來說，意義可能相對更大。其本身住處面積不大已毋庸多說，而低收入的基層住戶平常的生活社交，很多時間只能在住處附近，外出的消遣節目和連帶的交通費（尤其住在偏遠新市鎮地區）他們根本負擔不起。現今的新型公共屋邨，如果連鄰里之間的溝通交流也難有地方進行的話，更是對窮困人家的一大剝削。當然，今時今日香港居住環境之狹窄，已不是公屋獨有的困境。今年新冠肺炎所帶出對居住環境通風情況的關注，又或是長時間在家不能出外引發對生活空間質素的反思，那又是更深層次的問題了。

人口老化也是另一個重要問題。今天不論公屋或私樓的大廈設計，樓層的電梯大堂、走廊等公共空間只是通道性質，並不鼓勵人們逗留。行動不便的老人家，往往不願或不能經常出外，便變相被迫留在家中。若走廊能夠闊一點、陽光多一點、有椅子、有綠化的話，他們閒時可以乘涼，和鄰居攀談，對老人的身心健康都有莫大益處，日常的鄰里關係也有助遇有突發事情時可以互相幫忙。

在設計新建或重建公營房屋時，很多好的元素在舊式屋邨曾經存在。我們當然明白今日居住空間的狹小，乃牽涉多重的考慮和限制而成。但如果社會的共識可以對居住質素有更深入關注的話，相信可以為明日的生活環境作更好的平衡。又如以現今的技術，重建的方式是否可以逐步進行，讓原有社區可得以盡量保留？西環邨有其獨特的歷史價值，如有辦法避過拆卸的命運而能完整保留，當然是美事。但我更希望見到的，是它的生命可以隨現代生活需要而增長、變化，讓它盛載昨天回憶的同時，也能孕育未來下一代的夢。

梁瑋鑫攝

結語

再論述屋建會思維對今天的時代意義

冼昭行

「這個世界是給所有人共同生活的，私人發展商建造貴價物業，但尚有中價的，還有廉價的，這個社會每一階層都有住屋需要，我們要洞識需要所在，然後把他們都應對好。」

——廖本懷爵士

「我最重視亦最前進的理論與信念就是，公屋邨內每一個都要是自足單位，麻雀雖小，五臟俱全，要供給家庭主婦每日生活所需，要有獨立廁所、廚房、有個年輕人可以做功課的露台，而且可以分間睡房。這當然是大大改革當時公營房屋的常態，但這是我的底線，我不會降低標準，我只會不斷提升標準，不喜歡我的話可以炒我。」

廖本懷一九六〇年加入屋宇建設處成為部門第一位則師，參與多個新建屋計劃的樓宇設計，更為華富邨總建築師，及後升任至屋宇建設處處長，部門合併後出任首任房屋署署長。

「然後我倡議要有公共空間，要有園境設計，樹木是必要的。你要供給市民所需要的，當然毋須豪華，但我相信平民大眾對這個城市有所貢獻，戰後使香港復甦，進入工業生產社會，成就今天的繁榮，他們值得在公屋環境內安居樂業，這是很傳統的思想。」(1)

廖本懷加入屋宇建設處後的首個負責項目已是設計馬頭圍邨，當時西環邨早就落成，並非他本人的手筆，惟毫不意外地，廖本懷所代表的人文建築思想，也貫徹屋建會二十年歷史的建築理念。屋建會建造出來的公共建築，六十年來還在塑造西環邨等地方社群。

西環邨人由開邨人家帶頭，一直呈現出一幅有教養、世故、重信用及有擔帶的地方文化，凝聚沉澱六十年，與親仁的建築環境一同形成一個獨特的人文景觀。從西環邨人身上，可以學到，只要依然珍惜，學會自處，願意體諒，懂得持守，出力以不同方式去貢獻自己，改善這個稱得上為「家」的地方，無論是中產還是平民，都值得擁有好生活。

西環邨作為現存最早期的屋建會屋邨，自有其歷史價值。無論以後是給留存下來成為歷史建築群，抑或終須拆卸重建，那一天來臨之前，她還是一個活生生的例子，鼓勵香港社會，可以用「屋建會思維」去思考和對照低收入及中等收入社群的住屋需要，並如何運用具水準的建築語言與執行方針，精準地回應這些需要：

一、全書呈現的屋建會思維有別於主流徙置思維，當中強調的是建造公營房屋的目的，是以人為先，改善市區擠迫戶的生活質素，非只為開發土地而去強制遷徙平民。可第一個屋建會屋邨遭清拆後，今天沒有變成更高的公屋大廈，卻成了私人土地開發者的高價物業、酒店與商場，同樣事情也發生在不少已拆遷或即將清拆的屋邨土地上。土地要套用作商業開發，象徵徙置思維在廖本懷時代的貶抑後死灰復燃，捲土重來。今天香港舊屋邨及舊區陸續重建，「原居民」往往便得在這塊土地上再度流徙。香港的房屋政策，是否可以懸崖勒馬，重現以人為先的人文關懷？

二、屋建會思維是體察中等收入的白領家庭也會對公營租住房屋有所需求。在公私營市場樓宇供應緊絀的戰後時期，香港政府體察到連中等收入社群也要擠進市區板間房，是以建起公營租住房屋給這些家庭。當時屋建會屋邨、廉租屋、徙置新區與房協樓宇等，多類公營房屋均以出租單位為本業，以不同的財政資源渠道，有效為不同階層的市民提供可負擔租金下的生活空間。今天公營房屋緊絀，私營房屋難以負擔，公屋卻只供低收入家庭申請，且上樓時間遙遙無期，是否也已到了一個檢討時刻，去反思公屋是否該只由房委會在有限政府撥款下營運，還是可如一九七三年一樣，再次整合房屋供應機構及團體的定位，統合或調撥房委會、房協及今天甚具資本的市建局資源，去重設多元階層面向的公營租住房屋供應？

三、屋建會思維是以回應多元住屋需要及營造社區為先的設計思維。近年公屋為求節省設計及建造成本，房署普遍以組件方式建成公屋，由將軍澳走到天水圍再過東涌，在大手平整的土地上，都會找到一式一樣的公屋大廈，空間與原來地形割裂，丟失地方獨特色彩，限制社區共同身份的建立，就如同當年如雨後春筍般出現的徙置大廈一樣，只不過今天的大廈樓高四十層而已。公營房屋是否能夠突破對低廉造價的單一追求，而追尋更高建築水準、更多元的室內外空間與更承載地方本色，以提升入住家庭的生活質素？

唐朝詩人杜甫困苦屋漏兼逢夜雨，自家茅屋的屋頂草棚給秋風捲走，兼受頑童欺負，無力追回，嘆息下吟出「安得廣廈千萬間，大庇天下寒士俱歡顏，風雨不動安如山」這文人心懷。千年心願落在「千萬」這個無盡數，也落在一個「廣」字所代表的水準生活空間之上。

西環邨倚山而建，屹立堅尼地城六十年，風雨幾許，人情依舊，各安其所。但願天下人都能安身在風雨不動的家，前路漫漫，安然無恙。能使眾人內心安如山的地方，很美。

註

(1) 建築師學會（二〇一六），「與廖本懷對話」，《建築師學報》，七十二期，二十六至三十三頁。

西環邨

梁瑋鑫攝

西環邨：風雨不動安如山

責任編輯　寧礎鋒
書籍設計　Alice Yim

策劃　明愛青少年及社區服務
撰寫　謝子英　冼昭行
督導　陳偉良　黃志鴻
鳴謝　林中偉　潘浩倫
——賜文——
Hong Kong & Far East Builder
張貴鴻　方天寶　何妙珍　及所有受訪者
——提供歷史文獻及舊照——
訪問　謝子英　冼昭行　盧敬超　胡曉婷
攝影　冼昭行　謝子英　梁瑋鑫
筆錄　林之櫟　老瑞豐　曾因瑩　覃子翹　翟朗喬
朱海廸　吳美瓊　羅靖曦　羅靖忻　陳綺嵐
劉蔚熙　陳光正　羅曉昕　潘綺婷　周明炘
陳可凝　郭加詠　張煦澄　黃明思　阮　怡

書中廣東話字音校對工作，參照張勵妍、倪列懷、潘禮美編著，《香港粵語大詞典》（香港：天地圖書有限公司，二〇一八年）；饒秉才、歐陽覺亞、周無忌編著，《廣州話方言詞典（增訂版）》（香港：商務印書館，二〇一六年）；麥耘、譚步雲編著，《實用廣州話分類詞典》（香港：商務印書館，二〇一一年）以及香港中文大學《粵語審音配詞字庫》（網絡版）。

出版　三聯書店（香港）有限公司
香港北角英皇道四九九號北角工業大廈二十樓
Joint Publishing (H.K.) Co., Ltd.
20/F., North Point Industrial Building,
499 King's Road, North Point, Hong Kong

香港發行　香港聯合書刊物流有限公司
香港新界荃灣德士古道二二〇至二四八號十六樓

印刷　美雅印刷製本有限公司
香港九龍觀塘榮業街六號四樓A室

版次　二〇二一年二月香港第一版第一次印刷

規　格　十六開（170mm × 230mm）三〇四面

國際書號　ISBN 978-962-04-4677-1

三聯書店
http://jointpublishing.com

JPBooks.Plus
http://jpbooks.plus